普通高等教育"十一五"系列教材 （高职高专教育）
PUTONG GAODENG JIAOYU SHIYIWU XILIE JIAOCAI

WUYE ANQUAN GUANLI

物业安全管理

主　编　周成学

副主编　徐潜宇　包晓琴

编　写　何　磊　康铁钢

主　审　吕　超

中国电力出版社
CHINA ELECTRIC POWER PRESS

内 容 提 要

本书为普通高等教育"十一五"系列教材（高职高专教育），主要依据物业安全管理工作内容和知识需要编写。全书共七个模块，主要内容包括物业安全管理基础知识，物业消防管理知识和消防管理方法，物业治安管理，物业车辆管理，物业应急管理，物业安全设备使用管理以及其他安全管理等，涵盖了物业安全管理的各项主要工作。书中本着"够用性、实用性、应用性"原则，内容精简，知识覆盖面广，而且列举大量案例并设计实训内容，便于读者学习掌握。

本书主要作为高职高专物业管理、酒店管理、市场管理、房地产经营与估价等专业教材，也可供物业安全管理从业人员培训、学习参考。

图书在版编目（CIP）数据

物业安全管理/周成学主编. —北京：中国电力出版社，2009.8（2023.7重印）
普通高等教育"十一五"规划教材. 高职高专教育
ISBN 978-7-5083-9034-5

Ⅰ．物… Ⅱ．周… Ⅲ．物业管理：安全管理—高等学校：技术学校—教材 Ⅳ．F293.33

中国版本图书馆 CIP 数据核字（2009）第 105459 号

出版发行：中国电力出版社
地　　址：北京市东城区北京站西街 19 号（邮政编码 100005）
网　　址：http://www.cepp.sgcc.com.cn
责任编辑：熊荣华（010—63412543）
责任校对：黄　蓓
装帧设计：赵姗姗
责任印制：吴　迪

印　　刷：三河市航远印刷有限公司
版　　次：2009 年 8 月第一版
印　　次：2023 年 7 月北京第十次印刷
开　　本：787 毫米×1092 毫米　16 开本
印　　张：11.25
字　　数：269 千字
定　　价：45.00 元

前　言

为贯彻落实教育部《关于进一步加强高等学校本科教学工作的若干意见》和《教育部关于以就业为导向深化高等职业教育改革的若干意见》的精神，加强教材建设，确保教材质量，中国电力教育协会组织制订了普通高等教育"十一五"教材规划。该规划强调适应不同层次、不同类型院校，满足学科发展和人才培养的需求，坚持专业基础课教材与教学急需的专业教材并重、新编与修订相结合。本书为新编教材。

近年来，国家大力推进以服务为宗旨、以就业为导向的职业教育改革，尤其是在课程改革环节，提出了"以工作过程为导向，培养职业能力"的职业教育理念和方法。作为课程内容载体的教材，应该满足课程改革的需求，符合职业教育规律，以推动职业教育改革，促进教学质量的提高。本书便是在这一背景下，根据实际教学的需求，探索性编写的一本教材。

随着我国物业管理行业的迅速发展，物业管理工作已经成为广泛分布在城市各个地方、各类小区、各种商业办公场所不可缺少的一项服务。而对于物业的所有者或使用者来说，安全服务是物业服务中最基本、最重要的服务。因此为了满足客户的需求，几乎所有物业管理公司都实施着物业安全管理工作。全国物业安全管理岗位从业人员达 200 万之多，他们的工作在维护社会治安秩序、完善防范体系、保障社会和谐稳定方面发挥了重要作用。然而，当前物业安全管理人才培养的教材、参考书非常缺乏，因此编写一本这方面的教材，也可丰富这一领域的学习资料，满足安全管理人员的学习需求。

本书依据物业安全管理内容，共编写了七个模块，第一模块是物业安全管理基础知识，概要性地介绍了物业安全管理知识和一般安全管理技术；第二模块详细介绍物业消防管理知识和消防管理方法等；第三模块为物业治安管理；第四模块为物业车辆管理；第五模块为物业应急管理技术；第六模块为物业安全设备；第七模块为其他安全管理。本书以"够用性、实用性、应用性"为原则，内容精简，知识覆盖面较广，尽可能提供一些实例或设计一些实训内容，以便于读者学习掌握。

本书在参照国内有关资料的基础上，由具有多年教学经验的高校教师和物业管理企业、安全工程企业行业的专业人士共同编写而成。本书由浙江经济职业技术学院周成学担任主编，负责全书的修改定稿工作，并编写了第二模块、第六模块；浙江省直物业管理中心徐潜宇、浙江快达安全工程公司包晓琴担任副主编，分别编写了第三、第四模块和第一、第五模块；何磊老师编写第七模块。本书由浙江经济职业技术学院工商管理学院院长吕超负责审稿，王建红老师、王锋老师、张秋野老师在编写过程中也给予了帮助，在此表示衷心感谢！

在本书的编写过程中，参考了书后所列出的主要参考文献，并对一些有价值的内容加以引用，在此对相关作者致以谢意。由于作者水平有限，错误和不当之处在所难免，敬请读者不吝批评指正。

周成学

2009.3

目 录

模块 1　物业安全管理基础

1.1　物业安全管理概述

1.1.1　物业安全管理含义

一、物业

所谓物业，是指已建成并具有使用功能和经济效用的各类居住和非居住的房屋，及与之相配套的设备，市政、公用设施，房屋所在的土地、附属的场地和庭院等。

其中房屋是指地上的建筑物及构筑物，既包括住宅房屋，如居民楼、公寓、别墅等，供人们遮风避雨、居住、工作娱乐、储藏物品、纪念和进行其他活动的空间场所，也包括非住宅房屋，如工业厂房、仓库、商店、饭店、宾馆、教学楼、医院、体育馆、办公楼等。各类房屋可以是一个建筑群，如住宅小区、工业区等；也可以是单位建筑，如一幢高层或者多层住宅楼、停车场等。

从物业的内涵来看，其一般由四部分组成：

（1）供居住或非居住的建筑物本体即房屋，包括建筑物自用部位和共用部位。

（2）配套附属设备，同样包括自用设备和共用设备。自用设备指由建筑物内部业主、非业主使用人自用的门窗、卫生洁具以及通向总管道的供水、排水、燃气管道、电线等设备。共用设备指建筑物内部全体业主和非业主使用人共同使用的供水、排水、落水管道、照明灯具、垃圾通道、电视天线、水箱、水泵、电梯、邮政信箱、避雷装置、消防器具等设备。

（3）配套公共设施，指物业区域内业主、非业主使用人共有共用的设施，如道路、绿地、停车场（库）、照明管线、排水管道等设施。

（4）相关场地，指物业所占用的场地。

二、安全

所谓安全，就是指没有危险，不受威胁，不出事故。它包括两层含义：一指自然属性的安全，其二是指有明显人为属性的安全。自然属性或准自然属性的安全，被破坏主要不是由人的有目的参与而造成的，如地震、海啸等；社会人为属性的安全，主要是由于人的有目的的参与而造成的，如生产事故、侵犯等。

每一个人都需要安全，多数人的生命、健康和公私财产的安全构成了社会公共安全。物业安全是社会公共安全的一部分，是特定范围内公众群体的公共安全。

公众所需要的安全是综合的安全，不仅包括以防盗、防劫、防入侵、防破坏为主要内容的"安全防范"，而且包括防火安全、交通安全、通信安全、信息安全以及人体防护、医疗救助、防煤气泄漏等诸多内容。

物业安全一般指物业区域内没有危险，不出事故，也没有可能发生危险的状态，具体表现为物业区域内的人身和财物不受侵害，物业区域内部的生活秩序、工作秩序和公共场所秩序保持良好的状态。

影响物业安全的因素很多，变化也比较快，归纳起来主要有两大类：①人为侵害因素，如失火、偷窃、打架等；②自然侵害因素，如台风、洪水、物业机械设备故障等。这些因素会降低物业安全程度。

三、物业安全管理

物业安全管理是指物业管理公司采取各种措施和手段，保证业主和使用人的人身和财产的安全，维持正常的生活和工作秩序的一种管理工作。物业安全管理包括防与保两个方面，防是预防灾害性、伤害性事故发生；保是通过各种措施对万一发生的事故进行妥善处理。防是防灾，保是减灾。两者相辅相成，缺一不可。

物业安全管理作为一项职业性的服务工作，是介于公安机关职责和社会自我防范之间的一种专业保安工作。是社会治安管理的两种形式（公安机关和社会自我防范）的补充，具有补充国家安全警力不足、减轻国家财政负担及工作职责范围针对性的优点。

众所周知，物业是业主的重要财产，也是业主的主要活动空间，如何保护业主的财产，保障物业中的人身安全，是物业管理活动演绎的全部内容。其中，最为核心就是保护业主财产权和人身权的安全性，离开安全，物业管理的一切活动就成了空中楼阁。

物业安全管理本质是一种安全服务，因此也可称为物业居住安全服务。物业居住安全服务是指在物业管理活动中，从业主居住安全的需求出发，尊重客户和他们的隐私权，保护其居住权，促进物业区域环境的最优化、居住场所的有序化、人际关系的和谐化，最终达到他们心理上安全需求的满足感，所提供的一种系统的、综合的、连续的服务。

1.1.2　物业安全管理内容

从大安全角度来看，物业安全管理涵盖的服务有居住物业的安全服务、居住环境的安全服务、居住活动的安全服务、居住者心理的安全服务四个方面的内容。居住物业的安全，包括房屋本体及配套设备设施在其生命周期内的安全以及使用过程中的安全。居住环境的安全，包括卫生保洁服务、绿化管理服务、装修管理服务，以及由物理、化学、生物等因素造成的环境污染的预防和治理等。居住活动的安全，包括公共场所交通秩序维护、车辆管理、消防管理、治安防范服务等内容。居住者心理安全，是居住安全需求的更高层次的综合性反映，包括满足对居住者隐私权的保护和尊重需要，满足居住者对物业区域的归属需要和认同需要，满足居住者对物业区域内人与人、人与自然和谐相处的心理需要等内容。

从小安全角度来看，物业安全管理主要是指居住活动的安全管理，包括公共场所交通秩序维护、车辆管理、消防管理、治安防范服务等内容。一般来讲，物业的安全管理主要包括以下几方面的内容：

（1）物业治安安全管理。主要包括治安维护管理、公共秩序维护管理，治安维护管理是指对扰乱社会秩序，妨碍公共安全，侵害公民人身权利，侵害公、私（他人）财产，尚不构成刑事处罚的行为和事，进行强行管理的过程；公共秩序维护管理，维护物业的公共环境和秩序而采取的管理措施，如对乱摆卖、乱张贴、拾荒者和推销人员的管理、对业主纠纷进行协调和劝解等。

（2）物业消防安全管理。主要是预防和控制火灾的发生，协助消防部门灭火。

（3）物业车辆管理。主要包括交通管理和车辆管理，交通管理的主要任务是保证区内交通安全、畅通，维护区内交通、环境和车辆停放秩序；车辆管理的主要任务是防盗、防损、停放有序等。目的是保证车辆和行人的安全。

（4）物业公共设施安全管理。物业公共设施安全管理，主要是对设备设施规范地使用、操作，对设备设施及时地维修、保养，使设备设施正常运行，始终处于良好状态，没有安全隐患，避免事故的发生，形成对业主的伤害。如水泵房、配电房、物业管理财物和仓库等的安全管理。

（5）自然灾害防范管理。自然灾害防范管理是根据天气的变化和自然灾害的预报作出反应，及时预防，尽可能的采取一些防御措施最大程度地减少损失的管理活动。

1.1.3　物业安全影响因素

我国城市中各类物业一般均建立了物业管理服务，其中安全管理是物业管理服务的主要服务内容之一，因此无论你所处的是办公场所还是商业场所、教育场所、娱乐场或生产场所实际上均享受到了一定程度的安全服务。然而由于各场所安全设施、技术、管理存在很大差异，因此你享受的安全保障水平也有很大的差异。

现实中，安全问题是业主和使用人最关注的问题，正因为如此，物业安全服务也是最易被业主投诉的问题。在各类物业中形成物业不安全状态造成业主人身、财产损失的主要因素有以下几个方面：

（1）物业区域内发生火灾事故，造成业主人身财产损失的。据统计，2008 年我国全年共发生火灾 13.3 万起，死亡 1385 人，受伤 684 人，直接财产损失 15 亿元。其中大部分是城市物业火灾，例如城市中仅商场市场、宾馆饭店、娱乐场所、交通枢纽、学校医院、养老敬老院等人员密集场所就发生火灾 15831 起，死亡 238 人，受伤 176 人，直接财产损失 5.2 亿元。物业火灾的频繁发生，造成了人员和财产的巨大损失。

（2）物业区域内发生治安、刑事等事件，造成业主人身财产损失的。我们会经常听说一些物业出现入室抢劫、偷盗、杀人等恶性刑事案件，也有时暗藏于物业区域内一些带黑社会性质的犯罪团伙案件、聚众赌博、吸毒、贩毒、卖淫嫖娼等社会丑陋现象暴露出来。这些事件的发生不仅造成受害人严重损伤，也严重影响其他物业业主的安全感。

（3）物业区域内秩序混乱，威胁业主人身财产安全的。物业区域进出人员杂乱、小商小贩上门推销、车辆通行不畅、停放无序、车辆剐蹭、房屋群租、业主纠纷等事件。

（4）物业区域内设施设备不安全运行，造成业主人身财产损失的。物业电梯困人、锅炉爆炸、广告牌掉落、设备故障、护栏伤人等也时常在一些物业内发生，造成一些无法挽回的损失。

1.1.4　物业安全需求

亘古到今，房子中的人对于安全有着发自本能的需求和渴望。房子即是人们生活工作的场所，也是重要的财产形态。没有安全保障，不可能进行正常的生活和工作。美国的心理学家马斯洛把人类的需求分成生存需求、安全需求、社交需求、尊重需求和自我实现需求五个金字塔式的层级，其中生存需求和安全需求是保障其他需求的基础——只有当人类的生存和安全得到了保障，才能对精神层面有更高的追求。因此，安全是物业业主最根本、最重要的需求，从下面一些来自企业或研究机构的调查显示中，也充分证实了这一点。

金地集团对所管理的住宅小区中的客户服务调查结果表明：95％以上的业主将安全列为小区物业管理服务最重要的项目。

《河南高档物业现状需求及满意度调查报告》在物业管理服务项目当中，消费者认为最有必要的服务项目是保安服务，此类消费者占六成的比例，而像其他一些服务项目消费者的需求愿望倒不是很强烈，所占的比例也都较小，都在10％以下。

东南大学物业管理研究所在调查研究业主对物业服务的关注程度中显示，物业服务按重要程度排序依次是安全护卫、清洁卫生、设施设备养护、绿化养护和综合管理。这五大服务项目中，业主认为安全护卫服务的重要性程度最高，也是业主最关注的。

从这个意义上说是业主的安全需求催生、促进了物业安全服务这一新生事物的出现和发展。当前，我国物业安全整体形势趋于平稳，但状况依然严峻。在一些城市的物业里，入室盗窃、抢劫等多发性案件居高不下，火灾、坍塌事故时有发生。这些案情、事故一旦突然发生，将直接威胁业主生命和财产安全。因此，安全管理成为物业管理中最为必要的一项服务工作了。

业主安全需求分为职业、生命、财产、心理四个方面。而对于物业公司，业主所需要的居住安全服务需求主要体现在生命、财产和心理层次，故应提供给业主以物业风险为主体的生命和财产安全服务。

物业管理企业应转变服务思路，把安全管理提升到更为重要的层面。如果脱离业主安全需求，忽视了诸如治安维护、车辆管理、消防安全等基本服务，物业管理工作的一切成果都将等于零。

1.1.5　物业安全管理意义

（1）物业安全管理是保证国家和城市社会稳定、维护社会安定团结，保障人民安居乐业的前提条件之一。整个国家和城市是由千千万万个社区所组成的，只有做好各个社区的安全管理，才能实现社会稳定、人民安居乐业的目标。

（2）物业安全管理能为业主和使用人的人身、财产提供安全和保护。

（3）物业安全管理是物业管理公司提高信誉，增强市场竞争力的一种重要途径。

（4）物业的安全管理做好了，物业才能少受或不受损失和侵害，其价值才能得到保持。另外，人们也才会更乐意购买该物业，物业才会增值。

（5）物业安全管理由于强调以物业风险责任为主体的安全防范与服务，突出对业主心理安全需求的认知和理解，使居住安全服务观念与以人为本、构建和谐社会的时代要求达成了有机而紧密的联系。

1.2　物业安全管理责任、目标、考核标准

1.2.1　物业安全管理责任

（1）物业管理安全防范的责任可分为两大类：

① 保安责任。保安责任包括治安管理责任、消防管理责任和交通车辆管理责任。治安管理的主要任务是防盗、防破坏、防流氓、犯罪活动；消防管理的重点是要做好火灾预防；交通车辆管理一是要保证物业区内的交通秩序、交通顺畅及交通安全，二是做好停车场的管理。

② 物业安全运行责任。物业管理公司除了要重视保安工作外，对于物业在使用及运行过程中可能会出现的灾害和事故的防范同样具有管理责任。这些灾害和事故包括自然灾害、设备事故和人员意外事故等。

（2）物业安全防范责任范围。物业区域内出现安全问题时，人们往往会认为只要在住宅小区或大厦中发生了意外，都是物业管理公司的问题，都应由其承担责任。其实不然，我们必须搞清物业管理安全防范责任范围。

《物业管理条例》第四十六条规定："对物业管理区域内违反有关治安、环保、物业装饰装修和使用等方面法律、法规规定的行为，物业管理企业应当制止，并及时向有关行政管理部门报告。"《条例》第四十七条规定："物业管理企业应当协助做好物业管理区域内的安全防范工作。发生安全事故时，物业管理企业在采取应急措施的同时，应当及时向有关行政管理部门报告，协助做好救助工作。"这两条规定明确指出物业管理企业安全管理服务应定位在安全防范而不是安全事故后的治理，即没有事故的处理权，而有报告、制止、救援、协助、救助责任。

物业管理公司在签订管理合同时，一定要注意对于可能会出现的安全问题要有明确的责任界定。物业管理公司对在管理合同范围内的公共区域发生的安全事故承担责任，对于有偿服务过程中产生的相关问题，物业公司也需负责，但是通常情况下物业管理公司不应对在私人区域中产生的损失负责。

1.2.2 物业安全管理目标

物业安全管理的目的是要保证和维持业主和使用者有一个安全舒适的工作和生活环境，以提高生活质量和工作效率，为了实现这一安全服务目的，物业管理企业应根据物业安全管理实际需求来制定所管物业的安全管理目标。

（1）安全管理目标设定的基准是：

① 应达到国家和地方相关法规对物业安全的基本要求；

② 应满足业主或使用人对安全的委托要求，即物业服务合同所载明的要求；

③ 应以物业管理行业安全管理优秀标准为目标。

（2）在实际工作中制订具体项目的物业安全管理目标时，还应注意：

① 安全管理目标应与项目物业管理总体目标相适应；

② 目标应具体，方便考核、检验，并方便制订相应的管理措施，如对治安管理和消防管理，以治安案件发生率和火灾事故发生率为表述；

③ 目标应切合实际，并以现有的条件通过努力能够实现；

④ 在制定目标时应考虑成本因素。

（3）安全管理目标在总体目标的基础上，应细化为可实施的、可检验的具体目标，见表 1-1。

表 1-1

总 体 目 标	目 标 细 化
治安管理目标	1. 编制安全管理相关制度，并保证其得到有效执行
	2. 负责辖区日常治安管理，保证业主生命财产安全，保证辖区内恶性治安事件发生次数为零
	3. 负责辖区内突发事件的处理，保证业主对处理结果满意度评价在_____分以上
设备设施安全管理目标	1. 负责安全设施、设备的日常管理工作，保证设施、设备完好率达到_____%以上
	2. 无设施故障造成的伤人或财产损失事故
	3. 有自然灾害应急制度，能采取有效应对措施并减少损失

续表

总　体　目　标	目　标　细　化
消防管理目标	1. 编制消防管理相关制度，并保证其得到有效执行
	2. 负责日常消防隐患的排查工作，保证辖区消防事故发生次数为零
	3. 负责消防设施、设备的日常管理工作，保证设施、设备完好率达到_____%以上
车辆管理目标	1. 编制车辆管理相关制度，并保证其得到有效执行
	2. 负责停车场日常管理工作，保证机动车辆丢失次数为零
	3. 负责日常车辆费用收缴管理工作，确保费用收缴工作按时完成

（4）物业安全管理目标中，通常可以使用的量化管理指标见表 1-2。

表 1-2

名　　　称	计　算　测　定　标　准	推　荐　标　准
治安案件发生率	$\sum$治安案件发生次数$\div\sum$物业总人数$\times 1000$‰	治安案件发生率$\leqslant 5$‰
刑事案件发生率	$\sum$刑事案件发生次数$\div\sum$物业总人数$\times 1000$‰	刑事案件发生率$\leqslant 1$‰
火灾发生率	$\sum$火灾发生次数$\div\sum$物业总户数$\times 1000$‰	火灾发生率$\leqslant 1$‰（不发生重大火灾事故）
安全管理有效投诉率	$\sum$安全管理有效投诉次数$\div\sum$物业总人数$\times 100$%	安全管理有效投诉率$\leqslant 2$%
安全管理有效投诉处理率	$\sum$完成处理有效投诉次数$\div\sum$有效投诉次数$\times 100$%	安全管理有效投诉处理率$= 100$%
物业安全管理客户满意度	$\sum$调查中客户满意人数$\div\sum$调查总人数$\times 100$%	物业安全管理客户满意度$\geqslant 95$%

1.2.3　物业安全管理考核标准

为进一步规范物业安全管理行为，完善物业管理区域的安全防范体系，确保落实物业安全管理责任和安全措施，减少物业区域伤亡事故发生，提高业主安全感，形成物业管理公司、业主密切配合的安全工作机制，物业管理公司应建立安全管理考核标准。安全管理考核标准既是指导和评价工作的依据，也是安全管理工作的规范和要求，一般可从以下各方面来建立。

（1）管理方式：封闭式管理、24 小时值班、预防为主，人防、物防、技防三者相结合。

（2）管理队伍：专业保安队伍，持证上岗、政治合格、素质过硬、纪律严明、作风优良、具有良好的安全服务意识。

（3）管理制度：岗位职责明确、责任到人、安全管理制度完善、激励奖惩机制有效。

（4）服务行为：工作标准化、管理制度化、服务规范化。

（5）安防设备：全防范设施、消防设施要认真检查、维修养护，检查情况要有记录，发现有安全隐患问题，要及时反映，配合有关部门认真整改，确保设施完好。

（6）服务效果：着装统一、挂牌上岗；技防设施设备完好，维修养护及时，使用正常；危及人身安全处有明显标识和具体的防范措施；消防设备设施完好无损，可随时起用，消防通道畅通；机动车停车场管理完善，管理责任明确，车辆进出有登记；物业保安力量与当地派出所、110 及其他群防群治力量的衔接协调良好，无重大民事纠纷，无刑事案件；小区内重要目标、重点部位的警戒防卫有专人负责；工作职责明确，责任到人，日常工作有记录等。

下面是两城市的物业安全管理评价标准举例。

表 1-3　　　　　　　　　　　无锡市某物业管理小区（大厦）标准

序　号	平安物业管理小区（大厦）考核内容	分　值
1	创建组织健全，工作计划详细，实施方案具体，责任明确到人；小区创安工作职责明确，日常工作有记录	5
2	与当地派出所、110 及其他群防群治力量的衔接协调良好	5
3	有创安公示牌、普法宣传橱窗，居民创安知晓率 90％以上	5
4	小区环境优美整洁，无卫生死角，无乱丢垃圾现象，无群体性纠纷、上访事件	8
5	小区基本实行封闭式管理，有专业安全护卫队伍，持证上岗率在 90％以上	5
6	着装统一、挂牌上岗，工具佩戴规范，仪容仪表规范整齐	5
7	安全护卫人员熟悉小区环境，熟悉物业管理及有关法律法规，能恰当的处理和应对小区护卫工作	5
8	对小区内重要目标、重点部位（如电视通信等设施设备）的警戒防卫有专人负责	5
9	24 小时值班、定期巡逻，交接班制度完善，并有工作及交接班记录	5
10	各出入口 24 小时有值班看守，有车辆、访客、大件物品进出登记；安全护卫人员具有交通指挥、疏导能力	7
11	有业主（使用人）投诉和求助公开电话	2
12	有停电、停水、火灾、爆炸、地震、炸弹恐吓、安全疏散以及电梯应急等紧急事故应急预案	5
13	对蓄水池、屋顶水箱进行上锁管理，定期检查，定期清洗消毒	8
14	对危及人身安全处有明显标识和具体的防范措施	5
15	安全护卫人员配备对讲装置和其他必备的安全护卫工具	3
16	小区内房屋出租登记率达 95％以上	2
17	值班室办公环境较好，主出入口安装平移式电动门，安装电视监控设施，有周界电子报警系统，住户安装防盗设施达 80％以上	5
18	技防设施设备完好，维修养护及时，使用正常	5
19	消防组织健全，责任明确，设备设施完好无损，可随时起用，消防通道畅通	5
20	小区内车辆停放有序，交通标志设置明显；停车场由专人管理，车辆进场、离场有检查、记录	5
备注	凡发生在全市有重大影响的刑事案件、火灾伤亡事故，或因物业管理工作失误引发群体性越级上访等群体性事件的，予以一票否决	100

滕州市住宅小区物业管理安全标准

一、物业公司安全管理（22 分）

（1）安全管理人员、特种工人员要持证上岗。（6 分）

（2）安全管理机构健全。（4 分）

（3）安全管理费用投入情况良好。（4 分）

（4）安全管理制度（包括各类管理、宣传、检查、值班、记录等）完备。（4 分）

（5）小区图纸齐全（包括竣工总平面图，单体建筑、结构、设备竣工图，配套设施、地下管网竣工图等；设施设备的安装、使用和维护、保养等技术资料；物业质量保修文件和物业使用说明文件；物业管理必需的其他资料等）。（4 分）

二、小区重点部位安全管理（40分）

（1）供水、供电、供气、供热、通信、有线电视等设施符合安全标准要求，且运转正常。（8分）

（2）供水、供电、供气、供热、通信、有线电视等管线无各类占压。（6分）

（3）消防、防雷、防震资料齐全，且设施能够正常使用。（6分）

（4）消防通道、安全出口畅通无阻。（8分）

（5）小区内无危险品堆放。（6分）

（6）各项操作和值守制度落实到位。（6分）

三、小区安全标志管理（6分）

小区内各类安全警示标志牌齐全整洁，显要醒目。（6分）

四、小区业主安全管理（32分）

（1）楼梯走道无杂物堆放或擅自封闭。（8分）

（2）室内供气、供热、供电等设备无擅自改装。（8分）

（3）房屋装修报审备案落实良好，无破坏楼房主框架结构现象。（8分）

（4）窗台、阳台无外露搁置物。（8分）

五、加分内容（20分）

（1）物业小区安全管理新技术、新方法应用情况。（5分）

（2）物业受到侵害时，物业公司对业主请求停止侵害、排除障碍、消除危险等落实情况。（5分）

（3）物业公司对供水、供电、供气、供热、通信、有线电视等障碍排除向权属单位告知情况。（5分）

（4）物业公司对违法、违规行为向行政管理部门报告情况。（5分）

1.3　安全管理基本技术

1.3.1　事故调查、记录与分析
一、事故调查、记录与分析目的

事故调查的目的是多重的，事故调查的详细程度与其目的相关。执法部门需要有起诉的证据，索赔的专家从中寻找索赔的证据，培训者从中发现为案例教学充足的材料，而从事故预防的角度来看，事故的调查和记录是能否建立一个预防事故再发生的解决方案。

二、事故调查、记录与分析方法

所有的事故，无论其大小，都应该有一个确定的调查方法。使用表格及调查表的方法，对于把注意力集中到主要的情节上来是有帮助的，事故发生现场的主管应介入调查工作，他们也可以负责不太严重的事故的调查及记录工作。

三、事故调查、记录与分析设备

在进行事故调查时，下列设备是基本的工具。

（1）记录表，也可能是一个检查项目清单，包括对一些基本问题的简单回答；

（2）笔记本、活页本；

（3）磁带录音机；

（4）照相机；

（5）皮尺；

（6）其他必需设备。

四、调查及其关键问题

（1）调查时所得到信息有口头的，也有书面的；对书面文件要进行整理、收集，以便为今后作业场所遵循的方针、改进提供证据；与事故目击者谈话，应尽快地进行，也应迅速见到事故受害人。

（2）调查事故中的关键问题。

① 对于正在开展的检查的事件，调查者不要有成见。

② 不要把整体可靠性建立在任何孤立的证据上。

③ 目击者证词的价值与时间成反比（事件发生、情况描述的时间到讲述或书面报告之间的时间。时间增长，目击者记忆减退，描述时推论的成分增加）。

④ 事故调查最初的主要问题应是何时、何地、何人及事故的后果。

⑤ 事故调查的后续主要问题应是怎样发生的，为什么会发生，给出造成伤亡及损失的直接原因及相关的原因、因素。

⑥ 事故调查详细和程度依赖于：后果的严重性；调查及报告的用途。

⑦ 报告在达到目的的前提下，应尽可能地简短。

五、事故调查、记录与分析报告

不论用途如何，由调查做出的报告都必须回答下面的有关问题，用途不同，其繁简程度可以有区别。

（1）事故的直接原因是什么？

（2）造成事故的其他因素有什么？

（3）必须采取的消除和控制事故的整改措施是什么？

（4）在政策及方法上做哪些改进（如风险评估）？

虽然，关于个人责任方面的讨论在事故调查报告中几乎不可避免，但这不是事故调查报告的任务。调查报告只是一份材料，有关的各个方面可以用来进行民事及刑事起诉使用。

不论报告是用一种标准的形式还是用特定形式写成的，都应包括如下内容：

（1）对于所发生事故的总结；

（2）事故发生前的状况简述；

（3）事故调查中所收集到的信息；

（4）目击者陈述的详细情况；

（5）有关伤亡、损失的信息；

（6）结论；

（7）建议；

（8）支持材料（照片、图、表）；

（9）日期、调查者签名。

六、事故分析

由事故调查所提交的报告，需要进行分类及统计，从而得到关于事故原因及发生趋势等多方面的信息。开展这样的分析，可以有几种办法，包括对伤害性质的分类。分类的选择将利于在企业间、不同阶段间、行业间进行比较。其中一种很有用的分类方法，是根据事故原因来分解。下面给出一个示意的例子，在需要时可进一步分析。

（1）车辆；

（2）偷盗；

（3）设备；

（4）通行；

（5）火灾及爆炸；

（6）电；

（7）其他原因。

对上述原因进行分类后，按一定时间或年份进行统计。

七、结果显示

通过对事故调查、记录、分析，进行分类及统计、查找原因，预测事故发展趋势，为消除和控制事故提供整改方法和有关信息，同时对处理事故或预防同类事故的发生，提供了科学依据。

1.3.2 安全检查

一、安全检查的任务

安全检查的主要任务是找出危险，指出消除或控制的方法，因此，安全检查后，有两点要求：

（1）指明危险的状态进行纠正；

（2）改进操作和条件。

二、检查的类型

安全检查是预防事故、发现隐患、指导整改的实用方法，采用的方式、方法很多，常用的检查类型可分 6 类：

（1）法定检查：遵循安全法则的要求进行的检查；

（2）外部检查：由执法、保险、咨询单位开展；

（3）行政检查：上级管理人员巡视；

（4）例行检查：由主管在适当的时间内按计划开展；

（5）投产检查：对新的或重新调试的设备检查；

（6）连续检查：由工人及主管进行，可以是正式的、预先计划的或者非正式的。

开展任何一种检查，都要有关于工作内容及硬件的知识，关于所应用的法规、规程及标准的实际实用方面的知识。检查之后，要保证所有有关的问题都给予考虑并且采用同一个相应的报告系统。这样使得必要的纠正行动得以采取，检查的结果能够在管理上体现出来。

三、检查的原则

在任何检查开始之前，要对下面的重要问题作出规定。这些规定，对于检查的质量及检查能否达到其目的，有极其重要的影响。这些问题是：

（1）哪些事项需要检查。有一些内容来自检查项目清单，这种专门为检查设计的表格是有用处的，检查表提醒执行检查工作的人员有关需要检查的主要事项并且作为记录保存。

在表上再加上时间、评述及签名，这份表格就可作为一份保存的记录。

（2）表中所列项目的哪些方面需要检查。由于外因、内因等所造成的不安全现象，都有可能引起危险的发生，故应全部列入受检的范围。

（3）什么样的状态需要检查。关于这个问题，最好要在检查表上说明。如果没有相应的技术标准，要用文字说明所要检查的状态。

（4）需要多长时间进行一次检查。在没有法定要求或者标准、规范的指导情况下，这个问题将取决于失效的后果严重性，要注意所检查的事项以某种形式主义失效而有造成伤害的可能性。另外，时间也取决于受检事项可能出现不安全因素的快慢。关于失效的过程及后果的了解，对此会有帮助。

（5）由谁来进行检查。每个工作人员都有责任对他所在的工作场所进行非正式的检查。主管应为总的检查做出计划，并周期性地参加对作业场所中，前面说过的重要事项的检查。产品或服务使用人代表也应当有检查的权力，在有可能的情况下，应鼓励他们参加。经理应该做周期性的检查，在开展正式的依法检查时，他们应在场。

四、检查的技术

遵循下面的思路，将有助于改进检查的技术：

（1）必要的知识和经验。对于执行检查工作的人员，必须配备必要的设备，具有必要的知识和经验，对技术标准及法规要求有足够的了解。他们还必须能完全遵守现场的规则，包括正确地穿戴及使用个体防护用具，做到以身作则。

（2）制定并使用上述检查表。检查表用来确定要点并记录结果，但必须与检查的内容一致。

（3）会记笔记。不能只靠记忆，因此，要求做笔记，然后整理到检查表中去，即使在检查后，要有书面正式报告，在现场也要记录。

（4）善于查阅和应用存档报告。在开始一个新的检查之前，最好能够阅读一下过去所发现的问题。这种做法将有助于检查那些过去的检查评述是否已按要求采取了行动。

（5）善于思索和提问。在检查中，不仅要看，而且要问。"出现了情况应该怎么办？"之类的问题，是最难回答的。在有关实际的操作方法及可能的改进意见方面，人们往往过低地估计了工人的意见价值。此外，在有关工作系统及方法方面，很难仅靠看来检查，在这些方面的检查，有赖于正确地向有关人员提问。

（6）善于发现和跟踪。在发现有丢失及损坏的物件时，要追查而不能只是记录在表上。

（7）随时纠正危险。在检查中凡碰到危险的情况并构成了对人员及财产的严重风险时，应随时纠正而不要等到有书面报告后处理。

（8）尽量做定量测试。在适当的地点，应对作业场所的状态做定量测试。这些测试结果，可以作为今后检查时进行比较的一个基础。没有定量的结果就难于管理。

（9）随时纠正不安全行为。在检查过程中，对于不安全的行为要随时记录在案并进行纠正。如不使用安全装置、不使用个体防护用品及在禁烟区吸烟等。

（10）检查风险评估。在检查过程中，对风险评估的核查应是其中的一部分内容。

1.3.3　安全管理

一、目标

安全管理目标是取得全体有关人员对于安全行动的支持；开展宣传、教育和培训，使全体人员能够认识并纠正危害。

通过设计及风险评估达到对危害的控制，并且用一个适当的检查计划获得效果的反馈信息，确保危害得到控制。

在风险评估的基础上，引进和安装控制措施，遵守标准及规范。

二、关键因素

完整地安全管理，关键因素由以下五方面组成：

（1）安全政策制度；

（2）组织；

（3）计划与执行；

（4）对实施情况进行测量；

（5）对实施结果进行评估并审核。

三、政策

需要有全面的安全政策，该政策应得到有效的贯彻，而在所有的业务活动及决策中得到贯彻。这些政策的条文构成了良好的安全管理的核心。对于各个管理层次上提出的基本要求，用书面的文件详细地规定所负的责任，然后，定期地检查这些责任是否得到了恰当的履行。

四、组织

为使安全政策能够得到有效的贯彻，要求员工都要积极参与并做出承诺。动员大家参与控制风险的活动而形成了一种"安全文化"氛围。通过建立并保持一种结构和系统，而发挥如下作用。

（1）管理人员能够进行有效的管理；

（2）业主进行合作；

（3）提供危害、风险及预防措施的信息，保证有效的沟通；

（4）保证作业人员的资质，首先对需要采用的、安全完成任务的技能进行评估，随后提供必要的手段保证所有的从业人员（包括临时工）得到必要的指导及培训。

五、计划及执行

通过计划保证安全工作的有效性，建立及维持一个计划系统并使其正常运行来达到目的。这个系统的特点是：

（1）明确任务和目标，这些任务和目标是能够完成的和互相联系的；

（2）对管理和风险控制，建立标准，而这些标准的建立是以危害识别和风险评估，以及把法律的要求作为可以接受的最低标准为基础的；

（3）考虑风险并加以控制。

六、监测

要对安全管理活动进行监测，从而建立起有效的度量。

七、性能的评审及审核

审核可以使管理人员保证其政策得以执行，并收到理想的效果。审核使监测计划得到充实。类似对安全管理效果的绩效评估。保证组织所达到的标准与组织所承诺的安全政策的目标尽可能地接近。

八、防范的重点

对于确立工作的安全管理的控制，要遵守以下基本原则：

（1）凡在可能的情况下，采用消除危害的方法来消除风险；

（2）追溯风险的源头，在有更好的控制措施可以使用时，不要做临时性的修补或者放上警示标识就算了事；

（3）在设计工作区域和选择工作方法时，使其工作适合于操作者；

（4）应用技术来改善工作条件；

（5）优先考虑对整个区域的保护，然后才是个人的防护；

（6）保证使每一个人都懂得为了工作中的安全，他们必须怎样做；

（7）确保每一个人都接受安全的管理，这种管理要贯彻到组织活动的所有方面。

1.4　安全管理心理学知识

人是生产服务工作中最活跃的因素，在导致事故发生的种种原因中，人的不安全因素是一种很重要的原因。要想防止事故发生，必须及时矫正各种影响安全的不良心理和纠正各种违章行为。这就要求我们运用安全心理学，探索人的安全心理，从而减少人的不安全因素。

探究事故成因，人、物和环境因素的作用，是事故的根本原因。从对人和管理两方面去探讨事故，人的不安全行为和物的不安全状态，都是酿成事故的直接原因。而人的行为又是与人的心理紧密相关的，所以进行安全管理离不开对心理及行为规律的认识。

1.4.1　人的不安全行为与人失误

一、人的行为

个体人的行为就是个体人遵循自身的生理心理原理而表现的行动。任何人都会由于自身与环境因素影响，对同一事故的反应、表现与行为出现差异。人的自身因素是人的行为根据，是内因。环境因素是人的行为外因，是影响人的行为的条件，也能产生重大影响。

不安全行为是人表现出来的，与人的心理特征相违背的，非正常行为。人在活动中，曾引起或可能引起事故的行为，就是不安全行为。出现一次不安全行为，不一定必然发生事故，造成伤害。然而不安全行为，一定会导致事故。即使物的因素作用是事故的主要原因，也不能排除隐藏在不安全状态背后的、人的行为失误的转换作用。

二、人的信息处理过程

人在自身因素基础上，处理环境因素的刺激程度，是决定人的行为性质的关键。人对环境因素或外界信息刺激的处理过程，称为人的信息处理过程。可简单编成输入（知觉、选择）、记忆处理（识别比较、判断、决策）和输出（行为指导）程序。

信息输入大脑，经处理后形成决策。通过神经向相应的器官传达决策指令，转化为行为。行为形成后，器官又通过神经把行为反馈给大脑，以对行为的正确程度进行监测。人能够正确的执行决策所确定的行为，对保障安全也是非常重要的。

三、人的失误

人失误指人的行为结果偏离了规定的目标或超出可接受的界限，并产生了不良影响的行为。

（1）人失误具有与人能力的相适应性。工作环境可诱发人失误，以及反映高岗位人员职责缺陷等特性。由于人失误是不可避免的，因此，在生产中凭直觉、侥幸，是不能长期成功的维持安全生产的。

当编制操作程序和操作方法时，侧重考虑产品或服务标准，而忽视人的能力与水平，这会增加发生人失误的可能。

（2）人失误的类型。在各种性质、类型的生产服务活动中，从事生产服务活动的各类操作人员，都可能发生人失误。而操作者的不安全行为，则可能导致人失误而发生事故。这也可以认为事故是人失误直接导致的结果。发生于管理者的人失误，表现为决策或管理失误，这种人失误具有更大的危险性。

（3）人失误的表现。一般是出现失误结果以后，是很难预测的。比如遗漏或遗忘现象，把事弄颠倒，没按要求或规定的时间操作，无意识动作，调整错误，进行规定外的动作等。

（4）人的信息处理过程失误。可以认为，人失误现象是人对外界信息刺激反应的失误，与人自身的信息处理过程与质量有关，与人的心理紧张度有关。

人在进行信息处理时，必然要出现失误，信息处理失误倾向，都可能导致人失误。信息处理失误的表现较复杂，一般表现为简单化、依赖性、选择性、经验主义、简单推断、粗枝大叶等。

（5）心理紧张与人失误的关联。人大脑意识水平降低，直接引起信息处理能力的降低，影响人对事物注意力的集中，降低警觉程度。意识水平的降低是发生人失误的内在原因。

工作要求与人的信息处理能力相适应时，人处在最优的心理紧张状态，此时，大脑意识水平处于能动状态，处理信息的能力极高而失误最少。

饮酒、疲劳等生理因素，不安、焦虑等心理因素，温度、噪声等物理因素，以及技能、经验等，都能使人的心理紧张度改变，表现为人失误数量的变化。操作不熟练、经验缺乏的人，其心理紧张度要比操作熟练、经验丰富的人高。

经常进行教育、训练，合理安排工作，消除心理紧张因素，有效控制心理紧张的外部原因，使人保持最优的心理紧张度，对消除人失误现象是十分重要的。

（6）人失误的致因。造成人失误的原因是多方面的，有人的自身因素对过负荷的不适应原因，如超体能、精神状态、熟练程度、疲劳、疾病时的超负荷操作，以及环境过负荷，心理过负荷，人际立场负荷等都能使人发生操作失误。也有与外界刺激要求不一致时，出现要求与行为的偏差的原因，在这种情况时，可能出现信息处理故障和决策错误。此外，还由于对正确的方法不清楚，有意采取不恰当的行为等，出现完全错误的行为。

1.4.2　心理因素对安全管理的重要作用

心理学研究表明，人的心理问题已经成为影响安全的重要因素。健康的、良好的心理，对安全有积极的作用。而不良心理会对安全造成一定的负面影响，甚至会引发事故。例如，企业内部改革的不断深化，对员工的心理产生了冲击，使员工容易产生紧张、焦躁等不良心理反应，给企业的安全服务工作带来很大的影响。面对这种情况，企业领导和安全管理人员必须坚持"以人为本"的管理原则，学习心理学，及时掌握员工心理变化的规律，有针对性地进行思想疏导，化消极情绪为积极态度。只有这样，才能真正减少并消除人的不安全因素。

人是安全管理的主体。人是有思想、有情感、有各种复杂精神需求和具有不同性格与气质特征的，而且人的思想和心理活动又是非常复杂的，会对各种刺激做出反应，而这种反应必然对其工作和生活产生影响。当人的内在心理因素与外部环境相"匹配"时，表现为"正确"的行为；当人的内在心理因素的某些要素与外部环境的某些要素发生冲突时，其行为表现为"失误"。"失误"就是人的不安全行为，即不符合安全规程，有可能导致人身伤亡事故和财产损失。

每一个人都具有一定个人心理特征，个性心理特征就是个体人经常、稳定表现的能力、性格、气质等心理特点的总和。这是在人的先天条件基础上，受到社会条件影响或在具体实践活动中接受教育与影响而逐渐形成、发展的。个性心理特征决定人对某种情况的态度和行为。不安全行为的直接原因往往是由某些心理特征决定的。例如在个体行为中，非理智行为在引发为事故的不安全行为中，所占比例相当大，在工作中出现的违章、违纪现象，都是非理智行为的表现，冒险蛮干则表现的尤为突出。非理智行为的产生，多由于侥幸、省事、逆反、凑合等心理所支配。在安全管理过程中，控制心理因素，对保障安全具有重要作用。

1.4.3　心理学在安全管理的应用

（1）依据心理特征和状态安排相适应的岗位或工作任务。在日常生产工作中，由于发生事故的可能性还随着工作种类的不同和作业条件的好坏而有差异，所以，管理者特别是一线的管理者应多从安全管理这个角度考虑，多了解掌握职工的性格和心理状态，经常开展思想教育工作，根据性格特征，安排相应工作岗位或工作内容，以减少或避免发生不必要的事故，实现安全服务的目的。

（2）在员工中树立安全理念、责任。要教育员工在生产服务工作中认真负责，自觉遵守安全工作规程，在头脑中建立起"安全责任重于泰山"的安全理念和岗位责任意识，关注安全，关爱生命，在工作中及时发现并消除威胁人身安全和设备安全的隐患，将"三级控制"（即企业控制重伤和事故；部门控制轻伤和障碍；班组控制未遂和异常）落实到每一项操作、每一个动作之中，安全、优质、高效地完成各项任务。

（3）工作中及时调节员工心理。在做好工作技术技能培训的同时，也要对员工进行安全心理学基础知识培训，培养员工良好的安全心理素质。在日常工作中，还要注意调节员工的心理状态，使其以一种正常的心态、稳定的情绪投入到工作中。

（4）加强安全心理素质培养。对员工进行安全心理素质的培养，要采取因人而异的方法，紧密地与员工的岗位、工作性质和员工性格特点结合在一起。要通过安全心理学讲座、谈心、观看安全教育录像片、安全知识竞赛、安全主题演讲会、安全板报、事故预想、危险点分析等有效的教育形式，培养员工的安全心理，使其不断提高自我保护意识，将安全工作规程和企业安全规章制度变为自觉的行为。

1.4.4　常见造成不安全行为的心理

（1）侥幸心理。侥幸就是由于偶然原因得到一点小小的成功或免于不幸，总认为"天命算定"，即使越"雷池"，灾难也不会降到自己头上，于是乎，便毫无顾忌地干一些盲动的冒险动作。这是许多违章人员在行动前的一种重要心态，把出事的偶然性绝对化，对工作安全危害甚大，由侥幸心理造成的人员伤亡、巨额受损的案例时有所见，是安全生产的大敌。他们往往不是不懂安全操作规程，缺乏安全知识，技术水平不低，而是"明知故犯"，因为他们认为违章不一定出事，出事不一定伤人，伤人不一定伤己。

（2）惰性心理。惰性心理也称为"节能心理"，是指在作业中尽量减少能量支出，能省力又省事，能将就凑合就将就凑合的一种心理状态，也是懒惰行为的心理依据。干活嫌麻烦图省事，该做的不去做，使得危险蔓延，酿成大误。

（3）麻痹心理。麻痹大意是造成事故的主要心理因素之一。行为上表现为马马虎虎，大大咧咧，口是心非，盲目自信。麻痹心理可能源于以下一些情况：

1）盲目相信自己的以往经验，认为技术过得硬，保准出不了问题（以老同仁居多）。

2）是以往成功经验或习惯的强化，多次做也无问题，我行我素。

3）是高度紧张后的精神疲劳，产生麻痹心理。

4）是个性因素，一贯松松垮垮，不求甚解的性格特征，自以为绝对安全。

5）因循守旧，缺乏创新意识。

（4）逆反心理。这是一种无视社会规范或管理制度的对抗性心理状态，一般在行为上表现"你让我这样，我偏要那样、越不许干，我越要干"等特征。

1）显现对抗：当面顶撞，不但不改正，反而发脾气，或骂骂咧咧，继续违章。

2）隐性对抗：表面接受，心理反抗，阳奉阴违，口是心非。

（5）逞能心理。争强好胜本来是一种积极的心理品质，但如果它和炫耀心理结合起来，且发展到不恰当的地步，就会走向反面。

1）争强好胜，积极表现自己，能力不强但自信心过强，不思后果、蛮干冒险作业。

2）长时间做相同冒险的事，无任何防护，终有一失。

（6）从众心理。这是指个人在群体中由于实际存在的或头脑中想象到的社会压力与群体压力，而在知觉、判断、信念以及行为上表现出与群体中大多数人一致的现象。

1）自觉从众者，心悦诚服、甘心情愿与大家一致违章。

2）被迫从众者，表面上跟着走，心理反感。

模块 2 物业消防管理

2.1 模块导入

2.1.1 物业火灾案例

一、东都商厦特大火灾

东都商厦是坐落于洛阳市老城区的一家大型百货商场，商场建筑面积 17900 平方米，2000 年 11 月前，商厦地下第一、第二层经营家具，地上第一层经营百货、家电等，第二层经营床上用品、内衣、鞋帽等，第三层经营服装，四层为商厦办公区和东都娱乐城。

2000 年 12 月 25 日 19 时许，为封闭两个小方孔，东都分店负责人安排一名无焊工资质证人员王某进行地下一层栏杆电焊作业，负责人未作任何安全防护方面的交代。王某施焊中也没有采取任何防护措施，电焊火花溅入地下二层可燃物上，引燃了地下第二层的绒布、海绵床垫、沙发和木制家具等可燃物品。王某等人发现后，用室内消火栓的水枪向地下二层射水灭火，在不能扑灭的情况下，既未报警也没有通知楼上人员逃离现场。在现场的东都商厦总经理以及为开业准备商品的东都分店员工见势迅速撤离，也未及时报警和通知四层娱乐城人员逃生。随后，火势迅速蔓延，产生的大量一氧化碳、二氧化碳、含氰化合物等有毒烟雾，顺着东北、西北楼梯间向上蔓延（地下第二层大厅东南角的实门关闭，西南、东北、西北角的门为铁栅栏门，着火后，西南角的门进风，东北、西北角的门过烟不过人）。由于地下第一层至地上第三层东北、西北角楼梯与商场采用防火门、防火墙分隔，楼梯间形成烟囱效应，大量有毒高温烟雾通过楼梯间迅速扩散到第四层娱乐城。着火后，东北角的楼梯被烟雾封堵，其余的 3 部楼梯上锁，人员无法通行，火灾中仅有少数人员逃到靠外墙的窗户处获救，其余 309 人全部中毒窒息死亡。

这场火灾是因非法施工、施焊、电焊火花溅落到地下第二层家具商场的可燃物上造成的。施焊人员明知商厦地下第二层存有大量可燃木制家具，却在不采取任何防护措施的情况下违法施工，导致火灾发生。火灾发生后，肇事人员和东都商厦在现场的职工和领导既不报警，也不通知第四层东都娱乐城人员撤离，使娱乐城大量人员丧失逃生机会，中毒窒息死亡。

在事后调查中，发现商厦消防安全管理十分混乱。没有按照《消防法》的要求履行消防安全管理职责，各承包单位消防安全工作职责不清，消防安全管理制度不健全、不落实，职工的消防安全教育培训流于形式。商厦地下两层和地上第四层没有防火分隔，地下两层没有自动喷水灭火系统，火灾自动报警系统损坏，第四层娱乐城 4 个疏散通道 3 个被铁栅栏封堵，大楼周围防火间距被占用。对主要隐患均以经济困难或影响经营为由拒不整改。长期存在的重大火灾隐患，引发了本次火灾的特大财产损失和人员伤亡。

二、燕山酒家特大火灾

燕山酒家是位于长沙市集餐饮、办公、住宿、娱乐为一体的综合酒店宾馆。酒店共八层，一、二楼为东海渔村海鲜酒店，承包给某公司经营，其中一楼北向为接待厅和快餐厅，南向为酒店制作间，二楼北向为大餐厅，南向为餐饮包房；三至七楼为客房、办公用房、服务员宿舍，有客房75间（185个床位）；八楼为娱乐层。

1997年1月29日，东海渔村海鲜酒店保安员雷某准备用酒精炉煮东西吃，拖酒精炉时，酒精洒泼到手上及桌面台布上，点火时引燃酒精炉和手，雷某顺势把酒精炉朝地下甩去，酒精洒泼到方桌和过道的地毯上起火，雷某慌忙用方桌上的台布去扑打，结果越打越大，并迅速向四周蔓延，很快引燃了窗帘，雷某看到大火已无法扑灭，扔下桌布呼救逃生，造成一场特大火灾。起火当晚，燕山酒家和东海渔村共有21人当班、172名旅客住宿。火灾中死亡40人，重伤27人，轻伤62人，烧毁建筑997平方米以及空调、卡拉OK机、冰柜等财物，直接财产损失97.2万元。

这次火灾的主要教训有：①内部管理不严，火灾隐患多。长沙燕山酒家及湖南东海海鲜酒店对消防工作极不重视，开业以来，对职工既未进行过防火安全教育，也没有建立健全必要的消防工作制度，内部管理混乱，火灾隐患较多，员工缺乏基本的消防常识，消防观念淡薄，严重违反消防规定的行为（如夜间值班用酒精炉煮食、不关厨房液化气罐总阀门等）屡屡发生。②消防设施设置不合理，管理不善，使用不当。一是消防水泵断电后不能启动；二是报警系统长期未检修，起火时报警功能失灵，不能及时警示员工和客人迅速疏散；三是2至7楼没有安装应急灯，安全门上方也未标明"出口"标志，紧急情况下不便于人员疏散；四是未经消防部门同意，擅自将三楼北向楼梯间通道堵死，南向1至2楼楼梯间被杂物堵塞，起火后抢救、疏散工作严重受阻。③主管单位不认真履行管理职责，放任自流，缺乏有效的监督。④报警迟，贻误了战机。肇事者发现起火后，不是及时报警，而是先扑救，当发现火灾越救越大时，便只顾逃命没有报警；保安员也是先上楼扑救，等火无法控制时才报警。⑤消防设备严重缺乏。

三、白云市场特大火灾

1997年9月19日，柳州市白云食品批发市场（以下简称白云市场）发生一起特大火灾。当日凌晨2时40分许，正在市场前大门值班的保安员韦某发现市场内一楼入口处的38#摊位门面内西南面隔墙中间离地面高约2.3米处，有蓝色电弧闪光，并听到电打火声，感觉情况有异，立即跑到离现场约20米远的值班室，向白云工商所值班的副所长报告。约3分钟后，韦某跑回现场，只见门面内已起火，考虑仅自己一人救不了火，于是又跑上市场二楼找值班的另外两名保安员。在呼叫和敲门均无人及时答应的情况下，韦某回到一楼起火处，在值班的副所长的指挥下，韦某用一干粉灭火器将门面玻璃砸烂，冲进门面后打开灭火器进行扑火，但是灭火器喷不出药粉，而后闻讯赶来的保安员欧某、梁某先后递给韦某一个灭火器和一条接在市场内消防栓上的消防水带，韦某喷完灭火器后，又用消防水带进行灭火，但由于水带上没有水枪，喷出的水不足一米远，起不到应有的灭火效果，再加上当时正刮着较大的西北风，火势越来越大，与38#摊位相邻的39#、42#、43#等三家门面相继起火。约2时50分，值班的副所长才用手机拨打"119"电话报警。2时51分，柳州市公安消防支队接到报警电话，立即调动鱼峰消防中队前往扑救。鱼峰消防中队第一次出动两辆消防车于2时55分赶到事故现场。这时大火已从38#门面烧至中央天井处，着火面积已扩大到700平方米左右。由于各门面之间以网眼约为4厘米×3厘米的铁栅网相隔，卷闸门封闭，所形成的过火暗道大大降低了消防水枪的扑火效率。加上市场中央的天井起着抽风作用以及当时的西北风助燃，火苗通过中央天井，从市场一楼先后蹿烧二楼和三楼，然后向四周蔓延，火区迅速扩张，灭火工作十分艰难。虽然在 4 时 55 分控制了火势，6 时 30 分将火扑灭，但火灾过火面积已达 13900 平方米，占市场建筑总面积的 94%，市场大楼内一、二、三层楼绝大部分商品、设备化为灰烬。直接经济损失 1900 万元。

分析这一火灾，主要原因有：

（1）消防安全意识差，监督管理不力。柳州市工商局和白云市场管理所，都分别成立了防火安全领导小组，组长和副组长均分别由主要领导、分管领导担任。但两个领导小组自 1997 以来未曾开过一次专题会，一些人甚至不知自己是成员。在日常工作中，市工商局、鱼峰分局和白云工商所均有一名分管消防安全的副职领导，但由于他们分管的工作面宽、任务繁杂，导致对消防工作的管理往往只停留在口头上，落实到实处的不多，对白云市场在用电方面存在的隐患和消防设施状况都说不清楚，对消防栓被盖在新建门面之内更无人知晓。

（2）改变市场经营功能。白云市场最初是按报建的家禽农贸产品批发市场进行施工，其消防设施及配电线路均按照农贸市场的要求来设置。市工商局在白云市场的建设过程中决定把市场的经营功能由农贸市场改变为糖烟酒批发市场。但未对设计方案做相应修改，在市场竣工验收时也未请消防部门参加的情况下就以食品批发、家用电器及音像制品等经营项目投入经营。由于电路容量及布局与实际经营不相适应，导致业主乱拉乱接电线，加速了配电线路的老化，埋下了火灾事故的隐患。

（3）有章不循，不执行夜间停电规定。市场自建成使用后，在用电安全方面制定了明确的规章制度，其中在防火工作制度中明确规定：夜间铺面内停止供电。根据这一规定，白云市场管理处（原白云市场的管理单位）要求电工每天下午 7 时关掉市场业主营业用电，次日上午进场后合闸送电。白云市场建成后聘请的电工蒋某一直较好地执行这一规定，确保了市场夜间消防安全。1997 年 4 月，柳州市工商局将白云市场管理处改名白云工商所，并调整领导班子。白云工商所接管市场后，所领导于 1997 年 7 月辞去老电工蒋某，新聘谢某为市场电工。由于新老班子和新老电工工作交接不清。新电工到位以后，夜间从未执行过停电制度，最终导致了电线短路引发的火灾。

（4）对火险隐患整改不彻底。白云市场建成使用后，由于原设计电路容量及电路布置不能适应营业需要，长期以来存在着业主乱接乱拉电线和电路容量严重不足的问题。1997 年 6 月 24 日，在市政府组织的全市公共场所消防安全专项治理当中，市专项治理检查组在市场内查出 6 项火险隐患，并由消防部门填发了《集贸市场消防安全检查登记表》，明确指出市场"电线布线不规范、乱拉乱接现象比较严重"，要求整改。但柳州市的三级工商管理有关人员对这个问题并未引起重视，整改不彻底。在创建柳州文明市场的要求下，白云市场于 1997 年 8 月，仅就用电量较大的二、三楼室内线路和市场的地下电缆做了整改，对一楼室内线路没有进行整改。而这次火灾就是由没有进行整改的一楼室内线路引发的。

（5）管理不严，不按消防法规规定管理消防设施设备。白云市场的商品性质和建筑结构特点决定火势一旦蔓延，扑救就比较困难，特别是当大火窜上天井蔓延至二、三楼形成立体火灾以后，按照柳州市目前的消防力量极难有效控制和扑救。因此火灾初期扑救成败是关键。

由于原白云市场管理处受单纯经济利益驱使，违反消防法规，把市场唯一的消防栓和水泵连结器、供水总闸等设施圈占在门面内，在撤销管理处成立工商所时，前任人员又没有把这些情况告诉接任的管理人员，接任管理人员又没有进行仔细的检查，不了解部门内消防设施具体位置，且这些设施晚上被业主锁在门面内，导致在火灾扑救整个过程中消防车不能就近取水，只能到街道上的市政消防栓加水，严重地影响了灭火的效果。

还有，白云市场经常使用室内消防水带冲洗地面，在8月份的一次冲洗后，消防水枪丢失，又没有及时配备；另外，火灾前根据消防部门要求，市场各门面的干粉灭火器要更换药粉。9月4日，换药粉工作已完成，但是由于白云工商所没有将新换药粉的灭火器及时下发到各门面，而是锁在仓库里。导致在火灾初发时，进入38♯门面灭火的保安员使用未经换药粉的公用灭火器无效，使用消防水带又无水枪，两种消防器材在关键时刻都没有发挥作用，使火灾得以蔓延。

（6）消防安全教育不够。最初发现火灾的人员消防知识缺乏，措施不果断，失去灭火良机。首先，值班保安员韦某在2点40分左右发现38♯门面内有电弧光及响声时，如果立即拉闸停电，有可能避免这次火灾。但因其缺乏必要的消防知识，不能判断后果的严重性，他没有直接采取措施，而是向值班所长报告，待报告完，门面内已经起火，错失控制火灾的良机；二是值班副所长来到现场发现起火，本应立即拨打"119"电话呼救，但他却只顾指挥在场人员自行扑救，直到2点50分，他感到现场力量已不能控制火势时才拨打"119"，这时已错过了在扑灭火灾中非常宝贵的时间；三是火灾过后，消防部门在火灾现场勘查时，在起火部位发现一具未拔掉插销的干粉灭火器，说明当时在场的人员未能正确使用灭火器，表明平时对职工的消防安全教育培训不够，有关人员的消防素质差。

2.1.2 物业管理服务中消防管理的必要性

现代社会中，人们的工作和生活离不开各种类型的物业，如我们在厂房车间中生产、在写字楼中办公、在住宅楼中居住、在商场超市中购物、在医院大楼中看病、在体育馆中健身、在歌舞厅中娱乐、在教学楼中学习、在餐馆酒店中用餐等，对于每一个生活在城市中人，其大部分时间都是在各种物业中渡过。

随着人们物质生活的丰富，物业中各种财产和人员的数量逐渐增多，一旦发生火灾，整个物业内的生命和财产会受到重大损失。

因此，消防管理是物业管理中的一项重要工作，它直接关系到用户的生命财产安全。物业消防管理的目的是为了预防物业火灾的发生，最大限度地减少火灾损失，为用户提供安全环境，保障其生命及财产安全。

2.1.3 物业消防管理主要学习内容和学习目标

一、物业消防管理学习内容

（1）消防管理方法。运用现代管理的科学方法，结合物业的实际，建立起有效的物业消防管理体系，并认真实施，保证物业消防安全。

（2）初起火灾扑救。学习消防原理，认识火灾发生发展规律，掌握初起火灾扑救的技术，使物业管理人员能承担初起火灾的扑救任务。

（3）人员疏散，物资抢救。学习组织疏散方法，使物业管理人员能在火灾发生时最大程度地解救物业中的人员和财产。

（4）逃生与自救。学习逃生和救护技巧，积极开展自救，在特别情况下，能帮助业主脱离火场，挽救其生命。

二、学习目标

（1）本模块知识学习目标。

- 学习消防管理方法
- 学习消防管理制度建设内容
- 学习消防管理组织
- 学习消防安全检查内容和方法
- 学习燃烧的条件
- 学习燃烧的类型
- 学习燃烧的产物及危害
- 学习火灾的类型
- 学习室内火灾发展规律
- 学习灭火器类型、灭火原理、适用范围
- 学习疏散设施
- 学习疏散方法
- 学习逃生自救的基本常识和方法
- 学习逃生器材的使用方法

（2）本模块能力目标。

- 会建立消防组织
- 会建立消防管理制度
- 会实施消防检查
- 会使用灭火器灭火
- 会制定疏散预案
- 会组织人员疏散
- 会在火灾中进行逃生自救

2.2　消　防　管　理

2.2.1　消防管理方法

一、消防管理原则和标准

1. 消防管理的含义和作用

任何火灾事故的直接原因概括起来主要是由人的不安全行为或物的不安全状态所造成。然而这些直接原因的背后更深层的本质原因是管理上的原因。防止火灾事故发生，归根结底应从改进消防管理做起。

消防管理就是遵循火灾发生和工作活动的客观规律，依照消防法规和消防工作方针、原则，运用管理科学的理论和方法，通过一系列的管理职能，合理而有效地使用人力、物力、财力、时间和信息等资源，为达到预定目标而进行的各种消防活动。

做好消防工作，保障人们生命财产安全，既需要一定的消防技术，更需要有效的管理。优良的防火硬件设施，只有有效的管理才能发挥其应有的作用。消防硬件技术力量薄弱的情况下，更需要通过加强管理予以弥补。

2. 消防管理的方针原则

（1）预防为主，防消结合。预防为主，防消结合是物业消防管理的基本方针，所谓预防为主，就是不论在指导思想上还是在具体行动上，都要把火灾的预防工作放在首位，贯彻落实各项防火行政措施、技术措施和组织措施，切实有效地防止火灾的发生。所谓防消结合，是指预防和扑救两者必须有机地结合起来，也就是在做好防火工作的同时，要积极做好各项灭火准备工作，以便在发生火灾时能够迅速有效地予以扑救，最大限度地减少火灾损失，减少人员伤亡，有效地保护生命和财产的安全。

（2）谁主管，谁负责。谁主管，谁负责是消防管理的一项基本原则，就是谁主管哪项工作，谁就对哪项工作中的消防安全负责。这一原则使得消防工作责任明晰，是做好物业消防工作的基础。一般地，法定代表人或主要负责人要对本单位的消防安全工作全面负责，是当然的消防安全责任人；分管其他工作的领导和各业务部门，要对分管业务范围内的消防安全工作负责。

（3）依法管理。依法管理就是单位的领导和主管或职能部门依照国家立法机关和行政机关制定颁发的法律、法规、规章，对消防安全事务进行管理。消防法规具有引导、教育、评价、调整人们行为的规范作用，而且具有制裁、惩罚违法行为的强制作用。因此，任何单位都应组织群众学习消防法规，从本单位的实际出发，依照法规的基本要求，制定相应的消防管理规章制度或工作规程，并严格执行，做到有法必依，执法必严，违法必究，使消防安全管理走上法制的轨道。

（4）依靠群众。消防工作是一项具有广泛群众性的工作，只有依靠群众，调动广大群众的积极性，才能使消防工作社会化。消防安全管理工作的基础是做好群众工作，要采取各种方式方法，向群众普及消防知识，提高群众的消防意识和防灾抗灾能力；要组织群众中的骨干，建立义务消防组织，开展群众性的防火、灭火工作。

（5）科学管理。运用管理科学的理论，规范管理系统的机构设置、管理程序、方法、途径、制度、工作方法等，从而有效的实施管理，提高管理效率。消防安全管理必须遵循火灾发生、发展的规律，必须运用管理科学的理论和方法提高工作效率和管理水平，还要逐步采用现代化的技术手段和管理手段，以取得最佳的管理效果。

3. 消防管理标准

（1）做到有防火责任制。

（2）做到有岗位防火责任制。

（3）做到有专兼职防火干部。

（4）做到有必要的消防器材装备。

（5）做到有消防安全制度。

（6）做到对火灾隐患能及时发现、整改。

（7）做到对消防重点部位做到定点、定人、定措施。

（8）做到普及消防知识，对重点工种进行消防训练考核。

（9）做到有防火档案。

（10）做到对消防工作定期总结评比。

二、消防管理组织机构建立

一个单位的消防管理任务和职能是由一定组织机构来完成的。这种机构的组织形式一般是以防火安全委员会为领导，以保卫部门为办事机构，有各级领导负责的，自上而下的消防安全管理组织网络。

物业消防管理组织机构的建立，应设立三级防火机构，任命三级防火机构责任人。三级消防机构组织人员由总经理根据实际需要进行确定。

（1）物业管理公司总经理为公司消防责任人（由当地政府消防安全部门任命），负责消防组织机构的建立和消防工作的组织及安排。总经理要负责组建公司防火安全委员会，确定委员会成员人选，并明确其职责，负责有关消防法规的贯彻和消防规章制度的建立，研究解决消防人员、设备中的重大问题，定期组织消防安全检查及消防演习。

（2）管理处主任作为第二级消防机构的责任人，负责管理处各部门消防责任制的制定和日常消防工作的监督、指导。

（3）物业部（或其他部门）主管作为第三级消防机构的责任人，负责部门消防的监督、检查和日常管理工作。如工程部负责对疏散出口指示灯、应急灯、灭火器、防火门进行维修、保养工作，负责建立《消防设备设施一览表》。物业管理公司还可以委托专业消防公司负责消防设备设施的维护、保养、检修、试验，物业部则负责对专业消防公司的上述工作进行监督、检查。

三、消防管理制度建设

消防管理制度是消防管理工作开展的根本依据，制度的建立应反映单位消防安全指导方针、领导体制和安全原则，应形成一个制度健全、责任清晰、重点分明的管理文档系统。

物业管理企业应按照消防法规，结合所管物业特点，建立健全各项消防安全制度和保障消防安全的操作规程，并根据实际情况的变化随时修订以满足物业安全管理的需要。主要建设的管理制度和规程有：

（1）消防安全制度。

《消防安全例会制度》主要包括会议召集、人员组成、会议频次、议题范围、决定事项、会议记录等要点。

《消防组织管理制度》主要包括组织机构及人员、工作职责、例会、教育培训、活动要求等要点。

《消防安全教育、培训制度》主要包括责任部门、责任人和职责、频次、教育培训对象（包括员工、业主和特殊工种人员）、教育培训内容和目标、考核办法、情况记录等要点。

《防火巡查、检查和火灾隐患整改制度》主要包括责任部门、责任人和职责、检查频次、参加人员、检查部位、检查内容和方法、火灾隐患认定、隐患处置和报告程序、整改责任和看护措施、情况记录等要点。

《消防（控制室）值班制度》主要包括责任范围和职责、突发事件处置程序、报告程序、工作交接、值班人数和要求、情况记录等要点。

《安全疏散设施管理制度》主要包括责任部门、责任人和职责、安全疏散部位、设施检测和管理要求、情况记录等要点。

《消防设施、器材维护管理制度》主要包括责任部门、责任人和职责、设备登记、保管及维护管理要求、情况记录等要点。

《易燃易爆化学危险物品安全管理制度》主要包括责任部门、责任人和职责、化学危险物品登记、保管使用管理要求和应急处置等要点。

《燃气、电气设备和用火、用电安全管理制度》主要包括责任部门、责任人和职责、设施登记、电工资格、动火审批程序、检查部位和内容、检查工具、发现问题处置程序、情况记录等要点。

《灭火和应急疏散预案演练制度》主要包括预案制定和修订、责任部门、组织分工、演练频次、范围、演练程序、注意事项、演练情况记录、演练后的小结与评价等要点。

《消防安全工作考评和奖惩制度》主要包括责任部门和责任人、考评目标、内容和办法、奖惩办法等要点。

《其他必要的消防安全制度》还应根据实际情况制定其他必要的消防安全制度。

（2）消防安全操作规程。

1）自动消防系统操作规程；

2）变配电室操作规程；

3）电气线路、设备安装操作规程；

4）易燃易爆化学危险物品操作规程；

5）其他必要的消防安全操作规程。

四、消防安全检查与整改

消防检查是落实"预防为主，防消结合"这一方针的重要消防管理手段，通过消防检查能及时排查和消除物业隐患，维护物业安全状态。物业企业应建立消防安全检查和整改管理机制。

1. 消防安全检查机制

物业管理公司，为做好消防检查工作，可建立消防安全三级检查机制，主要内容如下。

（1）一级检查由物业部指导、监督各部门组织实施。

1）每个职工每天对本岗位、本地段消防安全情况进行一次检查，排除本身能够排除的火情隐患，本身不能解决的要及时上报，否则发生事故要由本部门负责人或本岗位当班人员负责。

2）物业部负责指导、监督、检查。消防助理负责对物业的消防设备、设施及消防安全情况进行日常检查，并将检查情况记录下来。施工现场防火安全，也由消防助理每天进行检查。

3）物业部主管每周将检查情况向管理处主任汇报。

（2）二级检查由管理处组织实施。

1）管理处主任每周组织物业部等部门对管辖地段、设备物资（特别是易燃易爆物品）进行一次检查。

2）检查各部门对消防安全工作的执行落实情况，处理及整改火情隐患，向职工进行安全教育，及时表扬或批评。

3）每月向公司消防责任人汇报一次管理处消防安全情况。

（3）三级检查由公司总经理实施。

1）每月由公司总经理或授权他人对各部门进行重点检查或抽查，尤其是每年元旦、春节、五一、十一前要组织防火安全大检查，公司消防责任人（总经理）每年不少于一次全面检查。

2）检查各管理处贯彻执行消防安全制度的情况，重点检查要害部位消防安全管理及执行情况，好的表扬奖励，差的批评处罚。消防安全检查要认真填写消防日检查登记表，消防安全周检、月检、季检、年检记录，并将记录统一由消防中心存档。

2. 隐患整改机制

（1）整改基本规定。

存在的火灾隐患，应当及时予以消除，火灾隐患整改第一责任人为法定代表人。

法定代表人或主要负责人应落实人员、场地、资金等为火灾隐患的消除提供必要保障，消防安全管理人或消防安全归口管理部门具体承办火灾隐患的整改工作。

对公安消防机构责令限期改正的火灾隐患，应在规定的期限内改正，写出火灾隐患整改复函，向当地公安消防机构申请复查，对于确有正当理由不能在限期内改正完毕的，可以在期限届满前向公安消防机构提出书面延期申请。

对于涉及城市规划布局而不能解决的重大火灾隐患，以及自身确无能力解决的重大火灾隐患，应当提出解决方案并及时向其上级主管部门或者当地人民政府报告。

火灾隐患整改期间，应当采取确保消防安全、防止火灾发生的措施。

火灾隐患整改完毕后，负责整改的部门或人员应将隐患整改情况逐级上报至法定代表人或主要负责人签字确认后存档备查。

（2）整改措施。

1）发现下列火灾隐患，应责成有关人员立即改正，并做好记录：

① 违章使用、存放易燃易爆物品的；

② 违章使用具有火灾危险性的电热器具、高热灯具等具有火灾危险性的用电器具；

③ 违反规定吸烟、乱扔烟头、火柴的；

④ 违章动用明火、进行电（气）焊的；

⑤ 不按照设施设备的安全操作规程、违章操作的；

⑥ 安全出口、疏散通道上锁、遮挡、占用，影响疏散的；

⑦ 消火栓、灭火器材被遮挡或挪作他用的；

⑧ 常闭式防火门关闭不严的；

⑨ 消防设施管理、值班人员和防火巡查人员脱岗的；

⑩ 违章关闭消防设施、切断消防电源的；

⑪ 其他可以立即改正的行为。

2）对不能立即改正的火灾隐患，应制定整改方案，明确整改措施、期限和人员，并向上级主管部门报告。对随时可能引发火灾的隐患或重大火灾隐患，应将危险部位停止使用，立即进行整改，并落实整改期间的安全防范措施。

3）火灾隐患预防。火灾隐患整改完毕，负责整改的部门或者人员应当根据火灾隐患产生的原因制定相应的预防措施提交消防安全责任人或消防安全管理人，防止再次产生同类隐患。

2.2.2 物业消防管理实务

一、消防组织机构建立

表 2-1   逐级消防安全责任人

姓 名	责任部门（岗位）	职 务	联 系 方 式	本 人 签 名

二、物业消防管理制度

表 2-2

制 度 名 称	建立时间 （年月日）	执 行 情 况	
		制订批准时间	修 订 情 况
逐级岗位责任制			
易燃易爆危险物品管理制度			
职工消防安全教育制度			
动用明火制度			
重点部位消防安全管理制度			
值班巡逻制度			
建筑消防设施维护保养制度			
每日防火巡查制度			
奖惩制度			
装修消防审核制度			
其他消防管理制度			
备注说明			

三、防火检查

表 2-3

项目＼内容	巡 查 内 容	巡 查 情 况 月　日	处 理 情 况 月　日
1	消防通道是否保持畅通		
2	安全疏散指示标志，应急照明灯具是否完好		
3	常闭式防火门是否处于关闭状态		
4	灭火器等消防器材和消防安全标志是否在位、完整		
5	灭火器内的灭火剂是否过期		
6	用火、用电有无违章情况		
7	消防安全重点部位的管理情况		
8	防火卷帘门是否堆放杂物，影响使用		
9	消防水源是否保持充足		
10	消防自动警报系统等消防设施是否正常运转		
11	是否使用明火及存放易燃易爆物品		
签　　署	巡查人： 时　分	记录时间： 时　分	处理时间： 时　分

四、隐患整改

表 2-4

检查时间		检查部位		检查人	
隐患情况					
整改情况					
消防安全措施					

2.3　灭　火　技　术

2.3.1　燃烧原理

一、燃烧的本质及条件

燃烧是一种可燃物与氧化剂作用发生的伴有放热和发光现象的剧烈氧化反应。放热、发光、生成新物质（如木料燃烧后生成二氧化碳和水分并剩下碳和灰）是燃烧现象的三个特征。

发生燃烧必须具备三个基本条件：①要有可燃物，如木材、天然气、石油等；②要有助燃物质，如氧气、氯酸钾等氧化剂；③要有一定温度，即能引起可燃物质燃烧的热能（点火源）。可燃物、氧化剂和点火源，称为燃烧三要素，当这三个要素同时具备并相互作用时就会产生燃烧。

二、燃烧的种类

燃烧的类型有许多种，主要有闪燃、着火、自燃和爆炸。

（1）闪燃。一定温度下，液体能蒸发成蒸汽或少量固体，如樟脑、萘、木材、塑料（聚乙烯）、聚苯乙烯等表面上能产生足够的可燃蒸汽，可燃蒸汽遇火源产生一闪即灭的现象，这种现象便是闪燃。

发生闪燃的最低温度称为闪点，闪点是评定液体火灾危险性的主要依据。液体的闪点越低，火险性越大。表 2-5 给出了某些可燃液体的闪点温度。

表 2-5　　　　　　　　　　　　　　　某些可燃液体的闪点温度

可燃物名称	二硫化碳	乙醚	汽油	丙酮	润滑油	甲苯	乙醇	松节油	石油
闪点/℃	−45	−45	10	−10	285	26.3	10	32	30

注　1. 闪点低于或等于 45℃的液体为易燃液体，闪点大于 45℃的称为可燃液体；
　　2. 易燃和可燃液体的闪点高于储存温度时，火焰的传播速度低。

（2）着火。可燃物质发生持续燃烧的现象叫着火，如油类、酮类。可燃物开始持续燃烧的所需要的最低温度，叫燃点（又称为着火点），燃点越低，越容易起火。根据可燃物质的燃点高低，可以鉴别其火灾危险程度，表 2-6 给出了几种可燃物质着火的燃点。

表 2-6　　　　　　　　　　　　　　几种可燃物质的燃点

名称	汽油	煤油	乙醇	樟脑	萘	赛璐珞	橡胶	纸张	石蜡	麦草
燃点/℃	16	86	60～76	70	86	100	120	130	190	200
名称	布匹	棉花	烟草	松木	有机玻璃	胶布	聚乙烯	聚氯乙烯	涤纶	尼龙6
燃点/℃	200	210	222	250	260	325	340	391	390	395

（3）自燃。可燃物在空气中没有外来火源，靠自热和外热而引起的燃烧现象称为自燃。根据热的来源不同，可分为本身自燃和受热自燃。使可燃物发生自燃的最低温度叫自燃点。物质的自燃点越低，发生火灾的危险性越大。自燃有固体自燃、气体自燃及液体自燃。表 2-7 给出了几种物质的自燃点。

表 2-7　　　　　　　　　　　　　　几种可燃物的自燃点

物质名称	黄磷	松香	汽油	煤油	柴油	木材	煤炭	稻草	涤纶纤维
自燃点/℃	34～45	240	255～530	240～290	350～380	300～350	450	330	442
物质名称	氢	CO	CS_2	H_2S	乙醇	乙醛	丙酮	醋酸	苯
自燃点/℃	572	609	112	292	392	275	661	650	580
物质名称	铝	铁	镁	锌	有机玻璃	硫	聚苯乙烯	树脂	合成橡胶
自燃点/℃	645	315	520	680	440	190	490	460	320

储运自燃物品时必须通风散热，远离火源、热源、电源，不要受日光曝晒，装卸时防止撞击、翻滚、倾倒和破损容器。储存或运输时严禁与其他化学危险品混放或混运；码垛时容器间应垫有木板；白磷（黄磷）必须保存于水中，且不得渗漏。浸泡过的水和容器有毒，要特别注意；油布、油纸等只许分层、分件挂置，不许堆放存放，应注意防潮湿。扑救自燃火灾一般可以用水、干粉或沙土扑救。

（4）爆炸。由于物质急剧氧化或分解反应产生温度、压力分别增加或同时增加的现象，称为爆炸。爆炸时化学能或机械能转化为动能，释放出巨大能量，或是气体、蒸汽在瞬间发生剧烈膨胀等现象。

常见的爆炸分为物理爆炸和化学爆炸。其中物理爆炸由于液体变成蒸汽或者气体迅速膨胀，压力增加超过容器所能承受的极限而造成容器爆炸，如蒸汽锅炉、液化气钢瓶。化学爆炸是固体物质本身发生化学反应，产生大量气体和热而发生的爆炸，可燃气体和粉尘与空气混合物的爆炸属于化学爆炸，能发生化学爆炸的粉尘有铝粉、铁粉、聚乙烯塑料、淀粉、烟煤及木粉等。

可燃性物质与空气的混合物，在一定的浓度范围内才能发生爆炸。可燃物质在混合物中发生爆炸的最低浓度称为爆炸下限；反之，则为爆炸上限。在低于下限和高于上限的浓度时，是不会发生着火爆炸的。爆炸下限和爆炸上限之间的范围，称为爆炸极限。爆炸极限，一般用可燃性气体或蒸汽在空气或氧气混合物中的体积百分数来表示，有时也用单位体积气体中可燃物的含量来表示（g/m^3）。从爆炸极限的大小和范围，可以评定可燃气体、蒸汽或粉尘的火灾及爆炸危险性。爆炸下限较低的可燃气体、蒸汽或粉尘，危险性较大；爆炸极限的幅度越宽，其危险性就越大。

表 2 - 8   可燃液体、气体和粉尘的爆炸极限

粉尘名称	爆炸下限 （g/m³）	气体、液体名称	爆炸温度极限（％）	
			下限	上限
铝粉	40	酒精	3.5	18
镁粉	10	氢	4	75
煤粉	35～45	一氧化碳	12	74
硫磺粉	2.3	车用汽油	0.79	5.16
木粉	12.6～25	城市煤气	4	30
面粉	9.7	乙炔	2.2	81

三、可燃物燃烧特点

1. 气体的燃烧特点

气体燃烧所用热量仅用于氧化或分解，或将气体加热到燃点，不需要像液体或固体需要蒸发或熔化。因此易燃烧，速度也快。

（1）燃烧方式。根据燃烧前可燃气体与氧混合状态的不同，燃烧分为预混燃烧与扩散燃烧；扩散燃烧是指可燃气体从喷口喷出，在喷口处与空气中的氧边扩散边混合边燃烧。如正常使用煤气炉点火后发生的燃烧、天然气井的井喷燃烧属于此类。

预混燃烧是指可燃气体与氧在燃烧之前混合，并形成一定浓度的可燃混合气体，被火源点燃所引起的燃烧，此类燃烧易引起爆炸。如液化气泄漏与空气中氧气混合达到一定浓度时易造成爆炸。

（2）燃烧气体。易燃烧气体有 H_2、CO、CH_4、乙烷、乙烯等；助燃气体有 O_2、Cl_2 等。

2. 液体燃烧的特点

液体的燃烧是液体蒸发出蒸汽而进行的燃烧，所以燃烧与否，燃烧速度与可燃液体的闪点、沸点和蒸发速度有关。凡闪点低于或等于 45℃ 的液体为易燃液体，闪点大于 45℃ 的称可燃液体；易燃和可燃液体的闪点高于储存温度时，火焰的传播速度低。

（1）液体的分类。液体的火灾危险性是根据其闪点来划分等级的。

甲类：汽油、苯、甲醇、丙酮、乙醚、石蜡油，其闪点小于 28℃。

乙类：煤油、松节油、丁醚、溶剂油、樟脑油、蚁酸等，其闪点为 28～60℃。

丙类：柴油、润滑油、机油、菜籽油等，其闪点大于 60℃。

（2）燃烧应注意的现象。液态烃类燃烧时，通常具有橘色火焰并散发浓密的黑色烟云。醇类燃烧，通常具有透明蓝色火焰，无烟雾。醚类燃烧时，液体表面伴有明显的沸腾状。

3. 固体的燃烧特点

凡遇火、受热、撞击、摩擦或与氧化剂接触能着火的固体物质，统称为燃烧固体。固体物质燃烧特点是必须经过受热、蒸发、热分解使固体上方可燃气体的浓度达到燃烧的极限，才能持续不断地发生燃烧。

（1）易燃固体的分类。

易燃固体按照燃烧难易程度分为两级。

一级易燃固体：燃点低，易于燃烧或爆炸，燃烧速度快，并能释放出剧毒气体。它们有磷及磷的化合物如红磷、三硫化四磷、五硫化四磷；硝基化合物如二硝基苯及一些含氮量在12.5％以上的硝化棉闪光粉等。

二级易燃固体：燃烧性能比一级固体差，燃烧速度慢，燃烧毒性小。它们大致包括各种金属粉末；碱金属氨基化合物，如氨基化锂、氨基化钙等；硝基化合物，如硝基芳烃；硝化棉制品，如硝化纤维漆布、赛璐珞等；萘及其化合物等。

（2）固体燃烧的方式。

固体可燃物由于其分子结构的复杂性，物理性质的不同，燃烧方式分为四种，有蒸发燃烧、分解燃烧、表面燃烧、阴燃。

1）蒸发燃烧——熔点较低的可燃固体，受热后熔融，然后与可燃液体一样蒸发称为蒸发燃烧。如硫、磷、沥青、热塑性高分子材料等。

2）分解燃烧——受热能分解出组成成分与加热温度相应的热分解的产物，燃后再氧化燃烧，称分解燃烧。如木材、纸张、棉、麻、丝合成橡胶等的燃烧。

3）表面燃烧——蒸汽压非常小或难于热分解的可燃固体，不能发生蒸发燃烧或分解燃烧，当氧气包围固体表层时，呈炽热状态而无火焰燃烧。表现为表面发红而无火焰，如木炭、焦炭等的燃烧。

4）阴燃——没有火焰的缓慢燃烧现象称为阴燃。空气不流通，加热温度较低或含水分较高时会阴燃，如成捆堆放的棉麻、纸张，以及大堆垛的煤、潮湿的木材。

（3）理化性质。可燃固体火灾危险性决定于该物质的理化性质。

熔点——熔点低（100℃以下）的固体物质容易蒸发和气化，一般燃点也较低，燃烧速度快。

燃点——固体物质的燃点越低就越容易着火。

自燃点——自燃点低的物质具有较大的火灾危险性。

单位体积的表面积——同样的物质单位体积的表面积越大，氧化面积就越大，蓄热能力就越强，其危险性也就越大。

受热分解速度——低温下受热分解速度较快的物质，由于分解时温度会自行升高以至达到自燃点，起火灾危险性较大。

四、燃烧的产物

1．燃烧产物

由燃烧或热解作用而产生的全部的物质，称为燃烧产物。燃烧产物通常指燃烧生成的气体、热量和可见烟等。

燃烧生成的气体，如一氧化碳、氰化氢、二氧化碳、丙烯醛、氯化氢、二氧化硫等，这些气体对人体有毒害作用，或者能形成二次燃烧。

物质的燃烧同时是一种放热的化学氧化过程。从这种过程放出的能量以热量的形式表现，形成热气的对流与辐射，热量对人体具有明显的物理危害。

燃烧或热解作用也会产生大量烟雾，烟雾是在火灾中不完全燃烧所生成的，粒径在0.01～10微米，悬浮在大气中可见的固体和（或）液体颗粒。

2．燃烧产物毒害作用

据统计，火灾中人员死亡的原因，因烟气和毒气直接致死的占40％，加上由于中毒晕倒后被烧死的，则占一半以上，因此，了解火灾中燃烧产物对人体的毒害作用具有重要意义。

火场中产生大量热烟气，热烟气一般毒害作用包括：缺氧、高温气体对呼吸道的热损伤和烟尘对呼吸道的堵塞作用。

（1）缺氧。正常空气中氧占 21％，当 O_2％＜12％～16％时，人会出现头痛，呼吸急促，脉搏加快；当 O_2％＜9％～14％时，人判断能力迟钝，出现酩酊状态，产生紫斑；当 O_2％＜6％～10％，人意识不清、痉挛、致死。

（2）高温气体的热损伤。根据一般室内火灾升温曲线，着火中心 5 分钟后，即可升高到 500℃ 以上，只要吸入的气体温度超过 70℃，就会使气管、支气管组织坏死、致死。

（3）热烟尘的毒害作用。火灾中的热烟尘由燃烧中产生的烟雾和房屋倒塌扬起的灰尘组成。这些热烟尘吸入呼吸系统后，堵塞、刺激内黏膜，损伤呼吸道。

3. 常见燃烧产物的毒性

（1）二氧化碳。二氧化碳是主要的燃烧产物之一，在有些火场中浓度可达 15％。它最主要的生理作用是刺激人的呼吸中枢，导致呼吸急促、烟气吸入量增加。并且还会引起头痛、神志不清等症状。

CO_2 的毒害作用：CO_2 浓度 ＝ 2％时人有不适感觉；CO_2 浓度 ＝ 5％时人呼吸不可忍耐；CO_2 浓度 ＝ 7％～10％时在数分钟内意识不清，出现紫斑而死亡。

（2）一氧化碳。一氧化碳是无色无味气体，能均匀散布于空气中，微溶于水，一般化学性不活泼，但浓度在 13％～75％时能引起爆炸。一氧化碳为不完全燃烧时的产物，一氧化碳毒性大，它与人体血红素的亲和力大于氧与人体血红素的亲和力的 250～300 倍。人体吸入含一氧化碳的空气后，一氧化碳很快与血红素结合而大大降低血红素吸收氧的能力，使人体各部分组织和细胞产生缺氧，引起窒息和血液中毒，严重时造成死亡。当空气中 CO 浓度达 0.4％时，人在很短时间内就会失去知觉，若抢救不及时就会中毒死亡。一氧化碳中毒程度及中毒快慢与一氧化碳浓度有关。

由于一氧化碳是无色无味，能均匀地和空气混合，不易被人发觉，因此必须注意防备。我国一氧化碳安全卫生标准为 30mg/m³。

（3）氮氧化物（NO_x）。氮氧化物主要来源于燃料的燃烧及化工、电镀等生产过程。NO_2 是棕红色气体，对呼吸器官有强烈刺激，能引起急性哮喘病，实验证明，NO_2 会迅速破坏肺细胞，可能是肺气肿和肺瘤的病因之一。NO_2 浓度在 1～3ppm 时，可闻到臭味；浓度为 13ppm 时，眼鼻有急性刺激感；浓度在 16.9ppm 条件下，呼吸 10min，会使肺活量减少，肺部气流阻力提高。

（4）氰化氢。为无色，略带杏仁味的剧毒气体，吸入人体后，其氢根可与细胞色素氧化酶三价铁结合，使生物氧化酶活性降低，引起细胞内缺氧而窒息。轻度中毒表现为头痛、恶心、胸闷，重度中毒可出现意识丧失、痉挛、脑水肿、肺水肿等。各种高分子化工产品燃烧由于使用了大量含氮高分子化合物，它们在燃烧时会热分解出大量氰化氢（HCN），其毒性比 CO 大 20 倍。

（5）光气。具有霉草气味，微溶于水，毒性比氯气大 10 倍，高浓度吸入会引起支气管炎、痉挛，最后窒息死亡。光气浓度在（20～30）mg/m³ 时，可发生急性中毒，（100～300）mg/m³，接触 10～15min 可致严重中毒或死亡。

五、火灾及类型

火灾是指在时间和空间上失去控制，对人身财产造成损害的燃烧现象。

（1）火灾的分类按物质特性分为 A、B、C、D 四类。

A 类火灾：指固体物质火灾。这种物质往往具有有机物性质，一般在燃烧时能产生灼热的余烬。如木材、棉、毛、麻、纸张火灾等。

B 类火灾：指液体火灾和可熔化的固体火灾。如汽油、煤油、原油、甲醇、乙醇、沥青、石蜡火灾等。

C 类火灾：指气体火灾。如煤气、天然气、甲烷、乙烷、丙烷、氢气火灾等。

D 类火灾：指金属火灾。指钾、钠、镁、钛、锆、锂、铝镁合金火灾等。

（2）火灾按损失程度又分为重大火灾、特大火灾和一般火灾。

重大火灾：死亡 3 人以上，重伤 10 人以上或死伤共 10 人以上，受灾 30 户以上，经济损失 30 万元以上。

特大火灾：死亡 10 人以上，重伤 20 人以上或死伤共 20 人以上，受灾 50 户以上，经济损失 100 万元以上。

一般火灾：不具备前两项情形的燃烧事故为一般火灾。

2.3.2　灭火技术

一、灭火的基本方法

灭火就是为了破坏已形成的燃烧条件，达到灭火目的，灭火的基本方法有以下四种。

（1）隔离法：就是将还在燃烧的物质与未燃烧的物质隔离，使火势不致蔓延。如切断可燃气体来源等。

（2）窒息法：就是隔绝空气，使可燃物得不到足够的氧气而停止燃烧。如用不燃物遮盖燃烧物、不燃气体、液体喷到燃烧物上使之得不到空气而窒息。

（3）冷却法：就是降低着火物质的温度，使之降到燃点以下而停止燃烧。如用水或将水洒到火源附近的物体上，温度降低，燃烧停止。

（4）抑制法：就是使灭火剂参与到连锁反应中，使自由基消失，从而中断燃烧的连锁反应，燃烧中止。如 1211 灭火剂、干粉灭火剂均是采用这一原理。

二、室内火灾发展规律及对策

认识室内火灾发展规律，对于正确把握灭火时机、逃生时机至关重要。火场上火势发展大体上经历四个阶段，即初起阶段、发展阶段、猛烈阶段和熄灭阶段。

（1）初起阶段。房间内起火后，燃烧根据物质的形态不同而各具特点：固体物质由一点开始逐步扩大范围；液态物质火焰占据自由表面后而形成稳定燃烧；气态物质泄漏之后起火，火焰立即顺着气云或气流烧到泄漏点呈"火炬状"燃烧。不管哪类物质在起火的十几分钟内，火势面积不大，烟气流动速度较缓慢，火辐射出的能量还不多，周围物品和结构开始受热，温度上升不快，但呈上升趋势，这是火势发展的初级阶段。

在这个阶段，用较少的人力和简单的灭火器材就能将火控制住或扑灭，是组织灭火的最佳时机，也是人员疏散的有利时机。

（2）发展阶段。由于燃烧强度增大，热烟气流加上火焰的辐射的作用，房间内的温度快速上升，周围可燃物品和结构受到加热，开始分解，气体对流加强，燃烧面积扩大，燃烧速度加快，整体房间内将呈现出发生轰燃的一触即发的局势。这是火势发展阶段。在这个阶段需要投入较多的力量和灭火器材才能将火扑灭。

（3）猛烈阶段。由于燃烧面积扩大，大量的热释放出来，空间温度急剧上升，发生轰燃或周围可燃物品、结构几乎全面卷入燃烧，火势达到猛烈的程度。这时，燃烧强度最大，热辐射最强，温度和烟雾对流达到最大限度，可烧材料将被烧尽，不燃材料和结构的机械强度受到破坏，以致发生变形或倒塌，火突破建筑物外壳，并向周围扩大蔓延。这个阶段不仅需要很多的力量和器材扑救火灾，而且要用相当多的力量和器材保护周围建筑物，以防火势蔓延。

（4）熄灭阶段。由于可燃材料已烧至殆尽，火势逐渐减弱直到熄灭，这一阶段是火灾熄灭阶段，因建筑长时间受高温作用，结构受到破坏，常常出现房屋倒塌现象。因此应确保灭火人员的安全，也必须避免业主进入物业搜寻财产。

综观火势发展的过程来看，初起阶段易于控制和消灭，所以要千方百计抓住这个有利时机，扑灭初起的火灾。如果错过初起阶段再去扑救，必然动用更多的人力和物力，付出很大的代价，造成严重的损失和危害。

三、灭火器及其使用

1. 干粉灭火器的适用范围和使用方法

（1）适用范围：常见的干粉灭火器有碳酸氢钠干粉灭火器和磷酸铵盐干粉灭火器。碳酸氢钠干粉灭火器适用于易燃、可燃液体、气体及带电设备的初起火灾；磷酸铵盐干粉灭火器除可用于上述几类火灾外，还可扑救固体类物质的初起火灾。但都不能扑救金属燃烧火灾。

（2）使用方法：灭火时，可手提或肩扛灭火器快速奔赴火场，在距燃烧处5米左右，放下灭火器。如在室外，应选择在上风方向喷射。使用的干粉灭火器若是外挂储压式的，操作者应一手紧握喷枪、另一手提起储气瓶上的开启提环。如果储气瓶的开启是手轮式的，则向逆时针方向旋开，并旋到最高位置，随即提起灭火器。当干粉喷出后，迅速对准火焰的根部扫射。使用的干粉灭火器若是内置式储气瓶或者是储压式的，操作者应先将开启把上的保险销拔下，然后握住喷射软管前端喷嘴部，另一只手将开启压把压下，打开灭火器进行灭火。有喷射软管的灭火器或储压式灭火器在使用时，一手应始终压下压把，不能放开，否则会中断喷射。

干粉灭火器扑救可燃、易燃液体火灾时，应对准火焰要部扫射，如果被扑救的液体火灾呈流淌燃烧时，应对准火焰根部由近而远，并左右扫射，直至把火焰全部扑灭。如果可燃液体在容器内燃烧，使用者应对准火焰根部左右晃动扫射，使喷射出的干粉流覆盖整个容器开口表面；当火焰被赶出容器时，使用者仍应继续喷射，直至将火焰全部扑灭。在扑救容器内可燃液体火灾时，应注意不能将喷嘴直接对准液面喷射，防止喷流的冲击力使可燃液体溅出而扩大火势，造成灭火困难。如果当可燃液体在金属容器中燃烧时间过长，容器的壁温已高于扑救可燃液体的自燃点，此时极易造成灭火后再复燃的现象，若与泡沫类灭火器联用，则灭火效果更佳。

使用磷酸铵盐干粉灭火器扑救固体可燃物火灾时，应对准燃烧最猛烈处喷射，并上下、左右扫射。如条件许可，使用者可提着灭火器沿着燃烧物的四周边走边喷，使干粉灭火剂均匀地喷在燃烧物的表面，直至将火焰全部扑灭。

2. 1211手提式灭火器的适用范围和使用方法

（1）适用范围：主要适用于扑灭易燃、可燃液体、气体及带电设备的初起火灾（即B类、C类及D类）；也可以对固体物质如木、竹、织物、纸张等表面火灾（即A类）进行扑灭；还可以用于扑灭精密仪器、贵重物资仓库、珍贵文物、图书档案、电器仪表等初起火灾；还能扑灭飞机、船舶、车辆、油库、宾馆等场所的初起火灾。

（2）使用方法：使用时，应将手提灭火器的提把或肩扛灭火器带到火场。在距燃烧处5

米左右，放下灭火器，先拔出保险销，一手握住开启把，另一手握在喷射软管前端的喷嘴处。如灭火器无喷射软管，可一手握住开启压把，另一手扶住灭火器底部的底圈部分。先将喷嘴对准燃烧处，用力握紧开启压把，使灭火器喷射。当被扑救可燃烧液体呈现流淌状燃烧时，使用者应对准火焰根部由近而远并左右扫射，向前快速推进，直至火焰全部扑灭。如果可燃液体在容器中燃烧，应对准火焰左右晃动扫射，当火焰被赶出容器时，喷射流跟着火焰扫射，直至把火焰全部扑灭。但应注意不能将喷流直接喷射在燃烧液面上，防止灭火剂的冲力将可燃液体冲出容器而扩大火势，造成灭火困难。如果扑救可燃性固体物质的初起火灾时，则将喷流对准燃烧最猛烈处喷射，当火焰被扑灭后，应及时采取措施，不让其复燃。1211灭火器使用时不能颠倒，也不能横卧，否则灭火剂不会喷出。另外在室外使用时，应选择在上风方向喷射；在窄小的室内灭火时，灭火后操作者应迅速撤离，因1211灭火剂也有一定的毒性，以防对人体的伤害。

3. 二氧化碳灭火器适用范围和使用方法

(1) 适用范围：适用于扑救面积不大的珍贵设备，档案资料，仪器仪表，600伏以下电器及油脂火灾。

(2) 使用方法：灭火时只要将灭火器提到或扛到火场，在距燃烧物5米左右，放下灭火器拔出保险销，一手握住喇叭筒根部的手柄，另一只手紧握启闭阀的压把。对没有喷射软管的二氧化碳灭火器，应把喇叭筒往上板70°～90°。使用时，不能直接用手抓住喇叭筒外壁或金属连线管，防止手被冻伤。灭火时，当可燃液体呈流淌状燃烧时，使用者将二氧化碳灭火剂的喷流由近而远向火焰喷射。如果可燃液体在容器内燃烧时，使用者应将喇叭筒提起。从容器的一侧上部向燃烧的容器中喷射。但不能将二氧化碳射流直接冲击可燃液面，以防止将可燃液体冲出容器而扩大火势，造成灭火困难。

推车式二氧化碳灭火器一般由两人操作，使用时两人一起将灭火器推或拉到燃烧处，在离燃烧物10米左右停下，一人快速取下喇叭筒并展开喷射软管后，握住喇叭筒根部的手柄，另一人快速按逆时针方向旋动手轮，并开到最大位置。灭火方法与手提式的方法一样。

使用二氧化碳灭火器时，在室外使用的，应选择在上风方向喷射。在室外内窄小空间使用的，灭火后操作者应迅速离开，以防窒息。

4. 化学泡沫灭火器适用范围和使用方法

(1) 适用范围：适用于扑救一般B类火灾，如油制品、油脂等火灾，也可适用于A类火灾，但不能扑救B类火灾中的水溶性可燃、易燃液体的火灾，如醇、酯、醚、酮等物质火灾；也不能扑救带电设备及C类和D类火灾。

(2) 使用方法：可手提筒体上部的提环，迅速奔赴火场。这时应注意不得使灭火器过分倾斜，更不可横拿或颠倒，以免两种药剂混合而提前喷出。当距离着火点10米左右，即可将筒体颠倒过来，一只手紧握提环，另一只手扶住筒体的底圈，将射流对准燃烧物。在扑救可燃液体火灾时，如已呈流淌状燃烧，则将泡沫由远而近喷射，使泡沫完全覆盖在燃烧液面上；如在容器内燃烧，应将泡沫射向容器的内壁，使泡沫沿着内壁流淌，逐步覆盖着火液面。切忌直接对准液面喷射，以免由于射流的冲击，反而将燃烧的液体冲散或冲出容器，扩大燃烧范围。在扑救固体物质火灾时，应将射流对准燃烧最猛烈处。灭火时随着有效喷射距离的缩短，使用者应逐渐向燃烧区靠近，并始终将泡沫喷在燃烧物上，直到扑灭。使用时，灭火器应始终保持倒置状态，否则会中断喷射。

（手提式）泡沫灭火器存放应选择干燥、阴凉、通风并取用方便之处，不可靠近高温或可能受到曝晒的地方，以防止碳酸分解而失效；冬季要采取防冻措施，以防止冻结；并应经常擦除灰尘、疏通喷嘴，使之保持通畅。

5. 空气泡沫灭火器适用范围和使用方法

（1）适用范围：适用范围基本上与化学泡沫灭火器相同。但抗溶泡沫灭火器还能扑救水溶性易燃、可燃液体的火灾如醇、醚、酮等溶剂燃烧的初起火灾。

（2）使用方法：使用时可手提或肩扛迅速奔到火场，在距燃烧物 6 米左右，拔出保险销，一手握住开启压把，另一手紧握喷枪；用力捏紧开启压把，打开密封或刺穿储气瓶密封片，空气泡沫即可从喷枪口喷出。灭火方法与手提式化学泡沫灭火器相同。但空气泡沫灭火器使用时，应使灭火器始终保持直立状态、切勿颠倒或横卧使用，否则会中断喷射。同时应一直紧握开启压把，不能松手，否则也会中断喷射。

6. 酸碱灭火器适用范围和使用方法

（1）适应范围：适用于扑救 A 类物质燃烧的初起火灾，如木、织物、纸张等燃烧的火灾。它不能用于扑救 B 类物质燃烧的火灾，也不能用于扑救 C 类可燃性气体或 D 类轻金属火灾。同时也不能用于带电物体火灾的扑救。

（2）使用方法：使用时应手提筒体上部提环，迅速奔到着火地点。绝不能将灭火器扛在背上，也不能过分倾斜，以防两种药液混合而提前喷射。在距离燃烧物 6 米左右，即可将灭火器颠倒过来，并摇晃几次，使两种药液加快混合；一只手握住提环，另一只手抓住筒体下的底圈将喷出的射流对准燃烧最猛烈处喷射。同时随着喷射距离的缩减，使用人应向燃烧处推进。

四、消防栓及其使用

1. 室内消火栓的构成和使用方法

室内消火栓是在建筑物内部使用的一种固定灭火供水设备。它包括消火栓及消火箱。室内消火栓和消火箱通常设置与楼梯间、走廊和室内墙壁上。箱内有水带、水枪并与消火栓出口连接。消火栓则与建筑物内消防给水管线连接。消火栓由手轮、阀盖、阀杆、车体、阀座和接口等组成。使用时，根据消火栓箱门的开启方式，用钥匙开启箱门或击碎门玻璃，扭动锁头打开。如消火栓没有"紧急按钮"，应将其下的拉环向外拉出，再按顺时针方向转动旋钮，打开箱门，打开箱门后，取下水枪，按动水泵启动按钮，旋转消火栓手轮，即开启消火栓，铺设水带进行射水灭火。

2. 室内消火栓维护和保养内容

（1）定期检查消火栓是否完好，有无生锈、漏水现象。

（2）检查接口垫圈是否完整无缺。

（3）消火栓阀杆上应加注润滑油。

（4）定期进行放水检查，以确保火灾发生时能及时打开放水。

（5）灭火后，要把水带洗净晾干，按盘卷或折叠方式放入箱内，

（6）在把水枪卡在枪夹内，装好箱锁，换好玻璃，关好箱门。

（7）要定期检查卷盘、水枪、水带是否损坏，阀门、卷盘转动是否灵活，发现问题要及时检修。

（8）定期检查消火栓箱门是否损坏，门锁是否开启灵活，拉环铅封是否损坏，水带盘转

杆架是否完好，箱体是否锈死。发现问题要及时更换、修理。

3. 室外消火栓的组成和使用

室外消火栓又有地上消火栓和地下消火栓两种。地上消火栓适用于气候温暖的地区，而地下消火栓则适用于气候寒冷的地区。

地上消火栓主要由弯座、阀座、排水阀、法兰接管启闭杆、车体和接口等组成。在使用地上消火栓时，用消火栓钥匙扳头套在启闭杆上端的轴心头之后，按逆时针方向转动消火栓钥匙时，阀门即可开启，水由出口流出。按顺时针方向转动消火栓钥匙时，阀门便关闭，水不再从出水口流出。

地下消火栓的使用可参照地上消火栓进行。但由于地下消火栓目标不明显，故应在地下消火栓附近设立明显标志。使用时，打开消火栓井盖，拧开闷盖，接上消火栓与吸水管的连接口或接水带，用专用扳手打开阀塞即可出水，使用后要恢复原状。

4. 室外消火栓维护和保养工作内容

（1）每月和重大节日之前，应对消火栓进行一次检查。

（2）清除启闭杆端周围的杂物。

（3）将专用消火栓钥匙套于杆头，检查是否合适，并转动启闭杆，加注润滑油。

（4）用纱布擦除出水口螺纹上的积锈，检查门盖内橡胶垫圈是否完好。

（5）打开消火栓，检查供水情况，要放净锈水后再关闭，并观察有无漏水现象，发现问题及时检修。

2.4　组　织　疏　散

2.4.1　疏散技术

一、疏散硬件系统的建设

疏散硬件是人员疏散的物质条件，物业中设置符合规范的疏散硬件设施能提高人员疏散能力，最大程度保障人身安全。物业中主要疏散硬件设施有：疏散门、疏散走道、安全出口、疏散楼梯及楼梯间、应急照明、疏散指示标志等。对于人员密集的物业场所，这些设施的设置具体有以下要求。

（1）疏散门设置标准。

1）每个厅室的疏散门不宜少于两个，当只有一个疏散门时，应在窗口、阳台等部位设置辅助疏散设施。

2）房间内最远点与最近疏散门的距离不宜大于 20 米。

3）疏散门应采用平开门，不应采用移门、卷帘门及旋转门。

对平时需控制人员随意出入的疏散门应安装安全控制与报警逃生门锁系统等消防安全疏散装置。

4）疏散门应向外开启，当其建筑面积不大且经常停留人数不多时，可向内开启。

5）疏散门不应设置门槛，且紧靠门口内外各 1.4 米范围内不应设置台阶及影响人员正常疏散的障碍物。

（2）疏散走道设置标准。

1）疏散走道应能双向疏散并直通安全出口，走道净宽不宜小于 1.1 米，地面应保持平直，不宜设置台阶及踏步，走道内不应设置影响人员疏散的障碍物。

2）疏散走道与其他部位应采取防火分隔措施，走道两侧的隔墙应采用不燃或难燃材料分隔。

3）疏散走道的地面、顶棚及隔墙等不应采用可燃材料装修，严禁采用燃烧后可能产生剧毒气体的材料进行装饰或装修。

（3）安全出口设置标准。

人员密集场所内每层的安全出口不应少于 2 个。当层数不超过 3 层，且人数不超过 50 人时，可设一个安全出口或疏散楼梯。但必须在窗口、阳台等部位设置辅助疏散设施。

（4）疏散楼梯及楼梯间设置标准。

1）疏散楼梯应便于人员疏散，踏步布置均匀通畅，楼梯间内不应设置影响人员疏散的障碍物。

2）楼梯间内不应设置烧水间、可燃材料储藏室，不宜敷设空调风管，不应敷设易燃、可燃液体管道及可燃气体管道。

3）疏散楼梯宜通至屋顶，且在各楼层的平面位置不应改变，其首层应能直通室外。

4）地下、半地下的楼梯间应在首层采用防火隔墙与地上部分分隔并直通室外。

5）疏散楼梯应在各楼层适当位置设置楼层标志，首层与地下室连接处的楼层标志应明显醒目。

人员密集场所的窗口、阳台等开口部位不宜设置金属栅栏，当必须设置时，应设有从内部易于开启的装置。窗口、阳台等开口部位宜设置辅助疏散设施。

（5）应急照明灯设置标准。

1）房间及疏散走道的地面照度及楼梯间内的地面照度应能满足人员疏散要求。

2）消防应急照明灯具宜设置在墙面的上部、顶棚上或出口的顶部。

（6）疏散指示标志设置标准。

1）灯光型疏散指示标志设置。人员密集场所内的疏散门、疏散走道、安全出口及楼梯间应设置发光疏散指示标志，并应符合下列规定：①疏散门及安全出口的正上方应采用"安全出口"作为指示标志；②沿疏散走道设置的疏散指示标志应设置在疏散走道距地面高度 1.0 米以下的墙面上，指示标志间距不应过大。

2）蓄光型疏散指示标志设置。①要设置符合要求的激发光源或自然采光量达到规定要求。②地下商场、超市及歌舞娱乐放映游艺场所应在其疏散走道及主要疏散路线的地面上设置能保持视觉连续的发光疏散指示标志。

（7）警示、禁止、使用标志设置标准。

设置在人员密集场所内的消防设施应有明显标识。

1）防火门、消火栓箱、灭火器箱的明显部位应设置相应标识或文字，不得张贴宣传画或覆盖装饰物并设置禁止遮挡标识和使用标识。

2）防火卷帘正下方地面应设置专用标线，在标线范围内不得堆放物品并设置禁止堆放标识和使用标识。

3）消火栓箱下方应采用明显标线划定专门区域作为消火栓操作场地，不得占用，并设置禁止占用或堆放标识。

4）大型商场、超市的内走道应采取明显划线标识，注明"通道"字样，在标识范围内禁止设置柜台、货架。

5）设置安全疏散门禁系统的场所，并设置提示和使用标识。

（8）应急广播设置标准。

1）所有人员密集的厅室或房间及疏散走道都应设置广播扬声器。

2）应急事故广播应能在火灾情况下自动切换，其声音应明显高于背景音乐。

3）人员密集场所中的歌舞厅、夜总会、卡拉 OK 厅应设置火灾视频切换系统，在火灾状态下能将正常视频自动切换到火灾警示视频。

（9）呼吸保护器具配置标准。

歌舞娱乐放映游艺场所及酒店、宾馆、门诊楼、病房楼等人员密集场所应按额定人数适量配置逃生防烟面罩或空气呼吸器。

二、安全疏散管理

（1）确保疏散通道、安全出口的畅通，严禁占用、堵塞疏散通道和楼梯间。人员密集场所在使用和营业期间其疏散出口、安全出口不应上锁。

（2）营业性的文化娱乐场所营业时不应超过额定人数。

（3）落实消防安全疏散设施维护保养制度，确保其完整可用。

（4）每季度开展一次消防安全疏散知识的培训教育，内容包括消防安全疏散相关法律法规的规定，消防安全疏散设施性能、使用方法，应急疏散和自救逃生的知识和引导疏散技能等。

（5）每月组织一次消防安全疏散的检查，并及时整改存在的问题。

（6）制定完善的人员应急疏散预案，定期组织消防安全疏散演练，歌舞娱乐游艺放映场所及劳动密集型企业应每季度开展一次应急疏散演练，其他人员密集场所应每半年开展一次消防应急疏散演练。

（7）人员密集场所应在明显部位张贴消防安全疏散宣传画、设置宣传栏，放置消防逃生手册，利用视频、网络等形式，开展经常性的消防安全疏散常识宣传。

2.4.2　疏散实务

一、疏散设施检查

（1）安全出口、疏散通道的宽度、长度、耐火极限达到国家消防技术规范要求，并在营业或使用时保持畅通。

（2）防火门、防火卷帘设置达到国家消防技术标准，启闭装置完整好用。

（3）灯光型疏散指示标志、应急照明安装符合国家消防技术标准。

应急照明照度、照明时间满足消防安全疏散要求，大型、重要场所设置能保持视觉连续的发光疏散指示标志和消防安全疏散示意图。

（4）应急广播、视频报警符合消防安全要求。

（5）涉及消防安全疏散的出口、通道、设备等有明显的警示及使用标识。

（6）营业时由于防盗等原因必须关闭的安全出口门，必须设置安全控制与报警逃生门锁系统等消防安全疏散设施。

（7）设置逃生防烟面罩、空气呼吸器或其他辅助疏散设施。

（8）开展员工、从业人员消防安全疏散知识培训教育，每月组织一次消防安全疏散自查，每季进行一次逃生疏散演练。

（9）生产、经营性场所内除必要的值班人员外，不得留宿其他人员。

二、应急疏散方案制订

应急疏散方案的制订应以楼宇为单位制定应急疏散预案，由多个单位（部门）共同使用的楼宇由管理处协调制定应急疏散预案。应急疏散预案的内容一般有：

（1）成立演练工作组，由指挥组、机动组、通信联络组、疏散引导组、安全防护组等组成。

（2）确定各楼层、房间人员的疏散顺序和路线。

（3）打开所有的安全门，维护各疏散通道、楼梯口、安全出口的秩序。

（4）关闭电源、气源。

（5）安排人员看守电梯，阻止无关人员使用。

（6）指定专人看管重要文件、资料和贵重设备及物品，防止丢失、被窃或被他人乘机破坏。

（7）撤离时在确认房内无人后关窗锁门。

（8）到指定的地点集合并清点人数。

（9）明确通信联络方式。

（10）设立警戒线，禁止无关人员进入。

××学院楼应急疏散预案 （范本）

为认真贯彻落实"安全第一，预防为主"的方针，切实保障师生员工的生命财产安全，按照《关于制定学校各单位应急疏散演练实施方案的意见》的要求，为保证迅速、有序、高效地应对突发事件，减少人员伤亡和降低损失，特制定本学院应急疏散预案。

一、应急疏散指挥系统

（1）应急疏散工作在院领导统一指挥下，各相关部门分工合作，密切配合，迅速、高效、有序开展。

（2）成立应急疏散工作组，工作组由指挥组、机动组、通信联络组、疏散引导组、安全防护组等组成。

1）指挥组：组长×××，成员×××、×××、……、×××；

2）机动组：组长×××，成员×××、×××、……、×××；

3）通信联络组：组长×××，成员×××、×××、……、×××；

4）疏散引导组：组长×××，成员×××、×××、……、×××；

5）安全防护组：组长×××，成员×××、×××、……、×××。

（3）工作组下设各组职责。

1）指挥组：接到报告，指挥相关人员到达现场核实并确认发生突发事件后，立即下达指令启动本学院应急疏散预案，协调各工作组，主持全面应急疏散工作。

2）机动组：①接到指令后，应立即赶到现场核实情况，当确认后，立即报告，同时开展应急工作，积极采取措施，防止事态的扩大；②组织有关部门人员开展人员救护、疏散，保护学校财产，把损失减小到最低程度；指定专人看管重要文件、资料和贵重设备及物品，防止丢失、被窃或被他人乘机破坏；③保护现场，因抢救伤员等原因需要移动现场物件时，必须做出标志、拍照、详细记录并妥善保存现场重要痕迹、物证等；④现场巡救，巡查有无滞留人员，检查各房间门、窗是否关好。

3) 通信联络组：①接到指令后，立即将有关情况通知各组和有关部门负责人；②负责传达指挥组各指令，时刻保持与各组的联系，及时反馈现场情况。

4) 疏散引导组：打开所有的安全门，维护各疏散通道、楼梯口、安全出口的秩序。安排人员看守电梯，关闭电源、气源，阻止无关人员使用。确保现场通道的畅通，保证指挥、抢险、救护车辆进出有序，引导疏散人员到达安全地带。

5) 安全防护组：①维护好现场秩序，设立警戒线，制止无关人员进入事故现场，对肇事者等有关人员应采取监控措施，防止逃逸；②协助医护人员抢救、运送受伤人员及时将伤亡情况向指挥部报告；认真清点、看护疏散出的物资，做好记录。

二、确定各楼层、房间人员的疏散顺序和路线。

本着"安全快速、就近撤离"的原则确定各楼层、房间人员的疏散顺序和路线。

一层×××、×××、……、×××房间人员从东侧楼梯撤离，×××、×××、……、×××房间人员从西侧楼梯撤离，二层……。

三、应急疏散程序

(1) 突发事件发生后，应急疏散工作组立即投入运作，指挥组及各组人员应迅速赶到现场。

(2) 指挥组根据现场具体情况，指挥各组开展工作。

(3) 各组按照分工要求认真积极做好救援、疏散和现场保护等工作。

四、其他事项

(1) 本预案是针对本学院楼可能发生的事件，组织实施应急疏散工作，在实施过程中应根据不同情况随机进行处理。

(2) 要根据条件和环境的变化及时修改和完善预案的内容，并组织有关人员认真学习、掌握预案的内容和相关措施，定期组织演练，确保在紧急情况下按照预案的要求，有条不紊地开展应急疏散工作。

(3) 所有组织和个人都有参加抢险救灾的义务，在抢险救灾过程中紧急调用的物资、设备、人员和占用场地，任何组织和个人都不得阻拦或拒绝。

(4) 任何贻误时机的行为都可能造成更为严重或灾难性的后果，各有关人员在接到指令后必须在最短时间内进入各自岗位，迅速开展工作，对任何失职、渎职行为都要追究责任。

（案例出处：中国矿业大学）

2.5　逃　生　自　救

2.5.1　逃生自救知识

2008 年 11 月 14 日，上海商贸学院学生宿舍发生火灾，是不当使用"热得快"，由于缺乏足够的消防安全意识和逃生自救知识，四名女生从 6 层楼高的宿舍分别跳下，不幸全部身亡。因此掌握一定火场逃生自救知识，对于物业的业主以及物业服务人员都十分重要。

(1) 逃生自救注意事项。

发生火灾时，身处楼宇中的你应该注意以下事项：

1) 要最大限度地保持镇静。心理的镇静能帮助我们快速而正确地进行决策和行动，如果被眼前的大火吓蒙了，手足无措不知怎么办，将会影响我们顺利逃生。镇静能力往往与个人先天心理素质有关，也与个人的生活经历有关。怎样保持镇静，一方面可以进行心理自行调节，还有一个对所有人都非常有用的办法就是，头脑里预先要有应对突发事件的预防对策或预案，有了基本应对策略，心中自然不会慌乱。

2) 判断火势，选择逃生路线。当已身处火场时，观察现场的火势和着火位置，选择适合逃生的方向和路线。一方面可沿逃生指示标的方向逃生，另一方面当对楼宇出口熟悉的情况下，也可沿自己记忆中的路线逃生。逃生路线的选择应尽可能线路最短，同时应避免选择人群拥挤的路线逃生。

3) 做好自我防护。火场中产生了大量燃烧产物，巨大的热量和烟气严重威胁身体安全，所以在逃生时应尽可能做好身体的防护。重要的防护部位是人的呼吸系统和皮肤表面，可以用打湿的棉布、手帕等护住口鼻防止烟气吸入刺激呼吸系统，用打湿的床单、布匹等披裹在身上防止热辐射烫伤。

4) 做好避难，呼救。被困火场无法逃生时，被困人应寻找附近可以避难的空间等待救援。如物业中的有水间、避难层等。并通过手机、窗口向外界发出呼救信号。

5) 充分利用身边的工具逃生。日常生活工作的场所有很多设施、物品，在逃生时周围的物品也许就是最好的逃生工具。如窗帘、水带、床单都可以绑在窗口当作逃生绳使用，坚硬的物品可以作为逃生破拆工具等。

6) 要有足够的体能。体能是逃生的基础条件，体能越好逃生能力就越强，因此平时加强锻炼不仅对强身健体有益，更重要的是在危险时刻能有效提高自己的避险能力。

(2) 逃生自救的十种方法。

1) 熟悉环境法。就是要了解和熟悉我们经常或临时所处建筑物的消防安全环境。对我们通常工作或居住的建筑物，事先可制定较为详细的逃生计划，以及进行必要的逃生训练和演练。对确定的逃生出口、路线和方法，要让所有成员都熟悉掌握。必要时可把确定的逃生出口和路线绘制成图，张贴在明显的位置，以便平时大家熟悉，一旦发生火灾，则按逃生计划顺利逃出火场。当人们外出，走进商场、宾馆、酒楼、歌舞厅等公共场所时，要留心看一看太平门、安全出口、灭火器的位置，以便遇到火灾时能及时疏散和灭火。只有警钟长鸣，养成习惯，才能处险不惊，临危不乱。如 1985 年 4 月 18 日深夜，哈尔滨市天鹅宾馆发生特大火灾，起火的楼层住着一位日本客人。他在 18 日住进 11 层时，进房前先在门口看了看周围环境，熟悉了疏散出口。当夜里意识到失火后，便穿过烟雾弥漫的走廊直往疏散通道摸去，得以死里逃生。

2) 迅速撤离法。逃生行动是争分夺秒的行动。一旦听到火灾警报或意识到自己可能被烟火包围，千万不要迟疑，要立即跑出房间，设法脱险，切不可延误逃生良机。1989 年，吉林省东辽县就曾发生过一位青年妇女已经逃离险境又返回火场穿衣服、抢拿财物，导致丧命火场的悲剧。一般说，火灾初期烟少火小，只要迅速撤离，是能够安全逃生的。

3) 毛巾保护法。火灾中产生的一氧化碳在空气中的含量过 1.28% 时，即可导致人在 1~3 分钟内窒息死亡。同时，燃烧中产生的热空气被人吸入，会严重灼伤呼吸系统的软组织，严重的也可使人窒息死亡。逃生的人员多数要经过充满浓烟的路线才能离开危险的区域。逃生时，可把毛巾浸湿，叠起来捂住口鼻，无水时，干毛巾也可。身边如没有毛巾，餐巾布、口罩、衣服也可以代替。要多叠几层，使滤烟面积增大，将口鼻捂严。穿越烟雾区时，即使感到呼吸困难，也不能将毛巾从口鼻上拿开。

4）通道疏散法。楼房着火时，应根据火势情况，优先选用最便捷、最安全的通道和疏散设施，如疏散楼梯、消防电梯、室外疏散楼梯等。从浓烟弥漫的建筑物通道向外逃生，可向头部、身上浇些凉水，用湿衣服、湿床单、湿毛毯等将身体裹好，要低势行进或匍匐爬行，穿过险区。如无其他救生器材时，可考虑利用建筑的窗户、阳台、屋顶、避雷线、落水管等脱险。如 1993 年 2 月 14 日，唐山市林西南路百货大楼特大火灾，死 80 人，伤 53 人。而有位叫刘丽英的女士却死里逃生，着火时她正在三楼购物，混乱中她趴在地板上，顺着楼梯爬到二楼，从窗户跳出，得以幸存。

5）绳索滑行法。当各通道全部被浓烟烈火封锁时，可利用结实的绳子，或将窗帘、床单、被褥等撕成条，拧成绳，用水沾湿，然后将其拴在牢固的暖气管道、窗框、床架上，被困人员逐个顺绳索沿墙缓慢滑到地面或下到未着火的楼层而脱离险境。

6）低层跳离法。如果被火困在二层楼内，若无条件采取其他自救方法并得不到救助，在烟火威胁、万不得已的情况下，也可以跳楼逃生。但在跳楼之前，应先向地面扔些棉被、枕头、床垫、大衣等柔软物品，以便"软着陆"。然后用手扒住窗台，身体下垂，头上脚下，自然下滑，以缩小跳落高度，并使双脚首先落在柔软物上。如果被烟火围困在三层以上的高层内，千万不要急于跳楼，因为距地面太高，往下跳时容易造成重伤和死亡。只要有一线生机，就不要冒险跳楼。

7）借助器材法。人们处在火灾中，生命危在旦夕，不到最后一刻，谁也不会放弃生命，一定要竭尽所能设法逃生。逃生和救人的器材设施种类较多，通常使用的有缓降器、救生袋、救生网、救生气垫、救生软梯、救生滑竿、救生滑台、导向绳、救生舷梯等，如果能充分利用这些器材和设施，就可以火"口"脱险。

8）暂时避难法。在无路可逃生的情况下，应积极寻找暂时的避难处所，以保护自己，择机而逃。如果在综合性多功能大型建筑物内，可利用设在电梯、走廊末端以及卫生间附近的避难间，躲避烟火的危害。如果处在没有避难间的建筑里，被困人员应创造避难场所与烈火搏斗，求得生存。首先，应关紧房间迎火的门窗，打开背火的门窗，但不要打碎玻璃，窗外有烟进来时，要赶紧把窗子关上。如门窗缝或其他孔洞有烟进来时，要用毛巾、床单等物品堵住，或挂上湿棉被、湿毛毯、湿床袋等难燃物品，并不断向迎火的门窗及遮挡物上洒水，最后淋湿房间内一切可燃物，一直坚持到火灾熄灭。另外，在被困时，要主动与外界联系，以便及早获救。如房间有电话、对讲机、大哥大，要及时报警。如没有这些通信设备，白天可用各色的旗子或衣物摇晃，向外投掷物品，夜间可摇晃点着的打火机、划火柴、打开电灯、手电向外报警求援，直到消防队来救助脱险或在能疏散的情况下择机逃生。在逃生过程中如果有可能应及时关闭防火门、防火卷帘门等防火分隔物，启动通风和排烟系统，以便赢得逃生的救援时机。

9）标志引导法。在公共场所的墙面上、顶棚上、门顶处、转弯处，要设置"太平门"、"紧急出口"、"安全通道"、"火警电话"以及逃生方向箭头、事故照明灯等消防标志和事故照明标志。被困人员看到这些标志时，马上就可以确定自己的行为，按照标志指示的方向有秩序地撤离逃生，以解"燃眉之急"。

10）利人利己法。在众多被困人员逃生过程中，极易出现拥挤、聚堆甚至倾轧、践踏的现象，造成通道堵塞和不必要的人员伤亡。相互拥挤、践踏，既不利于自己逃生，也不利于他人逃生。如 1994 年 11 月 27 日 13 时 28 分，辽宁省阜新市发生了震惊全国的特大火灾。在一幢单层的艺苑歌舞厅，有 233 人丧生，就是与被困人员拥挤、踩压有关。歌舞厅仅有一个 0.83 米宽的小门，且有 5 个台阶，发现火时，所有舞池中的人立即拥向小门逃生。一人跌倒还未及爬起，后面接踵而到的人便被绊倒，呼啦一下，逃生者就人叠人地堵住了小门。灾后发现，死者呈扇形拥在门口处，尸体叠了 9 层，约有 1.5 米高，其景惨不忍睹。因此，在逃生过程中如看见前面的人倒下去了，应立即扶起，对拥挤的人应给予疏导或选择其他疏散方法予以分流，减轻单一疏散通道的压力，竭尽全力保持疏散通道畅通，以最大限度减少人员伤亡。

2.5.2　逃生自救实务

一、逃生自救器材及使用

1. 缓降器

缓降器是高层建筑中常见的逃生器材，被视为高层建筑的救生圈。它由挂钩（或吊环）、吊带、绳索及速度控制等组成，是一种可使人沿（随）绳（带）缓慢下降的安全营救装置。它可用专用的安装器具安装在建筑物窗口、阳台或楼房平顶等处，也可安装在举高消防车上，营救处于高层建筑物火场上的受难人员。

在高层建筑发生火灾时，将缓降器在窗口固定，悬挂后滑降救生，也可固定在阳台外的结构上滑降、救生使用。缓降器的使用方法：①发生火灾时、打开应急窗口，推出悬挂架，将绳盘抛至楼下，套好安全吊带即可下滑。②发生火灾时，将挂钩板连接在室内固定物或阳台栏杆上，把救生器悬于楼外，将绳盘抛至楼下，套好安全吊带即可下滑。当第一个人着地后，绳索另一端的安全吊带已升至救生器悬挂处（注意一定要等第一个人着地后，第二个人才可操作），第二个人即可套上安全吊带下滑。依此往复，连续使用。

2. 安全绳

安全绳是自救和救人的常用器材。安全绳按材质分有麻绳、尼龙绳和维尼龙绳等合成纤维绳，按照用途有不同直径大小。作为救生用绳，应考虑其强度、重量、操作等条件。

使用时，将安装环安装于墙壁上，用膝夹住绳索，左右手交替握绳下落，绳上若打结更有助于安全下降。

使用时应注意：①使用前认真检查绳子有无损伤。②绳不得与尖利器接触，不可长时间处于拉伸状态。③放于通风干燥处，不得长时间曝晒。④定期负重检查，无断股、破损，方可使用。

3. 防烟面罩

消防过滤式防烟面罩能有效防护火灾时产生的一氧化碳（CO）、氰化氢（HCN）、有毒烟雾对人体的伤害，阻燃隔热，为人们从浓烟毒气中逃生提供机会。

使用方法：①不必惊慌保持冷静，打开包装盒并取出呼吸头罩；②拔掉滤毒罐前孔和后孔的两个红色橡胶塞，朝面具的前方推出滤毒罐；③将头罩戴进头部，向下拉至颈部，滤毒罐应置于鼻子的前面；④收紧头带，以妥当地包住头部；⑤平静地呼吸，并选择最安全通往紧急出口的路线出逃，若走不出就等待救援，站在窗前，使自己易于被人发现。

4. 救生软梯

救生软梯是一种用于营救和撤离火场被困人员的移动式梯子，可收藏在包装袋内，在楼房建筑物发生火灾或意外事故时，楼梯通道被封闭的危急情况下，是进行救生用的有效工具。

一般的救生软梯主梯长 15 米，重量小于 15 千克，荷载 1000 千克，每节梯登荷载 150 千克，最多可载 8 人。使用救生软梯时，根据楼层高度和实际需要选择主梯或加挂副梯。将窗户打开后，把挂钩安放在窗台上，同时要把两只安全钩挂在附近牢固的物体上，然后将软梯向窗外垂放，即可使用。

5. 救生袋

救生袋是两端开口，供人从高处在其内部缓慢滑降的长条形袋状物，通常又称救生通道。它以尼龙织物为主要材料，可固定或随时安装使用，是楼房建筑火场受难人员的脱险器具。

救生通道的使用程序：①将救生通道安装架放成工作状态，打开背包取出通道筒，将连接带挂钩固定在举高车工作台架上。②放下救生通道，并按实际使用高度，用拉链调节通道筒的长度。③被营救人员系配安全带，将两个连接钩钩在安全带上的两个金属环内，双手抓住方框上的扶手。④被营救人员进入通道后，即在通道内下降，其下降速度由地面消防员控制，被营救人员双手向上，不做任何操纵动作。⑤接近地面时，地面消防员应适当加大操纵力，减小下降速度，使被营救人员平稳着地。

二、逃生路线图制作

为了业主或使用人在物业火灾中快速逃生，物业管理公司应对物业区域各场所绘制逃生路线图，详细标明各种专业逃生方法、暂时避难所、避难工具、逃生路线及安全出口等安全逃生路线。如图 2-1、图 2-2 所示。

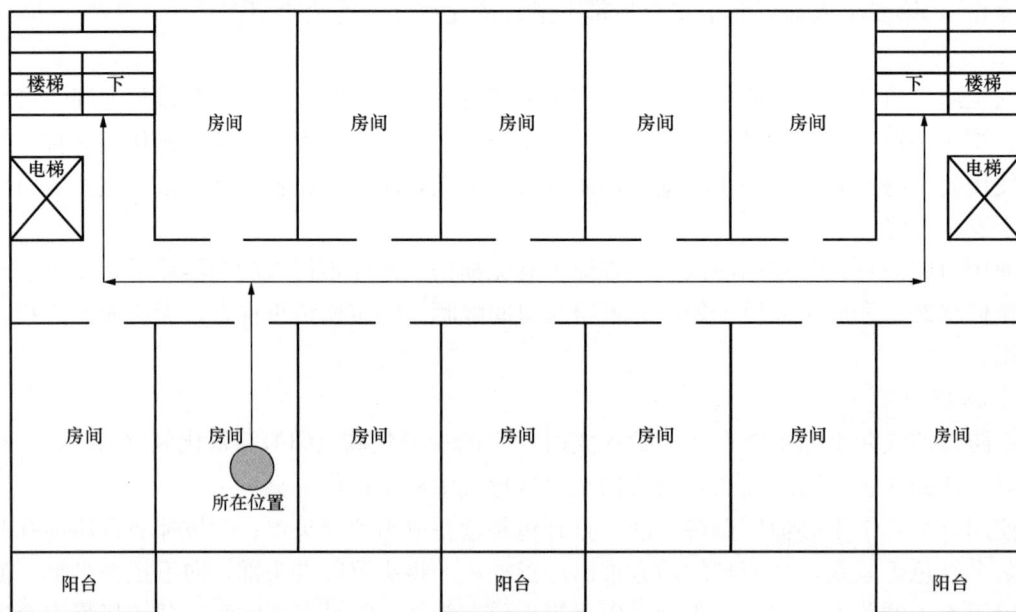

图 2-1　某公寓逃生线路图

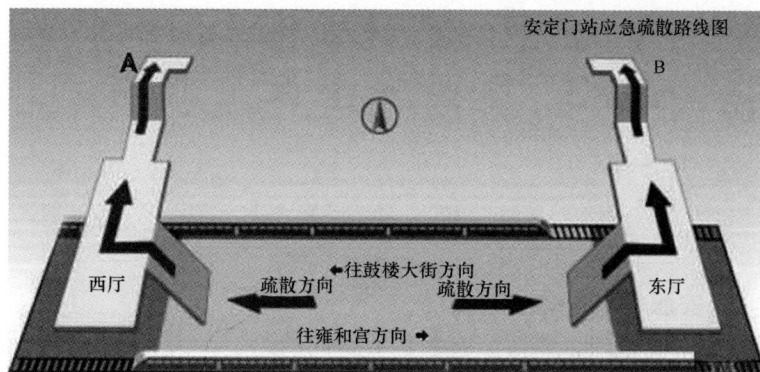

图 2-2　北京安定门地铁站疏散线路图

模块3　物业安全保卫服务

3.1　模块导入

3.1.1　物业保安服务

物业保安服务是物业管理企业按照有关物业合同的约定，为业主提供公共区域的秩序维护的服务。物业保安人员是指由物业管理企业聘用的，维护物业管理区域内公共秩序的工作人员。物业保安作为物业管理的重要内容，直接关系到小区的治安秩序和居民的人身、财产安全。治安管理管理主要任务有：①对物业区域内违反《治安管理条例》的行为进行制止，并报公安机关处理。如非法携带枪支弹药、非法侵入他人住宅，偷盗他人财物等；②对于物业区域内妨碍他人正常生活的行为进行禁止。如发出噪音、污染，乱扔杂物，搭建各类违章建筑、流动摊贩扰民等。

3.1.2　物业管理保安服务案例

一夜丢了22个井盖，一家丢了13辆自行车

某市有大小宿舍、小区500多个，目前实行社会化物业管理的也就200多个。还有一半左右的小区没有物业公司进行规范的管理。在尚未实行物业管理的小区或宿舍，存在着很多治安问题。最近，某单位居住宿舍，由于无人看管，一夜间丢了22个井盖。

该宿舍区6号楼的王老先生说起楼前丢失的井盖，一脸的无奈。"前一天晚上还有呢，第二天早上起来一看，都没了……"为避免有人掉进井里，王老先生找了几块砖头，每个井口上放了两块儿。居民王大妈告诉记者，院里老人孩子较多，而且到了晚上，院里还没有路灯，居民们进进出出实在危险。现在，很多家长都不放心孩子自己在院里玩儿了。

一下子丢了这么多井盖，在这个宿舍还是第一遭，但丢东西在这里却是家常便饭，几乎每家都有过丢失自行车的经历，入室盗窃居民们对此也不陌生。甚至，一两个月前，宿舍西院铁栅栏门的一个小门，也被人偷走了。

宿舍两个院门口都有门卫室，但居民说入住20年来，门卫室从来就没有用过。没人看大门，不管什么人都可以随便出入，这其中当然也包括小偷儿。"车子就不能在院里放。"居民白女士说，她外甥把自行车放在楼下，上楼拿了一趟包，下来车子就不见了，当天买了辆新的，晚上放到地下室，第二天早上发现被偷了，"就因为这个，宿舍里的人都不敢买新车子。""旧车子也一样丢。"另一位居民接过话头说。

"搬来10年，我家一共丢了13辆自行车。"住7号楼的赵女士说，丢车子还是次要的，前年腊月的一天凌晨，一个小偷儿竟然爬进了她三楼的家里，吓得她赶紧装上了铁护网。从居民口中记者得知，遭遇入室盗窃的不仅就赵女士一家，随随便便他们就能说出好几家。

近年来多次发生入室盗窃案件，全部居民惶惶不安。今年2月6日一夜发生3起入户盗

窃，2月18日一夜4起入户盗窃，我们日夜担心害怕，不知道该如何是好。白天工作繁忙还要经常出差，每次不能回家的时候总是担心一家老小的安全，恳请为我们解决后顾之忧，保护人身、财产安全，要求在小区派驻执勤岗亭和人员，加大巡查力度，让我们把精力投入本职工作，不再为家人安危担心。❶

3.1.3　物业安全保卫服务主要学习内容和学习目标

一、学习内容

（1）物业治安状况调查分析。学习物业治安状况调查分析的目的、内容、方法，使管理人员能认清物业治安形势，为开展物业治安管理工作打下基础。

（2）物业安保岗位和队伍。学习物业安保岗位设置、工作职责和安保人员的组织与建设，建立起企业安保组织体系，培养一支高素质的安保服务队伍。

（3）物业治安管理。学习治安管理方法，认识物业治安管理制度、规程、标准，在建立起适合所管物业的治安管理制度、规程和标准的基础上，组织安保人员实施，并进行加强检查，使治安服务工作有条不紊，切实实现治安管理工作目标。

（4）物业治安情况处置。学习常见物业内治安事件处置技巧，及时正确处理各类事件，防止事态扩大，造成更多损害或不利影响。

二、学习目标

（1）本模块知识学习目标。
- 物业安保服务工作内容
- 物业安保服务标准
- 物业安保服务规程
- 物业安保服务制度
- 物业安保服务管理方法

（2）本模块能力目标。
- 会分析物业治安状态
- 会建立物业安保组织
- 会建立物业治安管理制度
- 会建立物业治安服务操作规程
- 会建立物业治安服务标准
- 会组织实施和检查评价
- 会处理治安突发情况

3.2　物业治安状况调查与分析

3.2.1　物业治安状况分析的目的

物业治安状况分析是为了使物业安全管理人员全面认识所管物业安全状态的一项安全管理的基础性工作。通过调查分析，可以了解物业区域治安状况，知道发展趋势、掌握业主的意见和当前的治安管理措施，并对安全服务质量做出客观评价。

---

❶　摘自石家庄新闻网，有改编。

开展物业治安状况分析目的是使人们对整个物业安全水平有一个更加全面的认识，使管理人员能够客观地判断本物业的治安状况和面临的主要问题。当然也可以揭示治安方面的变动情况，为定量分析和系统分析提供依据，并可以进行各物业间的横向比较与本物业自身的纵向比较，逐步积累、形成治安评价资料数据库，用于工作绩效的评价。总体上目的在于：①为治安管理决策提供科学依据；②提高治安工作的应变能力；③提高治安工作的社会效益。

3.2.2 物业治安状况分析与评价内容

一、物业治安状况分析与评价的基本内容

（1）违法犯罪和治安事故。

（2）维护治安的投入和保障条件。

（3）维护治安的工作。

（4）影响治安的其他重要事件。

（5）公众安全感。

二、进行社会治安评价的原则

（1）科学性。

（2）可行性。

（3）可比性。

（4）稳定性。

（5）敏感性。

3.2.3 物业治安评价方法

一、选择评价指标

（1）要选择性能好，能够反映社会治安问题中确定的方面以及领域交叉点实际状况的指标。

（2）所选指标的数据质量要有保证，即对该项指标所要求的数据要易于采集，且不易作假。

（3）所选指标要有综合性，有一定的横向覆盖面，以避免指标内容的过多重叠。

（4）所选指标应能反映一个地区的共性特征和差异性能，为各地区所共有，以便在地区之间具有可比性。

（5）客观指标与主观指标相结合。

（6）静态指标与动态指标相结合。

（7）适当设置与远期规划有关的指标，但必须是在当前可以取得数据资料的指标。

二、确定指标权数

根据评价对象各项内容重要性和影响力的不同，应赋予每个指标一个合适的分值（称为指标的权数），使得整个评价方案最后分数总和的结果能够比较准确、客观地反映被评内容。

三、运用评价方法

（1）比较法。

（2）定量分析与定性分析相结合的方法。

（3）基本信息统计、抽样检查、询问调查相结合的方法。

3.3　物业治安机构设置与队伍建设

3.3.1　机构设置

安全管理的机构设置与所管物业的类型、规模有关,物业管辖的面积越大,类型配套设施越多,班组设置也越多越复杂。物业管理公司通常可以设置保安部来负责物业的安全管理。

保安部的主要职责是:

(1) 贯彻执行国家公安部门关于安全保卫工作的方针、政策和有关规定,建立物业辖区内的各项保安工作制度,对物业辖区安全工作全面负责;

(2) 组织部门全体人员开展各项保安工作,提出岗位设置和人员安排的意见,制定岗位职责和任务要求,主持安全工作例会;

(3) 熟悉物业区域常住人员,及时掌握变动情况,了解本地区治安形势,有预见地提出对物业辖区保安工作的意见和措施;

(4) 积极开展"五防"(防火、防盗、防爆、防破坏、防自然灾害)的宣传教育工作,采取切实措施,防止各类事故发生,具有突发性事故的对策和妥善处理的能力;

(5) 抓好对部门干部和职工的安全教育、培训工作,提出并落实教育培训计划。

对于保安部首先应该根据物业管理规模设置适宜工作岗位和岗位职责,然后确定安全管理人数,并根据管理的服务承诺等因素来进行人员合理的排班等工作安排,对安全管理关键岗位应配置具有责任心、有管理能力、敬业爱岗的高素质人员。有效的管理组织结构有利于提供可靠的安全服务。

3.3.2　建设培养高素质的保安队伍

1. 选聘良好素质的保安员

保安服务主要是由人提供,人员素质是决定保安服务质量的关键,因此物业管理企业应从人员的选聘上把好服务质量关。

(1) 保安员选择的最低资格条件是:①年满 18 周岁的中国公民,身心健康,品行良好;②无刑事处罚、劳动教养、收容教育、强制戒毒或者被开除公职、开除军籍的记录;③初中毕业,经公安机关考试合格并取得《保安员职业资格证》。

(2) 保安员应有的基本素质要求:①思想品德好,军事素质过硬;②有强烈的工作责任心;③熟悉国家法律及政府有关治安管理条例的内容;④有细致的观察力,能对周围事物细微的变化作出迅速准确的判断;⑤熟悉掌握各种保安设备的使用方法;⑥有一定的企业经营理念,能正确处理服务与安全保卫的关系;⑦有一定的组织能力,发生突发事件时,能迅速作出反应,有效地组织人力控制事态;⑧有一定的表达能力和组织管理能力。

2. 加强对保安员教育和培训,不断提高保安员的职业道德水平和业务素质

为培养一支纪律严明、训练有素、文明执勤的保安员队伍,必须对保安人员进行常规性的军事化、正规化、规范化的学习和训练。培训分为岗前培训和岗位培训,培训的主要内容如下。

对新录用的保安员在上岗前必须进行岗前培训,培训内容包括以下几项。

（1）公司简介。

（2）物业管理的基本知识，主要学习《物业管理条例》及其实施细则。

（3）企业内部的管理制度：员工守则、工作纪律、劳动纪律、人事管理规定。

（4）安全防火教育：消防基本知识。

（5）ISO 9000 质量体系标准的基础知识，主要学习质量方针和质量目标。

（6）公司《治安工作手册》中的基本要求。

（7）其他有关知识：普法知识、职业道德教育。

（8）军训：主要为队列训练。

对在岗的保安员要进行常规培训，以便保持、提高其所需掌握的基本知识、技能和方法，培训内容包括以下几项。

（1）详细学习公司制定的《治安工作手册》内容：即职责权限，规章制度、规定，工程程序、规范、标准。

（2）常规训练：队列训练、擒拿格斗、体能训练、消防灭火训练、交通指挥训练。

（3）有关精神文明内容的学习。

3. 加强对保安员服务行为的管理，提高保安员文明服务能力

安全管理队伍一般人员年轻、流动性强，素质参差不齐，这都给我们的安全管理带来困难。部门主管应注意培养良好的团队精神，加强引导，坚决执行公司管理规定，加强对保安服务行为的管理，把安全服务工作做好，建立起一支优秀的团队。

保安员应当依法、文明提供保安服务，不得侵犯社会公共利益和他人合法权益。

对认真负责、恪尽职守提供保安服务的，以及在保护公共财产和人民群众生命财产安全、预防和制止违法犯罪活动过程中作出突出成绩的保安员给予奖励。

保安员不得有下列行为：①限制他人人身自由、违法搜查他人身体；②侮辱、殴打或者唆使殴打他人；③扣押、没收他人证件、财物；④阻碍依法执行公务；⑤采用暴力或者以暴力相威胁的手段追索债务、解决纠纷等；⑥侵犯公民隐私或者泄露涉密信息；⑦其他违反法律、行政法规的行为。

3.3.3 制定清晰的岗位职责

岗位职责是岗位工作的描述，是检查评定工作质量的依据，只有建立了清晰的岗位职责，才能确保各安保岗位工作充分有效地实施。因此物业管理企业需要建立不同层级的岗位职责，一般分为保安部经理职责、保安班长职责和保安员职责。

部门经理的职责包括：

（1）保安部经理应对整个物业范围内的安全负有组织领导的具体责任；

（2）根据国家治安的有关规定及物业管理公司的有关管理细则制定保安部门的工作计划和目标，并督导下级管理人员的工作；

（3）主持部门例会，传达贯彻总经理及有关部门的指示，并与广大保安人员一道分析研究住宅小区的治安管理问题；

（4）熟悉和掌握住宅小区内各种保安设施的操作和性能，熟悉住宅小区内治安状况，做到心中有数；

（5）对重大事件、事故亲自组织调查、处理；

（6）负责完成总经理交办的其他事项。

保安班长的职责包括：

(1) 对部门经理负责，做好所管辖区内安全治安工作；

(2) 带领保安班全体人员，根据制定的岗位责任制，认真严肃、一丝不苟地搞好安全保卫工作；

(3) 根据岗位责任制所规定的项目和要求，严格进行检查，督促全体保安人员落实岗位责任制；

(4) 要有法律知识和法律观念，熟悉保安业务，了解物业管理公司所制定的规章制度，掌握管区内治安保卫工作的规律、特点，严格管好、做好安全保卫工作；

(5) 做好部门领导和基层保安人员的协调工作，及时将保安人员反映的各种信息向上级汇报，为上级领导部门提供建设性的工作建议，同时及时传达、落实上级的指示精神和工作安排；

(6) 认真做好本班保安人员的考勤工作，详细如实地记载工作中遇到及处理的各种情况，每天应向部门经理汇报一次；

(7) 以身作则，做好本职工作。

保安员的职责包括：

(1) 保安员上岗必须身穿制服，佩戴装备，严整仪容。纠正违章时先敬礼，必须做到以礼待人。

(2) 作风正派，遵纪守法，坚守岗位，提高警惕，发现违法犯罪分子要坚决设法抓获。

(3) 值班保安人员要认真做好防火、防盗、防抢劫工作，认真检查设备设施，发现不安全因素立即查明情况，排除险情，并及时报告主管部门及领导，确保管区的安全。

(4) 执勤过程中要勤巡查，要有敏锐的目光，注意发现可疑的人、事、物，预防案件、事故的发生，力争做到万无一失。

(5) 爱护设施设备、公共财物。对岗位内一切设施、财物不得随便乱用。

(6) 严格遵守上下班时间及值班纪律，对岗位发生的各种情况要认真处理，并且做好详细的书面记录。

(7) 遇到紧急、突发性重大事情，要及时向主管部门经理请示报告。

(8) 严格执行交接班制度，按时、按规定交接班。

(9) 对住宅小区内的住户做好公司的规章制度及治安保卫的宣传工作。

(10) 应有礼貌地查询进入住宅小区的访客，并尽可能登记身份证，如有怀疑，应通知有关住户及有关部门。

(11) 详细记录各有关部门领导打来的电话，认真完成领导交办的各项任务。

3.4 物 业 治 安 管 理

3.4.1 物业治安管理制度

治安管理制度是物业的"安全法规"，做好物业的治安管理，首先应"有法可依"。物业"治安法规"制定时，应在不违背国家的治安管理条例及相关法律法规的前提下，尽可能结合物业实际来制定。物业应建立的管理制度一般包括以下内容。

一、物业小区治安管理规定

物业的居民及进出物业的所有人员都要严格遵守：

（1）自觉遵守国家的法律、法规，杜绝"黄、赌、毒"及打架斗殴、酗酒闹事等刑事违法犯罪的隐患，一旦出现及时报告公安机关处理。

（2）主动配合公安机关开展小区治安管理工作，落实"三防"（即防火、防盗、防自然灾害事故）要求。

（3）外地人口暂住人员必须遵守本市户籍管理规定，到所在管区派出所办理暂住手续，并备案登记。

（4）对外出租房屋，须有派出所核发的"两证"、"一牌"，并备案登记。

（5）进驻小区的务工人员必须严格遵守国家有关法律法规，并自觉遵守物业管理公司的有关制度规定，自觉维护小区的生活、工作和治安秩序。

（6）在小区内施工或务工人员应持物业管理公司印制的工作证，进出大门时，要自觉接受保安的检查。携物外出时要到保安分队办理携物登记。

（7）提高自防、自救的意识和能力，严防小区内治安刑事案件的发生和火灾隐患，不让犯罪分子有可乘之机。

（8）积极配合保安搞好小区的治安管理工作，发现违规、违法行为或治安隐患敢于举报并协助处理。

（9）主动配合保安员加强对小区的管理工作，进出车辆、人员要主动出示证件，服从检查。

（10）未经许可，不得在小区内散发、张贴各种广告、传单等。

（11）爱护小区内的各种公共设施，不随意动用安防器材及设备，正确使用电子防盗门、电子对讲系统，并对儿童加强安全教育。

（12）进出公用单元要随手关闭防盗门，防止陌生人进入，有人来访或服务人员需要进入单元门，必须对外来人的身份进行核实，确认后再开门放其进入，并确认单元门是否关好。

（13）业主外出时注意锁好门窗，关闭电器、燃气设备。

（14）出现治安突发事件应保持冷静，及时报告政府有关部门或所在区域保安。

（15）在小区内经商的人员，必须遵守小区的各项规定，不能出现扰民、违法等破坏小区生活秩序的行为和问题，对违反规定者，物业管理公司将报告有关部门进行处理。

二、物业出入管理办法

（1）物业实行封闭式的保安管理办法。

（2）业主（住户）不得携带易燃、易爆、剧毒或有污染的物品进入物业。

（3）为保证业主（住户）利益，凡租户个人携带较大件手提箱、包装箱等物品出门，须先填写盖有本单位或业主印章的"货物出门证"；凡用户搬运家具、办公用具出门前应将有业主签名（盖章）的"搬出物品申请清单"报管理处核实，由保安人员验证方可出门，以有效地保证业主的利益。

（4）物业内严禁进行一切违反治安管理条例和触犯法律的活动。

（5）保安员有权对违反小区管理规定的行为进行检查、纠正；保安员有违纪、违章或无礼刁难住户的现象，发现者可通过各种方式及时向管理处负责人投诉。

附:《物品放行登记表》、《来访(施工)人员出入登记表》

表 3-1   物 品 放 行 登 记 表

日期

携带人姓名		住址(单位)	
物品名称数量			
业主签名(盖章)		值班人	
年　月　日		/组长签阅	

表 3-2   来访(施工)人员出入登记表

日期	来访单位	来访人姓名	被访人住址	被访人姓名	来访时间	离开时间	当值人	组长签阅	备注

三、保安员工作制度

(1)提前 15 分钟集合,不迟到,不早退。

(2)上班期间,统一穿制服上岗,衣服保持整洁、平整,不得穿破损、掉扣制服上岗;帽子保持干净,帽徽必须佩戴端正;鞋的颜色要统一,不得穿破损、张口或有污渍的鞋,皮鞋应保持光亮;头发不得过耳。

(3)接班按照队列顺序自东向西进行,先相互敬礼,然后移交物品,交代注意事项。

(4)对来客先敬礼,后询问,询问时必须礼貌用语。

(5)保持工作区域卫生干净,物品摆放整齐。

(6)当班期间,坚守岗位,不得脱岗、睡岗,或看报纸等与工作无关之事。

(7)爱护通信器材、执勤工具、记录本等物品,不得损坏。

(8)不得以职务之便或直接向客户索要物品、私打客户电话,更不私拿客户物品。

(9)巡逻人员在执勤时拾到物品或发现没有主人的东西时不得私自处理。

(10)对待工作中的错误能主动接受批评,并积极改正。

(11)保安在当班期间不允许带亲朋好友进入工作场所。

(12)服从上级领导的指派,并能够努力完成。

四、保安奖罚制度

1. 奖励规定

(1)见义勇为,敢于同坏人坏事作斗争,成绩显著者;

(2)积极协助公安机关抓获违法犯罪分子和侦破案件,成绩突出者;

(3)积极参加抢险救灾,保卫业主生命财产安全,成绩显著者;

(4)为搞好大厦、小区的安全保卫工作积极出谋划策,所提的合理化建议实行后效果明显者;

(5)拾金不昧者;

（6）年终被评为"先进个人者"。

2．惩罚规定

（1）未经公司允许私自进入其他单位者；

（2）对工作中的错误，不能接受批评者；

（3）当班期间做与工作无关之事者；

（4）不服从管理或无任何理由不工作、消极怠工者；

（5）对大厦工作人员或同事进行威胁、恐吓或出言不逊者；

（6）私拿客户物品或向客户索要物品者；

（7）在值勤期间损坏大厦内部设施或值勤用具者；

（8）旷工或因事、因病缺勤未先请假者；

（9）未参加训练或训练迟到者；

（10）未经领班允许，擅自换岗、换班者；

（11）随意涂改交接班记录者；

（12）因自身工作原因造成业主或同事财务损失者；

（13）偷窃或骗取公司同事、业主财物者；

（14）值勤期间私自动用业主物品者；

（15）不按规定到达指定地点巡逻者；

（16）不按规定进行来客登记、验证，私自允许买卖、推销、收旧物等闲杂人员进入大厦者；

（17）对进入小区车辆不按制度检查通行证者；

（18）对物品出门不主动收取出门证者；

（19）对工作区域卫生不干净就进行接班者；

（20）具体奖罚按公司奖罚标准执行。

五、对讲机的配备、使用管理规定

（1）对讲机每岗1台，固定编号。

（2）对讲机只用于工作和突发事件时的联系，严禁用对讲机进行聊天、说笑，不得讲一切与工作无关的事。大厦有外来人员或施工人员进出运货等，可用对讲机通知相关人员留意或监督检查。

（3）注意爱护对讲机，并认真做好对讲机的交接工作，以防出现问题时互相推卸责任。

（4）谁使用谁保管，严禁外借，不用时由保安领班对对讲机进行保管。不能使用或丢失时要及时汇报，非因公丢失、损坏的，照价赔偿。

（5）由保安领班负责每季度进行一次检查，并填写检查记录。

3.4.2 物业治安管理工作规程

管理规程是具体服务工作的规范和程序，是服务工作的操作指导，对保证物业服务质量有重要作用。在物业治安管理中，应建立如下规程。

一、保安员交接班规程

（1）按时交接班，接班人员应提前10分钟到达岗位，接班人员未到达前，当班人员不准离开岗位。

（2）接班人员要详细了解上一班的执勤情况和当值班应注意的事项。

（3）交班人员应将当班时发现的情况、发生的问题、处理情况及注意事项向接班人员交代清楚。

（4）当班人员发现的情况要及时处理，不能移交给下一班的事情要继续在岗处理完毕，接班人应协助完成。

（5）接班人员应注意检查岗位范围内的物品、设施和器械装备等，发现异常情况应立即报告，必要时双方签名作证。

（6）交班人员应负责清理值班场地卫生。

二、治安巡逻规程

1. 治安巡逻的基本要求

（1）巡逻保安员要在巡逻过程中，应多看、多听，以确保完成巡视工作任务。

（2）检查治安、防盗、防火、水浸等情况，发现问题立即处理，并报告上级领导及有关部门。

（3）巡查小区内各个重点部位、治安死角等，发现有可疑人员应前往盘问，检查证件，必要时检查其所带物品。

（4）对在小区内流动摆卖的小贩、推销人员，应劝其离开辖区，属"三无"人员按要求对其进行处理。

（5）对小区内的装修工程进行监管，对有碍交通或因超时装修产生噪音影响他人休息的装修工程进行管理或制止。

2. 治安巡逻的基本任务

（1）预防和制止违反治安管理的行为及犯罪行为。

1）预防和制止以下扰乱公共秩序的行为：①扰乱小区的秩序，致使工作、生产、营业不能正常进行；②扰乱小区内的公共交通工具上的秩序；③结伙斗殴、寻衅滋事、侮辱妇女或者进行其他流氓活动的；④捏造或歪曲事实，故意散布谣言或者以其他方法煽动扰乱小区生活工作秩序的；⑤谎报险情，制造混乱的。

2）预防和制止以下妨碍公共安全的行为：①非法携带、存放枪支弹药或者其他违反枪支管理规定的行为；②违反爆炸、剧毒、易燃、放射性等危险物品管理规定，生产、销售、储存、运输、携带或者使用危险物品的行为；③非法制造、贩卖、携带匕首、三棱刀、弹簧刀或者其他管制刀具的；④未经批准安装、使用电网的；⑤在车辆、行人通行的地方施工，对沟井坎穴不覆盖防护板、标志、防围的或者故意损毁、移动覆盖防护板、标志、防围的。

3）预防和制止以下侵犯他人人身权利的行为：①殴打他人，造成轻微伤害的；②非法限制他人人身自由或者非法侵入他人住宅的；③公然侮辱他人或者捏造事实诽谤他人的；④虐待家庭成员、受虐待人要求处理的；⑤写恐吓信或者其他方法威胁他人安全或者干扰他人正常生活的；⑥胁迫或者诱骗不满 18 岁的人表演恐怖、残忍节目，摧残其身心健康的；⑦隐匿、毁弃或者私自开拆他人的邮件、电报的。

4）预防和制止以下妨碍社会管理秩序的行为：①明知是赃物而窝藏、销毁、转移或者明知是赃物而购买的；②倒卖车票、船票、文艺演出或者体育比赛入场票券及其他票证的；③违反政府禁令，吸食鸦片、注射吗啡等毒品的；④偷开他人机动车辆的；⑤故意损毁路灯、邮筒、公用电话或其他公用设施的；⑥违反小区规定，破坏草坪、花卉、树木的；⑦违反小区规定，在住宅小区内使用音响器材，音量过大影响周围居民的工作或休息，不听制止的。

5) 预防和制止违反消防管理的行为：①在有易燃、易爆物品的地方违反禁令，吸烟、使用明火的；②故意阻碍消防通道或扰乱火灾现场秩序的；③拒不执行火场指挥，影响灭火救灾的；④指使或者强令他人违反消防安全规定，冒险作业的；⑤违反消防安全规定，占用防火间距或者搭棚、盖房挖沟、砌墙堵塞消防车通道的；⑥埋压、圈占或损毁消防火栓、水泵、水塔、蓄水池等消防设施或者将消防器材、设备挪作他用，经公安机关通知不加改正的。

6) 预防和制止违反户口或居民身份证管理、出租屋管理的行为：①假报户口或者冒用他人户口证件、居民身份证的；②故意涂改户口证件的；③出租屋或床铺供人住宿，不按照规定申报登记住宿人户口的。

(2) 维护小区正常秩序。

1) 保护各类治安事件现场，疏导群众，维护秩序。

2) 维护小区内交通秩序。

3) 协助小区内住户的报警。

4) 为行人、住户指引带路，救助突然受伤、患病遇险等处于无援助的人，帮助遇到困难的残病人、老人和儿童。

5) 受理拾遗物品，设法送还失主，或上交。

6) 巡视小区内的安全防范情况，提示公司的有关部门、商铺、住户，清除隐患。

3. 巡逻时间及规律

(1) 时间安排。值班岗保安实行 24 小时值班制，早班：8：00～16：00，中班：16：00～24：00，晚班：24：00～8：00；早、中、晚三班每 10 天依次轮换一次，即每月 10 日、20 日、30 日为倒班日。

(2) 小区巡逻。巡逻周期：20 分钟一次，每小时打卡一次，每周将巡逻范围内所有楼宇的楼道、天台巡查一遍。

巡逻规律：不制定固定路线，但不留"死角"、"偏角"。

(3) 大厦巡逻。

巡逻周期：90 分钟巡逻打卡一次。

巡逻规律：先从天台起，自上而下，从每层楼依次巡逻到地下室，最后到室外。

4. 记录

巡逻保安员将巡逻中发现或处理的情况认真详细地记录在治安巡逻签到表内，保安班长将本次的情况收集并记录在《治安一日情况汇总表》、《值班情况记录》内，存档。

5. 治安巡逻工作的检查

(1) 交接班时，交接双方班长要到各岗位检查：交接是否认真，手续是否办妥，仪容仪表是否符合有关规定等，发现问题，及时纠正，并做好记录。

(2) 每 1 小时巡逻班长到各岗位巡视一次，并不少于两次检查巡逻签到情况，认真填写《保安工作班检表》。

(3) 队长巡视检查各岗位每班不少于两次，并填写《员工考核表》。

(4) 巡查时，发现有不认真或违纪等情况，要及时纠正，做好记录并上报。

(5) 本班执勤中遇到疑难问题时，班长应立即到场，按有关规定处理，不能解决时报告队长或管理处处理。

三、大厦大堂保安工作规程

1. 工作程序

（1）工作时间安排：大堂岗保安工作实行 24 小时全天候值班制，三班倒，每班每岗 1 人工作 8 小时。值班时间分为早班：8：00～16：00，中班 16：00～24：00，晚班：24：00～8：00，早 、中、晚三班每 10 天依次轮换 1 次，即每月 10 日、20 日、30 日为倒班日。

（2）来人来访登记。

1）对外来人员（业主或住户亲友、各类访客、装修等作业人员、员工亲友等）一律实行进、出登记；

2）必须登记有效证件，特指没有过期的身份证、暂住证、回乡证等；

3）认真核对证件和持有人是否相符，若不符不予以登记和放人；

4）来访者必须说准所访问业主（住户）的姓名及楼、座等，必要时，须用对讲机通话确认后方可登记进入；

5）当接过来访客人的任何证件时，应使用"谢谢"等文明用语；

6）认真填写《来访登记表》，要求字迹清楚，项目全面准确；

7）若遇不登记强行进入大厦的，按有关规定处理；

8）当业主（住户）带有亲友或访客时，应有礼貌的请其出示有效证件予以登记并做必要的解释工作，以消除业主（住户）的不满情绪；

9）若遇公司（管理处）领导陪同指导，参观、学习的社会各界人士来大厦，应立即起立敬礼，以示欢迎，并热情回答客人的询问。等客人走了之后，将参观客人人数、单位、职务等情况记录清楚备查；

10）当外来人员出大厦时，保安员应及时核准将所押证件退还给访客，说"谢谢"等，并做好离开时间的登记工作。

2. 严密监视大堂和电梯

（1）提高警惕，严密注视进出大厦的各类人员，特别是外来人员，如有怀疑立即通知巡逻和班长并做好值班记录。

（2）发现电梯关人事件，应立即善言安慰乘客，同时通知电梯工马上进行抢修，并报告班长及管理处，协助做好善后工作和值班记录。

3. 服务要求

（1）对住宅楼大堂岗要求熟悉本大厦业主（住户）的基本情况，包括：业主姓名、楼座、人口、相貌特征、常出入大厦时间等，对公寓楼要求基本熟悉。

（2）遵守公司制定的"文明礼貌用语规范"。

（3）到当业主（住户）出入大堂时，应主动为业主（住户）开启门锁，点头微笑以示问候。

（4）发现有老、弱、病、残、双手拿重物的业主（住户）进出大门有困难时，要主动帮助打开大门或搀扶上下台阶。

（5）当有业主（住户）搬迁时，应协助维护进出秩序，指定其使用专用电梯和车辆、物品的停放位置。

四、出租屋暂住人员、施工人员及"三无"人员管理规程

1．基本原则

（1）依法办事的原则。必须按适用的法律、法规、条例、办法等管理、办事。

（2）文明服务的原则。在检查、办证、管理时，必须要文明服务，文明执勤。

（3）时效性原则。在对检查、办证、管理时，必须在规定的时间内完成工作。

2．物业区域内出租屋暂住人员的管理

（1）出租屋和暂住人员的《出租屋治安管理许可证》及《暂住证》的办理。

1）在小区的出租屋业主和暂住人员在入住小区 7 天内，通知其办理两证；

2）按《公安部租住房屋治安管理规定》、《公安部暂住证申领办法》的规定和要求，对业主填写的出租屋许可证申请表、业主与租屋方签订的租屋合同和治安责任书或暂住人员填写的暂住人口登记表的有关办证资料审批；

3）将审批办证的有关申请资料及办证用工本费用统一送交当地派出所办理；

4）从业主或暂住人员的办证申请当天起，15 天内办好《出租屋治安管理许可证》、3 天内办好《暂住证》；

5）《出租屋治安管理许可证》的有效期分为 1 年、半年两种，《暂住证》的有效期分为 3 个月、半年、1 年三种。

（2）在《出租屋治安管理许可证》到期年审或《暂住证》到期的 7 天前通知年审或补办。

（3）管理。

1）对小区内的出租屋暂住人员的分布及流动情况要准确掌握并登记存档；

2）经批准，对辖区内的出租屋及暂住人员进行不定期检查，填写《房屋出租登记表》，严禁单独一人对被检查对象进行检查；

3）对辖区内的出租屋暂住人员的搬迁情况要及时掌握；

4）协助公安机关对辖区内的出租屋暂住人员进行清查，对漏办的对象督促其办理《出租屋治安管理许可证》、《暂住证》；

5）对出租屋的卫生、用电安全、租住人员变动、治安责任等实施管理，对租住人或暂住人员的活动情况要掌握，预防违法犯罪行为发生。

3．小区内施工人员申请《施工证》的办理

（1）申请办理程序：①在施工单位及施工人员入驻小区施工的之前通知其办证；②核实《施工证申请表》与施工单位及施工人员的实际情况是否相符；③当天办好证，并作登记存档。

（2）管理：①对小区内的施工单位施工地点、住宿地点、人员分布及流动情况要准确掌握，并作登记存档；②对施工单位宿舍的卫生、用电安全、灭火器配备实施管理，对施工人员的活动情况要掌握，预防违法犯罪行为发生。

4．对小区内闲游逗留的"三无"人员的管理

（1）保安部按《外来人员管理规定》对小区辖区内的"三无"人员进行依法管理：

1）将清查小区"三无"人员的工作纳入日常巡逻基本任务中；

2）协助公安机关对辖区内的"三无"人员进行管理，将小区辖区内违反《流动人口管理规定》的"三无"人员送交当地公安机关处理。

（2）采取不定时针对性方式对小区内的主要公共场所、交通道路（如停车场、食街、商业街等）进行清查：

1）对小区辖区内闲游、逗留的乞讨人员、散发小广告人员以及有精神病、醉酒闹事等妨碍小区治安秩序的人员彻底清查并将其驱逐出辖区外；

2）对于在住宅小区内扰乱治安秩序、屡教不改或不听劝阻的"三无"人员，将其交由公安机关处理，并作记录存档。

5．记录存档

（1）对小区业主、暂住人员、施工人员的办证资料及证件有效期等进行归档，对于"三无"人员送交公安机关处理的，应填写"查获'三无'人员情况一览表"登记存档，保存期为 2 年。

（2）根据存档资料，及时督促有关人员补办或年审有关证件。

3.4.3　治安管理考核与检验

为保证安全服务规范到位，物业管理企业应加强对治安管理服务过程的检查与考核，检查与考核首先应建立服务标准，并依据标准按照一定的方法实施考核，从而有效评价治安服务工作质量。

一、治安保卫工作的检验标准

1．守护保安检验标准

（1）仪容仪表。

1）按规定着装，佩戴工作证。

2）精神饱满，姿态良好。

3）举止文明、大方。

4）不袖手、背手、插手，不勾肩搭背。

（2）工作要求。

1）能熟练掌握大厦业主（住户）的基本情况，包括姓名、特征及经常交往的社会关系等。

2）能准确填写各种表格、记录。

3）能熟练掌握报警监控、对讲、电梯等设施、设备的操作程序。

4）善于发现各种事故隐患和可疑人员，并能及时正确处理各种突发事件。

5）服从领导，听从指挥。

（3）服务态度及要求。

1）礼貌待人，说话和气，微笑服务。

2）主动、热情、耐心、周到为业主（住户）服务。

3）不准发生一起争吵、打斗事件。

4）登记有效证件不超过 30 秒钟（不出错）。

5）不出现一起业主（住户）被盗、被抢等案件。

6）不准出现大堂秩序混乱等情况。

7）接到住户报警，不超过两分钟赶到现场并报告。

（4）形象规定。

1）经常注意检查和保持仪表整洁。

2）不准留长发、蓄胡子、留长指甲。头发不得露于帽檐外，帽檐下发长不得超过 1.5 厘米，鼻毛不得露出鼻孔。

3）精神振作，姿态良好，抬头挺胸，不准弯腰驼背，东倒西歪、前倾后靠、伸懒腰；不袖手、背手、叉腰或将手插入口袋中；执勤中不准吸烟、吃零食，不勾肩搭背。做到站如松，坐如钟，动如风。

4）不准哼歌，吹口哨，听收（录）音机，看书报。

2. 巡逻保安检验标准

（1）仪容仪表。

1）按规定着装，佩戴齐全。

2）精神饱满，姿态良好。

3）举止文明，大方。

4）不袖手、背手或将手插入衣袋，不勾肩搭背。

（2）工作要求。

1）服从领导，听从指挥。

2）能熟练掌握物业管理范围的基本情况，包括业主（住户）的基本情况、楼宇结构、防盗消防设备、主要通道的具体位置、发电机房、配电室、水泵房、消防中心等重点位置的防范等。

3）善于发现，分析处理各种事故隐患和突发事件，有较强分析、判断、处理问题的能力。

4）熟悉车场的基本情况。

5）能圆满完成规定的检查内容。

（3）服务态度及要求。

1）微笑服务。

2）主动、热情、耐心、周到地为住户服务。

3）说话和气，礼貌待人。

4）不发生一起争吵、打斗事件。

5）按时巡逻，按时到指定地点签到。

6）不出现业主（住户）家被盗抢事件。

7）车场内车辆完好无损，不出现一起交通事故，不丢一辆车。

8）接到住户报警不超过两分钟赶到现场并报告。

9）处理各种违章，文明礼貌，及时有效，机动灵活，不失原则。

10）及时发现各种事故隐患，不因失职而出现一次意外事故。

二、治安保卫服务的检验

（1）班检。各班班长依据检验标准对本班工作进行一次班检，填写"班检表"。

（2）日检。管理处保安队长根据保安工作检验标准和各班班长填写的班检表的情况对保安队所有工作及队员进行检查，填写《员工考核表》。

（3）巡视检查：分管保安工作的主管，根据标准对各保安工作进行检查。

（4）周检、月检：管理处的主管及物业管理经理根据标准对管理部门进行周检、月检，其中对保安工作一项单独进行全面检查，并分别填写周检表、月检表。

（5）保安员巡逻签到检验。

1）签到箱的安装。物业区域每一定面积安装 1 个，大厦每几层楼安装 1 个。签到箱型号统一，钥匙统一，具体位置由管理处确定。

2）签到箱钥匙的保管。为方便签到、检查，物业管理部、分管房管员或副主任、班长、治安队长和一个班次治安巡逻员各配备一把钥匙；班次轮换时由班长收齐后统一交到下一班的班长。

3）保安员在巡逻中，每小时打开签到箱在签到卡上签到一次，大厦 90 分钟签到一次，责任区内有多少签到箱，均应签到，每张签到卡，不允许同时签到，每个箱之间间隔时间为 20 分钟左右。

4）保安队长在每个巡逻班次时间内检查不少于一次，每责任区抽查一次，班长全面检查不少于两次，物业管理部、管理处主任、房管员的夜间查岗必须进行抽查。

5）签到人、检查人均要求在卡上签名并注明时间，房管员发现不合格的可直接记录在卡上，保安队长作为考核依据。

6）凡检查不合格者记一次不合格。

7）由保安队长负责每周到签到箱收发签到卡一次，由保安队长保管，保存时间 1 个月。

3.5　治安情况的处理

3.5.1　常见可疑情况的处理

保安员在站岗或巡逻时，经常会碰到一些可疑情况，对可疑情况要根据其严重程度采取相应的措施。下面介绍几种常见的可疑情况及其处理方法。

（1）冒烟。了解确切的冒烟口，了解冒烟的原因（着火、电线短路等），并上报处理。

（2）冒水。了解冒水的确切位置，冒水的原因（上水管、下水管冒水、下雨等），及时堵漏并上报处理。

（3）有焦味、硫酸味或其他化学品异味。寻找味源，如因电源短路造成，要及时切断；如是其他化学品异味，要及时封锁现场，并通知有关部门处理。

（4）在大厦通道游荡（借找人却说不出被访者的单位及姓名）的人。密切观察其举动，必要时劝其离开。

（5）发现有人身上带有管制刀具、钳子、螺丝刀、铁器等工具。询问、核查其携带工具的用途，如用途不明的，带回保安值班室处理，或者送当地派出所。

（6）在偏僻、隐蔽地方清理皮包或钱包的人。立即设法拦截，询问验证，如属盗窃、抢劫财物的，送交公安机关处理。

（7）自行车或摩托车无牌、无行驶证，有撬损痕迹的，或将没开锁的自行车背走或拖走的，当即扣车留人，待查明情况后再放行。

（8）机动车拿不出行驶证，说不出车牌号，没有停车证的，立即联系停车场车管员，暂扣车钥匙，约束其人，待查明情况后再放行，如情况不明的，送公安机关查处。

（9）遇到保安员即转身远离或逃跑的人。设法拦截（用对讲机向其他保安员通告）、擒获，并带到保安值班室处理，查明原因后根据情况放人或送公安机关处理。

3.5.2　常见的治安、刑事案件处理

一、发生打架、斗殴的处理方法

（1）积极果断劝阻双方离开现场，缓解矛盾，防止事态扩大。不要因双方出手时误打到自己而介入，同时立即向值班领班报告。

（2）如事态严重，有违反治安管理行为甚至犯罪倾向的，通知当地公安机关前来处理或将行为人扭送公安机关处理。

（3）提高警惕，防止坏人利用混乱偷窃财物。

（4）说服围观群众离开，保证所辖范围内的正常治安秩序。

二、发生盗窃案件的处理

（1）发现盗窃分子正在作案，应立即当场抓获，并报告管理处及公安机关，连同证物送公安机关处理。

（2）如果是盗窃案发生后才发现的，立即报告管理处及公安机关，同时保护好案发现场，重点是犯罪分子经过的通道、爬越的窗户、打开的箱柜及抽屉等，不能擅自让人触摸现场痕迹和移动现场的遗留物品。

（3）对重大案发现场，可将事主和目击者反映的情况，向公安机关作详细报告。

三、发生凶杀案件的处理

（1）如发现歹徒正在作案的，应设法制服、阻拦歹徒，并召集各岗位保安员配合，同时，迅速向上司和公安机关报案，如有伤员迅速送附近医院救治。

（2）如事后接到报告，则保护案发现场，禁止无关人员进入，以免破坏现场遗留的痕迹、物证，影响公安人员勘查现场，收集证物和线索。

（3）案发时，前门岗及后门岗要加强戒备，对外出人员、车辆逐一检查登记。

（4）登记发现人和事主的情况，抓紧时机向发现人和周围群众了解案件、事故发生发现经过，并做好记录。

（5）案发时的现场人员一律不能离开，等待公安人员询问。

（6）向到现场的公安人员汇报案情，协助破案。

四、遇到犯罪分子抢劫的处理

（1）在执勤中遇到犯罪分子公开使用暴力进行打、砸、抢、强行夺取他人钱财时，应迅速制止，同时呼叫附近保安和周围群众一起制止犯罪，并立即报警。

（2）如劫匪逃离现场，要向目击者问清劫匪的人数、衣着颜色和逃走的方向，并立即组织群众堵截；如驾车逃跑的，应记下车牌号码并报警及拦车追堵。

（3）保护抢劫现场，不要让群众进入现场，如现场在交通要道或公共场所人多拥挤的地方，无法将证物留放原处时，要收起交公安机关。

（4）访问目击群众，收集劫案情况，做好记录并提供给公安机关。

（5）事主或在场群众若有受伤的，要立即送医院并作报告。

3.5.3　爆炸紧急情况处理

一、收到被放置爆炸物品信息时的处理

（1）得知被放置爆炸物品，或者接到扬言爆炸的恐吓电话时，要保持镇静，认真记录，同时以最快速度报告高层管理者，并立即向当地公安机关报案。

（2）由管理处经理负责立即成立防爆炸指挥部。增派保安，加强出入口管理，对于陌生

或形迹可疑人员严加防范，认真查验证件，检查携带物品。

（3）立即通知各门岗，检查车库是否有遗失包物，并加强巡逻，发现无主物品不要随便碰触，立即上报，并报公安机关，请求协助。

（4）确定确有爆炸物品时，立即疏散人员，同时请求公安机关协助处理。

二、发生爆炸事件时的紧急处理

（1）值班人员接到发生爆炸报告后，立即赶到现场，确认后立即向公司最高领导层报告，同时向公安机关报案，如引起火灾即刻报 119 火警；如有人员伤亡，立即向 120 急救中心呼救，并派人迎候公安、消防、急救部门的车辆、人员，引导其进入现场。

（2）立即成立临时指挥部，由物业管理公司最高当值、工程部、物业部人员组成。

（3）工程人员迅速切断必要电源，保安人员组织疏散爆炸现场附近的客户，并在距爆炸中心 30m 处设警戒线，禁止无关人员进入，同时，组织保安及物业助理在公共区域巡视，检查是否还有可疑爆炸物。

（4）消防监控中心高度戒备，监视有无火灾等可疑情况，各在岗员工也要坚守岗位，密切注意有无可疑情况。

（5）工程部负责提供楼层平面图，供公安人员破案时使用。

3.5.4　遇到台风、潮汛时的处理

（1）接到防风、防汛的通知后，管理处主任进行总动员，并根据各部门职责做出具体工作布置，积极做好抢险准备工作。

（2）物业部要张贴通知于大堂，要求业主（租户）关好门窗，做好应急准备工作；在险情到来之前巡查大厦，做好补救措施，尽量消除有害隐患，降低损失程度；检查高空悬挂物是否牢固，防止坠落；消防监控中心及保安员加强警戒，以防其他事件发生。

（3）工程部要准备好防汛工具，加强值班力量，保证人力充足；保证地面排水通道畅通；必要时放下防洪闸。

（4）每次防风、防汛工作结束后，各部门均要填写紧急情况处理记录，并由部门负责人签字上报存档。

3.5.5　遇到停电、停水时的处理

（1）接到停电、停水通知后，张贴通知，告知全体用户，请用户配合关闭室内各种电器设备（照明除外）。

（2）准备充足的照明工具，保安员及物业管理员逐层检查备用照明的配备情况，保证停电后照明系统正常启用。

（3）工程部负责后备电源启动的具体操作工作。

（4）物业部最高当值对各部门的准备工作做统筹安排及最后确认后，通知各部门准备转电。

（5）市电转为备用发电。正式转电前，要检查低压电房，确认设备及人员准备就绪；在监控室查看客户乘电梯情况，在确认无人乘梯情况下，通知工程部停梯，再通知低压电房开始转电，转电工作完成后，最高当值通知工程部开梯。供电转入正常后，最高当值仍要在监控室观察电梯运行情况，在正常进行半小时后方可离开。

（6）备用发电转为市电程序同（5）。

（7）保安员加紧巡逻，防止盗窃、火灾等事件发生。同时，在大堂加派人员，加强进入

大厦人员的登记工作。

（8）接到停水通知后，工程人员将蓄水池的水注满。

3.5.6　发生案件的处理

若发生案件，应采取下列步骤以协助破案：①立即报案并留在现场直至公安人员到达；②切勿移动或容许他人移动、触摸现场物品，保留现场证据，方便取证工作；③禁止任何人在现场走动，并礼貌地劝阻闲人进入现场，以方便公安人员现场调查；④向公安人员提供有关案件详情。

模块4 物业车辆管理

4.1 模块导入

4.1.1 车辆管理内容

（1）车辆管理包括机动车及非机动车的管理。

（2）制定物业管理区内车辆的进出、停放和行驶的管理规定，明确责任人的岗位职责及作业流程。

（3）建设维护好物业区域的交通设施，优化通行条件及停车条件。

（4）制定车辆管理服务标准，提供最佳服务。

4.1.2 车辆管理主要工作任务

一、车辆出入管理

对出入物业管理区域的车辆进行管理，是车辆管理的重要内容。物业管理公司，对车辆进出物业区域时都应有限制性规定，经过门卫允许后方能驶入。门卫应坚持验证制度，对外来车辆要严格检查，验证放行。对外出车辆也要严格检查，对可疑车辆要多观察，对车主仔细询问，一旦发现问题，要拒绝车辆外出，并报告有关部门进行处理。

对本区域内的车辆要进行登记，并发放进出通行证，每次进出要实行验证放行制度；对外来车辆，除消防、救护、搬家等车辆外，一律不得随意进出，确要进出的，经业主委员会同意，可实行登记收费制度。

二、停车管理

停车管理的主要任务是，维护良好的停车秩序，使车辆停放整齐，防止非指定位置停车；维护车辆安全，防止偷盗、损毁、火灾等事故的发生。具体应从以下几个方面着手：

（1）明确划分停车车位。停车场内应用白线框明确划分车位，要画停车线，并要求车主停放整齐，停车位分固定车位和非固定车位，大车位和小车位。车主必须按类使用车位，需经常停放的车辆，应办理手续有偿使用固定车位，外来车辆和临时停放的车辆有偿使用非固定车位。

（2）停车场内行驶标志要清楚。停车场进出口的标志要明确，场内行驶路线要用扶栏、标志牌、地下白线箭头指示清楚。

（3）停车场管理要严格。车辆进入停车场要验证发牌，并做登记，驶离停车场时要验证车牌，对外来车辆要计时收费。在车辆进出高峰期间，管理人员还要做好现场的车辆引导、行使、停放与疏散工作。

（4）要做好安全防范工作。加强巡逻和监控，及时制止偷盗、损毁行为。

4.1.3 车辆管理目标

为了物业管理区的宁静与安全，规范辖区内的车辆停放，为业主提供高效而且安全的服务，保障车辆停放有序，交通顺畅，避免交通事故、车损事故、车辆丢失事故的发生。一般要求车辆管理做到的目标有：

（1）交通组织规划合理、交通设施标志完好；

（2）交通通行顺畅，无事故发生；

（3）机动和非机动车分类停放，停车场整洁有序，无车损和偷盗事故。

4.1.4　物业车辆管理主要学习内容和学习目标

一、物业车辆管理学习内容

（1）物业区域内交通设施的建设与维护。

（2）车辆停放的规划与组织。

（3）物业区域内通行管理。

（4）车辆管理岗位及职责。

（5）车辆管理规程。

（6）异常情况处理。

（7）车辆管理标准。

二、学习目标

（1）本模块知识学习目标。

• 车辆管理的内容

• 车辆管理服务标准

• 车辆管理一般规定

• 车辆管理人员工作职责

（2）本模块能力目标。

• 会建设和维护物业区域内交通设施

• 会建立物业的车辆管理办法

• 会提供车辆管理服务

• 会处理车辆通行和停放过程中遇到的情况

4.2　物业区域交通管理

车辆是人们生活工作的必需交通工具，随着人们生活水平的提高，车辆在逐年增加。而我国城市中用地紧张，很多物业停车场地严重缺乏，再加上物业管理公司管理不善等原因，造成物业使用人停车困难、车辆出入困难、区域内车辆事故频发等问题，这给用户工作生活带来很大不便。在既定的物业条件下，通过停车规划和区域内通行组织管理，能挖掘停车潜能、减少物业区域交通事故概率。

（1）停车规划。

物业公司对停车场的规划，要因地制宜，不仅要和区域相协调，也要符合实际需要。一般来说，要考虑以下几个方面：

1）节约用地。尽可能设置在地下，小区道路条件允许的情况下，也可采用路边停车等方法，充分挖掘停车潜力。

2）停取便利。停车位置距离工作场所、生活场所不宜过远，确定好最佳服务半径。

3）分类设置。划分出机动车辆停车区和非机动车辆停车区，进行分类管理。

（2）通行组织管理。

在物业管辖区域，充分利用交通管理措施，实施车辆通行管理，提高区域通行效率，减少交通事故。如，可以根据实际情况对物业辖区道路设置单行、步行、人车分流等交通管理措施。对比较窄的区域道路，可设定单向通行，以减少车辆间的擦碰和通行的阻滞。人车分流是人行和车行完全分离，互不干扰，既确保了行人的安全，又提高了机动车的通行速度。

（3）交通设施管理。

物业交通设施是物业区域通行的基本硬件资源，任何单位和个人都不准破坏物业管辖区域的交通设施，包括道路、路灯、路牌、道路交通标志等。物业管理企业应维护好、管理好物业管辖区域的交通设施，保障通行的顺畅。如根据实际情况可以设置必要的防护栏、防护桩、防止车辆入内，保护行人安全；对区域内的道路及设施加强养护和维修，保证通行安全；制止在已建成的行车道路、人行道上随意挖路埋管、私搭乱建行为；进行道路施工，必须设置交通安全栏、警示标志，防止行人和车辆误入开挖坑沟等。

4.3 车 辆 管 理

4.3.1 车辆管理岗位设置及职责

一、车辆管理人员岗位设置

（1）门岗。

（2）巡逻岗。

（3）车场管理岗位。

二、车辆管理人员岗位职责

（1）熟悉物业管理区域内的车辆流通情况、车位情况，全力引导，优先保证业主使用车位。

（2）负责对停车场（库）的汽车、摩托车，以及保管站内的自行车管理。

（3）实行 24 小时轮流值班，服从统一安排调度。

（4）按规定着装，佩戴工作牌，对出入车辆按规定和程序指挥放行，并认真填写《车辆出入登记表》。

（5）遵守规章制度，按时上下班，认真做好交接班手续，不擅离职守。

（6）按规定和标准收费，开具发票，及时上交营业款。

（7）负责指挥小区内车辆行驶和停放，维持物业管理区域的交通、停车秩序。

（8）负责对停车场的停放车辆进行巡视查看，保证车辆安全。

（9）发生意外事故时，负责维护现场，报告并配合相关部门进行处理。

（10）负责停车场（库）的值班室清洁卫生。

（11）定期检查车库（场）内消防设施是否完好、有效，如有损坏，要及时报告管理处。

4.3.2 制订车辆管理有关规定

一、小区车辆停放、出入管理规定

为加强对出入、停放本小区车辆的管理，维护小区正常生活秩序，确保住户的生命财产安全，对出入、停放本小区的车辆一般作如下规定。

（1）凡装有易燃、易爆、剧毒等危险性物品的车辆，严禁驶入小区。2 吨以上的卡车一律不得进入小区，特殊情况除外。

（2）本小区有车辆的住户，应向本公司申请办理通行 IC 卡，凭 IC 卡通行大门，及在小区停放，按规定收取 IC 卡工本费、停车费。

（3）本小区住户车辆进入小区后，有车库的住户必须将车停放在车库内，无车库住户必须将车停放在指定停车位置，严禁乱停乱放。

（4）非本小区住户的车辆，进入大门时应主动向门卫出示证件，讲明进入原因，符合进入条件的领取临时通行 IC 卡，并做好登记，方可进入小区，严禁冲闯大门。出小区时收回 IC 卡，并按停车时间收取停车费。遗失、损坏 IC 卡，照价赔偿。

（5）进入本小区的货车，卸完货物后应及时离开小区，因故不能离开的，应将车停放在指定停车位置。

（6）进出、停放车辆必须服从小区管理人员的管理。驶入小区的车辆应减速行驶，时速不得超过 5 公里，不得鸣笛。如车辆损坏路面或公用设施，应照价赔偿损失，并视情节处以罚款。

（7）车辆在小区内停放应当在划定的停车位内按序停放，并不得有下列行为：①车辆停放在小区消防通道口的；②阻碍物业管理区域内的主要交通道路的；③车辆停放在绿地上的；④影响其他业主使用物业或共有设施设备的。

（8）管理人员必须坚持原则，严格执行车辆出入、停放管理规定，发现可疑情况及时报告。不得利用工作之便与车主拉关系，收受贿赂，放松管理，违者从严处理。

（9）违反以上规定者，按小区有关规定办理，情节特别严重的，移交公安部门处理。

二、停车场（库）管理规定

（1）停车场必须有专职保管人员 24 小时值班，建立健全各项管理制度和岗位职责，将管理制度、岗位责任人姓名和照片、保管站负责人、收费标准悬挂在停车场（库）的出入口明显位置。

（2）停车场（库）内按消防要求设置消防栓，配备灭火器，由服务中心消防负责人定期检查，由车管员负责管理使用。

（3）在停车场（库）和小区车行道路须做好行车线、停车位（分固定和临时）、停车、转弯、减速、消防通道等标识，并在主要车行道转弯处安装凸面镜。

（4）在停车场（库）出入口处设置垃圾桶（箱），在小区必要位置设路障和防护栏。

（5）机动车进场（库）时应服从车管员指挥，遵守停车场（库）管理规定，履行机动车进出场（库）有关手续，按规定交缴保管费。

（6）集装箱车、2.5 吨以上的货车（搬家车除外）、40 座位以上的客车、拖拉机、工程车，以及运载易燃、易爆、有毒等危险物品的车辆不准进入小区（大厦）。

（7）不损坏停车场（库）消防、通信、电器、供水等场地设施。

（8）保持场（库）内清洁，不得将车上的杂物和垃圾丢在地上，有漏油、漏水时，车主应即行处理。

（9）禁止在停车场（库）内洗车（固定洗车台除外）、修车、试车、练习。

（10）根据公司规定，如因车主不慎造成车辆损坏或丢失，停车场概不负责；如车主有特殊保管或保险需求，可另行协商拟订收费标准，签署协议。

三、收费人员管理制度

利用物业管理区域内的公共场地停放车辆的，物业服务企业可以根据当地价格行政主管部门确定的收费标准收取车辆停放费。收费人员应遵守以下规定：

（1）举止文明，姿态端正；热情服务，礼貌待人，耐心解释用户提出的各种问题，树立公司的良好形象。

（2）加强学习，不断提高业务技能，熟练掌握收费系统的操作。

（3）坚守岗位，认真履行职责，做好车辆出入登记，尤其对临时出入本小区的车辆要严格进行对比检查，收回 IC 卡后方可放行。若 IC 卡丢失，值班人员要照价赔偿；如遇车辆丢失，根据电脑资料要追究当班值班人员的责任。

（4）坚持原则，严格执行收费标准，按照票额开具发票，不得徇私舞弊，不得利用工作之便与车主乱拉关系，收受贿赂，放松管理，严格控制出口人工抬闸，违者从严处理。

（5）爱护设备，不得擅自修改系统各种设置、删除资料和进行非法操作，严禁私自在电脑上安装各种软件，不得进行玩游戏、打字等其他操作，违者从严处理，并承担所造成的一切后果。

（6）如遇停电或设备出现故障，应及时报告上级，维持好车辆出入秩序，认真做好登记，防止 IC 卡丢失。对此期间所收回的未付款 IC 卡应分类保管，交收费管理员处理。

（7）认真交接班，如实做好各项登记。

（8）维持收费岗亭良好秩序，保持收费岗亭及出入车道的卫生整洁。

4.3.3 车辆管理工作过程中注意事项

（1）交接班时：①对车辆在位情况进行检查，并做好记录；②如是门岗，同时对现金收讫情况进行核对，做好交接工作。

（2）车辆进入小区时：①如是业主，但尚未办理车位的，按照访客车辆处理，如已办理车位，则请业主在车闸处的刷卡器前刷卡，根据计算机显示资料，在驾驶人、车辆等核实后启动道闸放行；②如是访客车辆，在与相关业主进行联系确认后，在计算机上输入车牌号、进入小区时间等相关资料并输入到临时卡上，交于车主，启动道闸放行，并记录；③如是欲进入小区的出租车，若已载客，按访客车辆处理；若空车，先盘问接业主的姓名、房号后，再与控制中心或巡逻岗联系，确认该车确为业主所招时，按访客车辆处理。

（3）车辆离开小区时：①如是业主，但尚未办理车位的，按照访客车辆处理，如已办理车位，则请业主在车闸处的刷卡器前刷卡，根据计算机显示资料，在驾驶人、车辆等核实后启动道闸放行；②如非业主车辆，根据计算机显示的资料，在对驾驶人、车辆进行核对并按收费标准进行撕票、收费后，启动道闸放行。

（4）在车辆通过车闸后，门岗立即通过对讲机与巡逻岗联络，告知具体车位并知会其进行有效引导；巡逻岗指挥车辆对号停放，避免占用他人车位情况的发生，并对出现的占用现象进行处理。

（5）对停车场的各种标识（包括停车场、禁鸣、限速、防盗标识等）每班次至少检查两次。

（6）对业主的车位每班次至少巡查三次，巡查内容包括车身油漆、玻璃灯罩、铭牌等是否完好。对发现的破损情况以及车门未关、车内有贵重物品等情况及时上报区队长请驾驶人确认，并记录在《车辆异常情况登记表》上。

（7）自行车、电动车应在指定的车棚内停放，并摆放整齐，不得随意停放在小区、组团内的绿化带或公共楼道内。

（8）正确区分、辨认业主、公司领导的车辆。及时行礼，面带微笑为业主及时提供帮助。

（9）清楚值班期间，安全区域内车辆的数量和车辆的状态，及时发现安全隐患，车场无乱停乱放车辆及交通堵塞现象。

（10）发现异常情况，车场巡逻岗安全管理员在30秒内赶到现场。

（11）车辆出入停车场（库）应注意：①车辆出入后切记放下道闸，以防车辆冲卡；②放下道闸时应格外小心，防止道闸碰损车辆和行人；③遵守服务礼貌用语中车辆管理服务文明礼貌用语。

4.3.4　常见突发事件的处置

（1）当遇有车辆强行闯入时：①迅速记住车型、颜色、车牌号码、司机及乘坐人员的数量、外貌特征，并立即汇报并通知相关岗位；②通知相关岗位及客户单位做好准备，了解闯入者的意图，加强目标方向的警戒；③通报所有岗位，特别是出入口岗位，根据指示防止将闯入者强行闯出，如遭遇强行闯出应立即报告公安部门。

（2）车辆被损坏处理。

1）当发现车辆被碰撞、摩擦造成损坏，保安员应记下肇事车牌号码，暂时不放其驶出小区，立即报告领班和物业管理处负责人及受损车主与肇事车主共同协商解决。

2）如果车辆被损坏而未当场发现时，保安员发现后要立即通知当值领班和物业管理处，也要立即通知车主，共同协商解决处理。

（3）车辆被盗的处理。

1）车辆在车场被盗后，由物业管理处负责人确认后，立即通知车主，协同车主向当地公安机关报案。

2）事故发生后，被保险人（车主、管理处）双方应立即通知保险公司。保管单位要协助车主向保险公司索赔。

3）保安员、管理处、车主应配合公安机关和保险公司做好调查处理工作。

4）保安员认真填写交接班记录，如实写明车辆进出场时间、停放地点，发生事故的时间，以及发现后报告有关人员的情况。

5）管理处应与公安机关随时取得联系，并将有关处理情况反馈给车主，并做好记录。

6）保安队要认真总结车辆被盗事故的原因，检查管理工作中是否存在问题，及时整改并报管理处。保安队做好"意外事件的应急处理报告"存档备查。

（4）讨论：车辆被盗物业有责任吗？

这个问题要根据物业服务合同来确定。如果物业管理企业没能履行服务合同约定的车辆管理义务，造成业主车辆被盗或受损，物业管理企业应该根据合同约定，按照应该承担的责任大小承担赔偿责任。如果物业管理企业已经按照合同约定，履行了合同约定的车辆管理义务，但车辆仍然受损或被盗，物业管理企业可以免责。车辆被盗或受损后，业主应该及时取证，分清有关责任，物业管理企业有义务配合业主提供有关线索，并证明自己已经履行合同规定的义务。

4.4　车 辆 管 理 考 核

4.4.1　车辆管理工作标准

物业管理企业，应建立起车辆管理服务标准，加强监督管理，确保车辆管理服务质量。

服务标准主要内容应从以下几个方面制订。

（1）停车管理。按车位泊车，无车辆违章停放现象。停放整齐、有序。

（2）行车管理。进出口畅通，整齐有序，上下班车辆出入高峰，专人指挥，无交通事故发生。

（3）停车场。值班岗亭清洁卫生，无堆放杂物，岗外等停车处清洁卫生符合卫生标准。

（4）礼仪服务。车辆管理员，统一着装，衣冠整洁。工作认真，精神饱满，服务态度好，文明用语，按规程作业。

具体服务标准如下：

（1）道路线型、断面与整个住宅区建筑群体布置相协调；

（2）车行道通至每幢住宅楼单元入口处；

（3）外来车辆未经许可，不可进入辖区；

（4）进入物业辖区内车辆，均服从物业公司管理；

（5）凡装有易燃、易爆、剧毒品或有污染物品的车辆或 2.5 吨以上的货车，一律不准驶入辖区；

（6）驶入辖区内车辆均需减速，时速不超过 15 公里，无鸣笛现象发生（救护车、警车、救火车除外）；

（7）辖区内所有车辆均纳入物业公司管理范围，做到一车一证、一证一位、车证齐全，见证放车；

（8）车辆管理员礼貌待人、热情周到；

（9）车辆管理员熟知车主姓名、车型、车牌号、房号、车位；

（10）车辆管理员随时巡查车辆停放情况及车辆的状况，遇有门未锁、灯未关、漏油、漏水等现象发生时，10 分钟内通知车主；

（11）停车场内无货物堆积、道路阻塞现象；

（12）停车场内地面无水、无油、无污、无纸屑、无烟头等杂物；

（13）停车场道路平整无坑、无尖锐物、无金属钉状物；

（14）停车场内有明显禁烟标牌，且消防器械及设施均配备齐全，使用功能完好率 100％；

（15）辖区内交通事故年发生率不超过 2％，丢失事故发生率为 0％；

（16）地下停车场光线明亮，能见度高，目测距离 50 米以上；

（17）临时停放车辆收费率 100％；

（18）每车位文字档案齐全、资料准确率 100％；

（19）外来进出车辆有详细记录。

4.5　实　　　例

4.5.1　项目

金沙学府为杭州市一所新建住宅小区，小区占地面积 185 亩，建筑面积约 25 万平方米，小区由多层、小高层及配套商铺组成，2008 年初交付使用，随着小区住户的入住，物业车辆管理成为眼下急需做好的一项工作，请为该小区拟订车辆管理细则，制订应急处置程序和设计车辆管理用表。

4.5.2 实施步骤

(1) 分组，6~8 人一组，并确定组长；

(2) 物业调查与分析；

(3) 研究讨论交通管理方案；

(4) 编写车辆管理细则和常见问题处理程序；

(5) 设计制作车辆管理工具表；

(6) 教师点评。

4.5.3 实施结果举例

一、车辆管理细则

小 区 车 辆 管 理 细 则

（一）有固定车库的车辆停放管理

(1) 客服中心统一发放免费的《车辆出入证》，由小区业主至客服中心办理领取。

(2) 进入小区时必须把车辆停放在车库内。

（二）使用引导区域的车辆停放管理

(1) 采取使用引导区域的方式，对停放区域内的车辆实行统一管理（保安人员 24 小时巡视）。每个引导区域收费标准为每月 100 元、50 元。

(2) 各车主到客服中心办理引导区域使用手续，领取有特殊标识的出入证，方可在指定引导区域内停放。

(3) 车辆进出小区和引导区域停放时，保安人员认"证"对车，证与车牌号不符者，保安人员有权禁止该车辆停放。

(4) 车主（司机）保管好出入证，如出入证丢失或损坏，车主（司机）需在 24 小时内报告客服中心，否则由此而产生的后果由车主（司机）自负。

（三）外来车辆的停放管理

(1) 外来车辆进入小区前要进行登记，方可进入。

(2) 外来车辆不得随意停放。

(3) 1 小时以上停放的外来车辆，原则上要求停放在西门外的免费停车位。

(4) 外来车辆在小区内停放 1 小时以上每次收取停车费 5 元；违反相应停放规定的，双倍收取停车费。

（四）非机动车停放管理

(1) 业主的所有非机动车必须停放在车库内，不得摆放在公共区域。

(2) 所有访客及外来装修人员的非机动车必须停放在西门指定区域，不得进入小区。

(3) 快递、送牛奶等非机动车不得从北门进入，必须在西门口登记并经确认后才予以进入，进入后不得停在主干道区域影响通行。

（五）其他相应规定

(1) 小区内禁止 5 吨以上的货车、大型客车以及装有易燃、易爆、剧毒等危险品的车辆入内（搬家车、工程车等特殊情况必须安全负责人或客服中心同意方可进入）。

(2) 禁止出租车入内，遇有乘载老、弱、病、残、孕以及携带过重物品的，视情况可以放行，但 10 分钟内必须离开。

（3）进入小区内的车辆不得鸣笛，要接受保安人员指挥，按规定车位和地点停放，对不按规定停放又不听劝阻者，将按市交通管理有关规定处理。

（4）进出小区时应保持谨慎，减速慢行，避免碰擦，否则一切损失由其承担。

（5）停放小区的车辆内不要遗留贵重物品、重要文件等，离车时车主（司机）要锁好门窗，否则后果自负。

（6）引导区域停放者应保持车位清洁，避免油渍等。

二、应急处置程序

表 4-1　　　　　　　　　　　　　**偷车处置程序**

顺　序	程序内容
A	进出停车场所有车辆都应记录进出时间，做好访客记录
B	安保人员如发现有偷车情况，应立即通知监控中心，同时关闭进出口闸门，以免窃贼逃逸
C	记录被盗车辆形牌号，颜色，型号，记下窃贼人数和体表特征，及有否凶器
D	记录被盗车辆行驶路线
E	安保人员勿阻拦闯关车辆
F	至公安人员到场后，将以上情况向其提供，并协助公安人员处理，记录到达公安人员情况，以备后查

三、车辆管理工具表（车辆巡查记录表）。

表 4-2　　　　　　　　　　　　**车辆异常情况记录表**

序　号	日　期	室　号	车牌号	异常情况简述	驾驶人确认	区队长确认	备　注

模块 5　应急救援技术

5.1　模 块 导 入

5.1.1　应急救援的目的和意义

一、应急救援的意义

应急救援是组织或机构的一项防灾救灾工作，其通过预先制定应急处理方法和措施，做到灾害事故发生时，组织能临变不乱，高效、快速地做出反应，尽可能缩小事故影响范围，减小事故对生命、财产和环境造成的危害。

2004 年 11 月 15 日 11 时 20 分，吉林省通化县大安镇石灰总厂 4 号石灰窑在维修过程中发生窑深部坍塌事故，埋入 7 名工人。事故发生后，当地政府和大安镇石灰总厂立即启动应急预案，组织自救，紧急调动了多方人力和物力增援，抢险队员十分钟轮换一批，救援力量持续有效。由于组织得力、措施得当，加快了救援速度，最后成功救活 1 人，且善后处理工作顺利完成，从事故发生、事故抢险到善后处理，仅用了一天半时间，最大程度地挽救了生命和财产损失，保持了社会稳定。

2008 年 5 月 12 日 14 时 28 分，四川省汶川县发生 8 级地震，并波及全国大多数省市区，造成了重大人员和财产损失。地震后，中国政府从发布灾情信息，到启动应急预案，再到中国总理温家宝启程赶赴灾区等一系列行动都在短短一个半小时内完成；中国地震局迅速启动应急专项预案，启动了中国地震救援队，组建了约 180 人的队伍，赶赴现场实施紧急救援；与此同时，中国人民解放军总参谋部也启动了应急预案，指示成都军区投入抢险救灾；武警总部启动应急指挥机制，出动上万兵力赴灾区救灾。其他相关部门也都迅速采取了行动：中国国家减灾委紧急启动一级救灾应急响应；民政部 12 日紧急调拨 5000 顶救灾帐篷支援四川灾区，并于当晚会同财政部向灾区紧急下拨 2 亿元人民币应急资金；中国卫生部、交通运输部、公安部、教育部、外交部等部门以及中国医疗、通信等机构，都在第一时间投入了这场抢险救灾活动中。各级部门应急救援机制的启动，大大提高了我们在本次灾难中抢险救灾方面的应对效率，最大程度地挽救了人民生命和财产损失，保持了社会稳定。

众多事实告诉我们，重视灾害事故的预防和控制，建立应急救援系统，制订应急救援计划，及时有效实施救援行动，不但可以预防重大灾害，而且一旦紧急情况出现，应急救援行动可有效地减少经济损失和人员伤亡。

二、物业管理服务中应急救援的需要

近几年来，我国自然灾害、公共卫生、安全生产事件等频频发生。而物业场所的安全事故也屡屡呈现，如台风、房屋倒塌、物业设备故障、火灾、辖区交通事故、治安事件、煤气泄漏、集体中毒、疾病传染等，造成了众多物业业主和使用人的人身伤亡和财产损失。

物业服务企业作为物业辖区的安全维护和服务者，建设适合本物业范围的应急救援系统变得非常迫切，这对提高物业管理企业的应对灾害和突发事件的处置能力，为业主提供快捷的紧急救援服务，为物业场所提供有效的安全支撑，作用十分重大。

5.1.2 应急救援的主要内容和学习目标

一、应急救援的内容

（1）应急救援系统。

应急救援工作主要有：事故的预防、应急计划的准备、应急救援系统的组成、应急救援计划的制订、应急培训和演习、应急救援行动、清洁与净化、恢复与善后。

系统组织由应急指挥中心、现场指挥中心、媒体中心、信息管理中心组成，通过调整运行状态、协调关系，使系统快速、高效地进行现场应急救援行动。

为保证应急救援系统正常运行，必须事先制订一个应急救援计划，用计划指导应急准备、训练和演习。

通过培训和演习，使人员熟悉和熟练应急救援行动。

由于自然或人为原因而发生火灾、爆炸等紧急情况时，所采取的营救与疏散、减缓与控制、清洁与净化等一系列的行动都是应急救援行动。

在应急阶段结束后，必须对现场进行恢复，并做好善后工作。

（2）救护。

发生事故后，将会产生许多伤亡人员。抢救人员生命，进行现场救护，不仅是专职医护人员的职责，也是每一个现场救护人员应具有的技能。在家庭、工厂、农村、街道以及交通事故现场等所有出事地点对病人的初步救护，对于挽救生命至关重要。

现场救护的主要任务是对症急救，是针对生命指征的问题，尤其是心、肺、脑功能衰竭进行复苏，以及对外伤的止血、包扎、固定和搬运等能使病人初步得以救生的各种对症急救。

二、学习目标

（1）本模块知识学习目标。

- 事故预防与减缓知识
- 事故的确认知识
- 应急系统建立的知识
- 应急计划内容
- 恢复与善后内容
- 急救知识
- 心肺复苏知识
- 其他救护知识

（2）本模块能力目标。

- 会建立物业管理企业的应急救援系统
- 会组织事故预防工作
- 会辨识事故并启动应急系统
- 会制定应急计划
- 会组织应急培训和训练
- 会实施初步救护
- 会实施应急恢复工作

5.2　应急组织体系建立

5.2.1　应急组织体系建立的方法

一、建立应急指挥中心

1. 应急指挥中心职能

应急指挥中心是组织和指导应急行动、协调应急信息、提供应急决策、处理应急后方支持及其他管理职责的全面应急活动的统筹中心。他们的主要工作职能是：

(1) 协调应急救援系统其他各中心的具体组成和各自功能；

(2) 分配检查应急队员应负责任，并确定所需人数；

(3) 在事故现场与事故指挥者和支持保障中心、信息管理中心保持通讯联系，做好突发情况的应急准备；

(4) 确保应急计划的实行，监督应急行动的有效性并启动所有适当的程序和应急措施；

(5) 检查并控制事故现场范围内的应急资源供应状况，确保有充足的物资资源，并支持人员参与事故应急救援行动；

(6) 与事故现场的应急人员保持联系，并告知他们中心对事故状况的评定结果；

(7) 决定应急行动期间是否需要关闭事故周围的某些设施并确保决定的执行；

(8) 检查和批准通过媒体中心向新闻界和公众发布有关事故的消息；

(9) 在事故中出现人员伤亡时，负责通知伤员的家属并提供物质和精神上的帮助。

2. 应急指挥中心构成

应急指挥中心要求有相对固定的机构人员，无事故发生期间，成员在各自部门从事自己工作，一旦事故发生，应急救援开始，他们必须立刻聚集，组成应急指挥中心赶赴事故现场参与应急行动。

应急指挥中心成员构成和数量，可根据事故情况采取相对应的结构。

3. 应急指挥中心建立其他需要条件

工作场所，一般设置在与事故比较靠近、联络方便、通信发达、安全可靠，便于信息汇集、指令发出的场所。

配置装备，指挥中心必须的设备一般有通信设备、办公设备、工作支持设备等，如电话、对讲机、时钟、应急灯、办公设备、车辆等。此外，图纸、物资档案资料和其他信息资料也是指挥中心必不可少的装备。

二、建立现场指挥中心

1. 现场指挥中心职能

现场指挥中心是与应急指挥中心相对应的现场指挥机构，它的主要职责是负责在事故现场制订和实施正确、有效的应急对策，确保救援任务的顺利完成。它是整个现场救援工作的指挥者和管理者。其具体的职责为：

(1) 根据事故情况，负责做出人员疏散的决定，并根据事故救援工作的实际进展随时决策最有效的应急步骤；

(2) 负责事故现场范围内应急资源的利用，在确保安全地完成应急任务的前提下从经济角度考虑资源的消耗，争取花费最少的时间和资源；

（3）负责与应急指挥中心联系，检查发布给各大中心的所有有关事故现场的信息和报道；

（4）负责协调和控制与所有应急队员的联系，以便指派他们具体的应急任务；

（5）负责识别存在的危险状况，并对现场区域进行分析，确定危险状况处理办法；

（6）确定事故现场的危险区、缓冲区和安全区，确保不经许可人员不得进入危险区；

（7）控制进入危险区的应急队员人数以及执行现场应急任务的总人数；

（8）确保参与应急操作的应急队员的个人防护设备能有效防护在应急救援中可能遇到的危险；

（9）决定是否执行事故现场恢复程序以及宣布现场应急行动的结束；

（10）协调和控制事故现场的净化和恢复工作，确保来自支持保障中心的应急队员能通过准备好的应急设备提供帮助和营救；

（11）负责检查所采取的每一步应急行动是否对人员生命构成威胁，有权修改、推迟或中止被认为有威胁的行动；

（12）现场应急行动结束后，确定事故现场是否有潜在危险，并采取必要措施；

（13）进行应急行动的总结。

2. 现场指挥中心建立考虑的因素和要求

现场指挥中心是应急救援的最前线，是事故评价、战术制定、实施救援行动的指挥控制中心，需重视它的建设。设计现场指挥中心有以下基本要求：

（1）可移动性强；

（2）配备有先进的通信工具、监视系统以及事故记录设备；

（3）拥有充足的动力供应；

（4）有事故现场的参考资料；

（5）应处于事故现场的缓冲区，并保证所处位置易于发布指挥命令且不受到事故影响；

（6）必须明确事故现场指挥中心内每个职位角色、责任、义务等，所有的应急任务都应该统一分配，以确保每个应急队员都能清楚地知道谁是他们的直接指挥者以及他们各自具体的应急任务。

（7）现场指挥中心进行模块化设计，能根据事故程度、实际人力、物力、人员能力进行模块的扩大或缩小；

（8）事故现场指挥中心的指挥职位固定，而人员可不固定，以便某些职位人员不能就位时，应立刻指派相应后备人员或替补。

三、建立支持保障中心

1. 支持保障中心的功能

支持保障中心是救援系统的后方力量，提供救援前线所需要的物资、人员及相关工作，保证应急救援行动的正常持续进行，在应急救援系统中有着十分重要的作用。一般地，支持功能主要有以下一些方面。

（1）应急资源的组织和准备。调集采购应急所需的各种物质资源。

（2）警戒与维护现场秩序。防止不知情者进入事故区域，控制事故现场，特别维持区域秩序，避免危害扩大。

（3）处理公共关系。事故发生后，大量相关组织、人员将密切关注或介入到事故的评价和处理之中，正确合理处理公共关系将为取得外界的理解和支持起到重要作用。

（4）医疗救助。事故往往伴随着大量的人员伤亡，提供及时有效的医疗救助是重要的一项支持功能。

2. 支持保障中心组建

支持保障中心成员来自各个不同部门，授受专业培训，一旦发生事故，立刻进入备战状态，等候指挥中心调遣。具体成员设置应根据实际需要确定，可参考的构成为：

（1）物资组织员。确保应急中的充足物资供应，做好应急资源的组织采购。

（2）警戒员。保护事故现场的完整、保证救援行动的顺利开展，实施现场出入管理，负责事故现场交通指挥和疏导，协助现场紧急疏散等。

（3）公共关系管理员。负责在应急中和应急结束后与公众传媒接触，提供并解答有关事故及事故应急的信息和问题等。

（4）安全监测员。评价事故对现场附近人员可能造成的生命威胁和健康影响情况，做好次级事故的监控和预测。

（5）医疗救护员。进行紧急的现场救治，最大程度减少因救助不及时而引起的永久性器官损伤和死亡，及时进行伤员受伤鉴别，及时转送救治。

四、建立信息管理中心

1. 信息管理中心作用

信息收集、整理、传输、发布的及时性以及准确可靠性，能增加施救人员、被救人员、相关人员行动的协同性，从而提高各部门行动的效率。同时，信息是救援决策的依据，知情可以避免行动的盲目，也能消除人们的恐慌。应急系统建立信息管理中心十分必要。

2. 信息管理功能和对象

（1）信息管理中心一般功能有以下几项：查询功能、显示功能、紧急事件处理功能、通话功能、控制功能。

（2）信息管理内容有：信息需求、信息获取、信息加工、信息传递、信息发布等。

（3）应急信息的类型主要有：地理类、物质类、应急类、综合类。

3. 信息管理中心建立条件和注意事项

建立信息管理中心必须具备的基本条件是要有先进的信息管理技术、完善的信息管理设备和专业的信息管理人员。

信息管理的要求是：信息的及时性、有效性和可靠性。

信息管理中心的主要任务是为整个应急救援系统提供一切所需的信息，为了保证应急救援行动的顺利进行，工作必须注意以下几项：

（1）通信及计算机处理系统安全可靠，确保信息数据的安全。

（2）现场要使用的信息的详细难易程度不能过于复杂，否则不利于应急人员开展工作。

（3）信息中心必须建立好可靠的信息来源和渠道，建立良好合作关系，以收集来自各方的信息。

五、建立应急救援系统运作程序

应急救援系统中的组织和职能确立之后，还应建立系统的工作机制，以便在事故发生时系统各中心能快速协同地处理发生的事故，这种工作机制就是系统的运作程序。通常地，流程图的形式能较直观和简洁地描述运作程序，如图5-1所示。

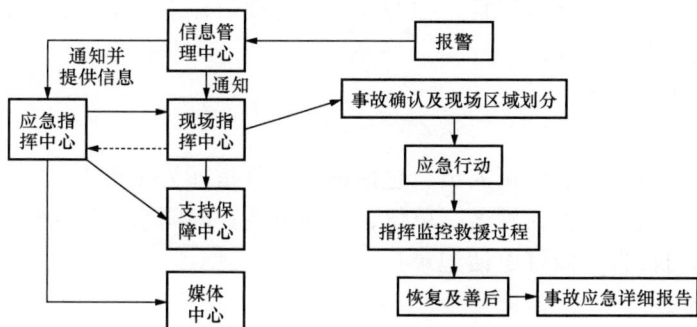

图 5-1 应急救援系统运作程序图

5.2.2 应急组织体系建立实务

一、应急组织体系设计实例

（一）某宾馆火灾事故应急组织体系

（1）宾馆火灾事故应急组织体系。

为提高火灾事故应急救援效率，迅速展开工作，根据应急救援行动的实际要求，成立由宾馆安委会所有成员组成的应急组织体系。应急组织体系分成指挥中心、现场指挥部、灭火救援组、警戒组、设备管理组和疏散维护组。如图 5-2 所示。

（2）应急组织体系机构职责。

1）指挥中心。指挥中心由宾馆安委会主任任总指挥，宾馆主管安全工作的第一责任人任副总指挥，宾馆高级管理人员等为成员。指挥中心在火灾事故应急救援系统启动后成立。

2）现场指挥部。现场指挥部由宾馆主管安全

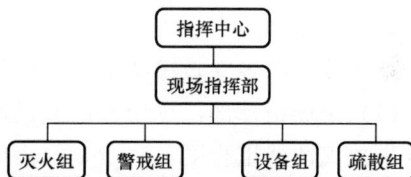

图 5-2 宾馆火灾事故应急组织体系示意图

工作的第一责任人担任组长。负责指挥调度各部门进行营救，并对现场情况作出评估，制定合理的应对措施；可召集相关单位专职安全管理人员组成专家组，负责火灾事故现场的应急救援策划工作，为指挥部出谋划策。

3）灭火救援组。灭火救援组由宾馆安全主任担任组长；负责赶赴现场运用现有消防设施进行灭火或控制火势，等待消防人员进行扑救，并配合医务人员抢救伤员。

4）警戒组。警戒组由保安部经理担任组长；负责封锁现场，对受影响区域进行警戒，确认伤亡数字，尽可能减少对宾馆造成人员伤亡及经济损失。

5）设备管理组。设备管理组由工程部经理担任组长负责确保宾馆内所有的大型机电设备正常运作，切断受火灾影响区域内的电源及燃气，确保整栋宾馆的消防应急用电。

6）疏散维护组。疏散维护组由行政总监担任组长。负责紧急疏散受火灾影响的人群，对宾馆内的客人及员工进行疏导，避免引起恐慌，安抚伤员及其家属的情绪。

（二）某公司爆炸应急程序

1. 报警

（1）发生爆炸时，第一发现人立即找就近的电话，拨打报警电话向消防值班人员说明事故地点、事故类型等事故概况。

（2）通过电话向应急总指挥和副总指挥汇报事故情况。

（3）事故如发生在夜间或节假日，报警人员向行政值班人员报警，由行政值班人员向总指挥及副总指挥报告事故情况。

附应急联系电话一览表。

2．接报

（1）消防值班人员、行政值班人员、总指挥、副总指挥为接报人员。

（2）接报人员应问清报告人姓名、单位、联系电话；问明事故发生时间、地点、事故原因；向上级有关部门报告；做好电话记录。

3．组建救援队伍

（1）应急总指挥或副总指挥接到报警电话后，立即通知应急指挥领导小组所有成员到达事故现场。

（2）应急领导小组各位成员接到通知后，立即组织起本组的工作人员及抢险装备，然后赶往事故现场，向现场总指挥报到，接受任务，了解现场灾害情况，实施统一的救援工作。

4．设立临时指挥部及急救医疗点

（1）各救援队伍进入事故现场后，选择有利地形设立现场指挥部及医疗急救站。

（2）各救援队伍尽可能靠近现场指挥部，随时保持与指挥部的联系。

（3）指挥部、各救援组、医疗组均应设置醒目的标志，悬挂旗帜，方便救援人员和伤员识别。

5．抢险救援

进入现场的各支救援队伍要尽快按照各自的职责和任务开展救援工作。

（1）现场指挥部：尽快开通通讯网络；迅速查明事故原因和危害程度，制定救援方案；根据事故灾情严重程度，决策是否需要外部援助；组织指挥救援行动。

（2）着火源控制。消防人员穿着消防服进行火灾扑救，如果火势过大，就将着火点分割，分片进行扑救。

6．现场警戒

警戒疏散组根据划定的危害区域做好现场警戒，在通往事故现场的干道上实行交通管制。在警戒区的边界设置警示标识，禁止其他人员及车辆靠近。

7．现场医疗急救

（1）医疗救护组在事故初起阶段就应与医院联系，说明事故情况及人员伤亡情况，做好紧急救护的准备。

（2）医疗救护组必须在第一时间对伤员在现场进行急救处理，急救时按先重后轻的原则治疗。

（3）经现场处理后，迅速护送至医院救治。

（4）送医院时作好伤员的交接，防止危重病人多次转院。

（5）触电急救、油气中毒急救、烧伤急救、外伤处理见附件。

8．疏散撤离

（1）事先设立安全区域。

（2）警戒疏散组组织和指挥引导污染区人员撤离事故现场。

二、应急组织体系设计任务

试设计学校火灾应急组织体系。

5.3 应急救援预案的制定

5.3.1 应急救援预案的知识

一、应急救援预案的作用

应急预案的主要目的是保持良好的准备状态，预防可能发生的紧急情况或降低其造成的危害，使人员的伤害及财产的损失降低到最小；二是提供紧急情况中现场、周围社会及相关部门与公众及时有效的联系。主要作用有：①为应急行动的协调和监督提供参考；②把不同类型的应急计划形成文档并提供一些可预见的场景；③明确在紧急情况中现场应急管理人员、行动人员的作用；④为现场制定详细应急计划；⑤提供应急人员培训指南和要求。

二、应急救援预案的类型

（1）特定应急预案。特定应急预案也叫专项计划，专门针对某种特定的紧急情况，如台风、洪水、地震、火灾等制定。

（2）应急行动计划。应急行动计划是描述对紧急情况采取应急行动的计划，应急行动计划是一系列简单行动的过程，通常非常详细地指明每一个人的职责和必须执行的行动。

（3）综合应急预案。综合应急预案全面考虑管理者和应急者的责任和义务，并说明紧急情况应急救援体系的预防、准备、应急、恢复。

（4）详细行动计划。对每一个可能的事故以行动的方式来制定方案。通常采用行动检查表的形式来说明详细行动计划。考虑的重要因素包括：应急行动时个人和组织应完成的规定任务；行动步骤；行动进行及完成告示；对应急人员的保护措施等。

三、应急救援预案的内容

应急救援预案的内容一般有：①组织指挥；②处置原则；③处置程序；④责任分工；⑤目的；⑥报告程序；⑦适用范围；⑧通信与联络；⑨意外的考虑；⑩后勤保障；⑪处置方法；⑫善后。

5.3.2 应急预案制定实务

一、应急预案实例

（一）物业锅炉设备安全事故应急救援预案

为了积极防范锅炉事故的发生，确保安全运行，根据本物业锅炉安全使用的要求及特点，制定本应急救援方案。

1. 险情特征

锅炉产生高温高压的蒸汽，锅炉所用的燃料是煤粉和燃料油，上述物质在设备损坏、操作失控或自然灾害等情况下，存在着爆炸、火灾、蒸汽泄漏等重大事故的潜在危险。

2. 抢险目标

采取必要措施抢救人员和财产，因抢救人员、防止事故扩大以及疏通交通等原因需要移动现场物件时，必须做出标志、拍照、详细书面记录和绘制事故现场图，并妥善保存现场重要痕迹、物证等。

3. 现场处置

（1）事故处理的原则是坚持"保人身、保设备"的原则，稳、准、快地处理所发生的事故，保护好现场，并迅速采取措施抢救人员和财产，严防事故损害的扩大和蔓延。

（2）为保证锅炉事故抢险急救工作有序进行，责任明确，措施到位，必须做到现场指挥及时果断，事故报告及时、准确，处理得当；在抢险急救中，各部门要全力支持，相互配合，服从救援指挥部统一指挥、调遣。

（3）划定戒严区域，禁止任何车辆和无关人员进入；确定疏散区，组织人员撤出。

（4）根据事故对设备造成损害的特点，制定切实可靠的安全措施，确保抢险工作的顺利进行。如是锅炉爆炸事故，应迅速切断锅炉燃料系统、供水系统、与外界连接的蒸汽系统；如是蒸汽管道泄漏，则迅速查明泄漏点，关闭有关的阀门，涉及锅炉负荷调整的，紧急减负荷或停炉；如因燃料系统泄漏引起火灾的，紧急切断锅炉燃料供应系统，启动消防设施灭火。锅炉紧急停炉后，应加强锅炉的通风，防止煤粉或燃油气体的二次爆燃。

（5）组织有关人员对现场设备进行检查，如供电部分，确保事故抢救中的电力供应，特别是夜间抢险的照明用电。

（6）有关信号的规定：①救援信号主要使用电话报警联络；②危险区域边界警戒线为红带；③警戒哨佩戴臂章，救护车鸣灯。

4. 资源保障

（1）人员保障。建立抢险救灾队及消防队。

（2）装备保障。配备专用抢险装备，如车辆、堵漏器材、防护用品等，保证抢险物资的供应。

（3）制度保障。为能在事故发生后，迅速准确、有条不紊地处理事故，尽可能减少事故造成的损失，平时必须做好应急救援的准备工作，具体措施有：

1）建立应急救援组织，本着专业对口、便于领导、便于集结和开展救援的原则，建立组织，落实人员，每年初要根据人员变化进行组织调整，确保救援组织的落实。

2）做好抢险物资器材的准备，如必要的指挥通信、报警、消防、抢修等器材及交通工具。上述各种器材应指定专人保管，并定期检查保养，使其处于良好状态。

3）建立完善各项制度，如防火防爆责任制，明确相关责任人；值班制度，建立24小时值班制度；检查制度，结合安全生产工作，定期排查事故隐患，提高锅炉及其系统的整体安全度；例会制度，每季度召开一次例会，研究应急救援工作，检查应急救援工作落实情况及器具保管情况。

4）有计划地组织抢险演习。检查应急救援方案制定、落实情况。

（二）液化石油气泄漏及爆炸事故应急援预案

为加强物业区域安全管理，保障物业所有人和使用人的生命安全，保护环境，有效控制事故的发生。根据相关法律、法规要求，结合本物业自身实际情况，就可能发生的各类易燃易爆等危险品突发事件（事故），特制定本预案。

1. 指导思想和基本原则

（1）指导思想。体现以人为本，真正将"安全第一，预防为主"方针落到实处。一旦发生各类突发事件（事故），能以最快的速度、最高的效能，有序地实施救援，最大限度地减少人员伤亡和财产损失，把事故危害降到最低点。

（2）基本原则。快速反应、统一指挥、分级负责、层层落实、自救与社会救援相结合。

2. 本预案适用范围

本物业内，原料和能源存储有易燃易爆等危险品，当发生泄漏等产生火灾或爆炸突发性事故，均适用本预案。

3. 本预案危险源

(1) 危险源：液化石油气仓库，有易发生火警、易燃易爆、大面积泄漏危险。

(2) 危险源的性质：液化石油气易燃易爆气体。与空气混合能形成爆炸性混合物，爆炸极限 2.1%～9.7%。气体比空气重约 1.5～2 倍，在空气中扩散较慢，易向低洼处流动。常温下，液体变成气态，体积扩大 250 倍。其膨胀系数为 150～300 倍。

4. 组织领导机构与指挥系统

处置突发事件与抗灾抢险的领导机构与指挥系统实行负责制。

(1) 领导机构。

1) 成立突发事件领导小组，组长由公司法人担任，副组长由公司技术负责人和公司安全员专 (兼) 职消防员担任，成员由公司办公室、财务、工程等部门组成。

2) 如有人员变动，领导小组成员及时进行调整。

3) 领导小组办公室设在公司办公室。

(2) 指挥系统。

凡接到突发事件的报警指令，在最短时间内成立现场指挥部。现场指挥部由以下五部分人员组成：①负责全面工作法人为总指挥；②决定技术措施的技术人员；③抢修队及消防人员；④对外联系、协调人员；⑤后勤保障人员；

5. 报警与预警工作

凡发生突发事件和各类重大 (含) 以上事故，应在发生之后 5 分钟内向领导小组报告，接警后，领导小组成员必须马上赶赴事故现场。

领导小组根据事态大小来确定是否上报相关部门。

报告内容包括突发事件和各类重大 (含) 以上事故发生的时间、地点、原因、性质、影响范围及程度等。

6. 保持通信系统畅通

在突发事件和重大 (含) 以上事故报警起至灾情警报解除前，通讯工具应保持畅通 (包括固定电话和移动电话)。

7. 应急事故抢险工具

(1) 照明器材：备有两只以上防爆电筒或 24 伏以下电源照明灯。

(2) 堵漏器材：防爆工具 (铜质扳手、铜质榔头、木质榔头)、DN50、DN80 金属绕缠垫片、三角木枕、堵漏夹、铅皮、棉布等。

(3) 防护用品：防冻服或雨衣、防毒面罩、长筒雨靴。

8. 加强演练，提高实战能力

为提高事故突发事件处置能力，积累对应急事故抢救的经验，定期组织人员有针对性地进行事故抢险进行演练，使职工掌握处理事故的本领。当出现突发性事件时，能够做到判断险情准确、救施得当、及时排除事故，避免造成更大的灾害。

9. 事故抢险程序

当出现重大液化石油气泄漏、火灾时，请按下列抢险程序：

(1) 急报报警电话 119、110，非本公司人员迅速撤离现场；

(2) 切断除消防水泵外的一切电源，熄灭一切火种；

（3）紧急起动消防水泵，对储罐进行喷淋降温；

（4）设立警戒区，在储灌站围墙外 5km 范围内，禁止各种机动和非机动车辆、行人通行，并在下风方向设立大范围警戒区；

（5）急报当地政府和当地相关职能部门和公司主要领导；

（6）如有漏气未燃，应立即查明原因，采取各种有效措施处理，疏散站内拉气车辆，车辆疏散时所采取的方法必须保证不会由此而引起着火爆炸；

（7）如漏气已燃，应立即查明起火原因，并立即用备用的灭火器材进行扑救，防止储罐内压力因周围温度而急剧升压，产生爆炸，必要时打开储罐泄压阀门进行泄压，将人员和物资疏散到安全地带；

（8）如遇到液化石油气大量泄漏、燃烧、爆炸时，应立即尽一切可能关闭各控制阀门，防止事态扩大；

（9）如储罐经过多方努力，仍将发生爆炸时，应立即将人员和物资疏散到安全地带，以免引起人员伤亡和财产损失；

（10）注意保护好事故现场，便于事故调查。

10. 各种紧急事故处理方法

（1）仓库起火的紧急处理法。

1）立即切断液化石油气气源，关闭总阀，用灭火器和消防水控制火势、进行扑救，对钢瓶进行降温或转移。

2）无关人员立即撤离现场，周围设立警戒线，严密监视火势情况，保护周围建筑和罐区安全，及时向消防部门、公司领导报警。

3）等到安全后，查明事故原因。

（2）液化石油气钢瓶角阀破裂处理方法。

1）停止一切操作，禁止机动车辆启动。

2）把角阀破裂的气瓶，拎到无人的空旷处。

3）准备灭火器材，设置外围警戒，周围禁止使用明火。

4）等到浓度降至爆炸下限安全范围后，迅速报告公司领导。

（3）液化石油气钢瓶起火处理方法。

1）因角阀漏气起火时，用湿布包住手去关闭角阀即可，无法关闭的，则用灭火器扑救，然后迅速将钢瓶拎至空旷处排放，周围 50 米范围严禁烟火；

2）钢瓶破口并引起火灾的用灭火器控制火势，消防水对钢瓶进行降温，并视火情，对周围建筑、设备等进行喷水保护，周围放警戒线，及时向消防部门和公司领导报警。

11. 紧急事故处理人员分工

（1）组织：

队长：公司法人；

副队长：公司保安负责人；

队员：专（兼）消防员、各部门成员。

（2）职责：

队长：负责全面灭火工作的总指挥。

副队长：①负责全面灭火扑救布置工作，并同消防大队联络，制定灭火扑救方案。②负责提供有关扑救需要的资料和数据。

队员：①负责使用 3 号消火栓的消防器材，协助消防队员扑救，听从总指挥的统一调配。②负责消防水泵起动和站内用电，设立外围警戒线，根据现场指挥部指令驱散无关人员。禁止闲杂人员进入充装站，并到马路边等消防及相关救援人员到达现场。③负责报警，根据现场指挥部指令向相关职能部门上报或求救。保持两部外部电话畅通。④队员根据现场指挥部指令提供救援、救护物资，帮助医护人员抢救伤员。

12. 紧急事故处理电话

公　　安：110；

火　　警：119；

医疗急救：120；

队长电话：（略）；

副队长电话：（略）。

二、应急系统实训

以校园物业为对象进行以下训练：

（1）练习建立火灾或地震时，教学楼紧急疏散预案。

（2）依据预案进行模拟演练。

5.4　现场救护技术

5.4.1　现场救护技术

一、主要任务

熟悉或掌握现代救护理念和现场急救技术，可以增强急救安全意识和自救互救的能力，面对意外伤害、灾害事故、职业危害或常见急症等发生时，能熟练运用现场急救常识组织开展现场救护和自救互救工作。

现场急救处理的主要任务是抢救生命、减少伤员痛苦、减少和预防加重伤情和并发症，正确而迅速地把伤病员转送到医院。

二、实施步骤

发生意外时，最重要的是冷静。慌乱、手足无措是无法施行有效、正确的急救措施的。在实施急救之前，首先要观察伤者的状况，做出正确的方案，才能有效急救将伤害降至最低点。

第一步，观察伤者的生命迹象。如呼吸、脉搏、意识是否清楚，确定急救措施。

第二步，如伤者或患者出现下列六种情况应立即呼叫救护车，送往医院：①意识不清，长时间痉挛。②没有呼吸或呼吸短浅及没有脉搏，呼吸困难。③大量出血。④严重的头痛，胸痛或腹痛。⑤严重的呕吐或腹泻。⑥休克。

第三步，注意以下要点：①若非必须，尽量不要移动伤病员。②如果伤者有呕吐物现象，在判明无颈椎骨折现象后，将其头部侧向一侧，以防呕吐物堵塞气管。③检视伤处时动作轻缓。④不给伤者任何食物。⑤了解家人健康状况，如是痼疾发作，可根据医生指导实施急救。

第四步，实施现场急救。①立即进行心肺复苏。②立即止血。③包扎和固定。④转运至医院。

三、心肺复苏救护技术

心肺复苏是当呼吸及心跳停止时，合并使用人工呼吸及心外按摩来进行急救的一种技术。

心肺复苏适用于由急性心肌梗塞、脑中风、严重创伤、电击伤、溺水、挤压伤、踩踏伤、中毒等多种原因引起的呼吸、心跳骤停的伤病员。目的是防止突然、意外的死亡，而不是延长已无意义的生命，适用于各种原因所引起的循环或呼吸骤停。

对于心跳呼吸骤停的伤病员，心肺复苏成功与否的关键是时间。现场及时开展有效的抢救非常重要，抢救生命的黄金时间是 4 分钟。在心跳呼吸骤停后 4 分钟之内开始正确的心肺复苏，生存希望最大。

心肺复苏实施步骤：

（1）轻拍患者肩膀或按压人中，检查伤患有无意识，须注意病患有无颈椎受伤，不可剧烈摇晃病患。

（2）大声呼救。如确定患者意识不清，应立即求救；求救时指示必需明确，例如：请帮我叫 120。

（3）迅速放好体位。使患者就地仰卧在坚实的平面上，如患者俯面，则必须将患者的头、肩、躯干作为一个整体同时翻转而不使其扭曲，对颈部受伤者须特别注意托颈翻转。施救者跪于患者肩部位置，与患者肩部垂直。

（4）打开病患口腔，检查呼吸道中有无异物。

（5）将患者头部偏向一侧，清除其口腔及呼吸道中的异物，如口香糖、假牙等。

（6）压额抬颚法，保持呼吸道畅通，防止舌头因重力下垂阻塞气道。

（7）脸颊靠近病人口鼻，眼睛注视病人胸部，观察 3～5 秒。

（8）如无呼吸，打开患者口腔，并将患者鼻子捏着，以免从口部吹气时，由鼻腔漏气。

（9）密罩患者口部，深吹两口气，每次吹气约 1.5～2 秒，须注意患者胸部有无起伏，并等病人第一口气完全排出后再吹第二口。

（10）食指及中指先摸到喉结处，再向外滑至同侧气管与颈部肌肉所形成的沟中，按压观察颈动脉 5～10 秒。如有脉搏，继续反复施行人工呼吸，直到患者恢复自然呼吸为止，成人每分钟约 12～16 次，小孩约 15～20 次。

（11）如无脉搏，准备实施胸外心脏按摩术。

（12）沿肋骨下缘向上滑找到剑突头端起向上两指幅处，以另一只手之掌根放至按摩位置，注意不可按压剑突。

（13）两手交叉互扣，指尖翘起，避免接触肋骨。

（14）施救者两臂伸直，与患者身体呈垂直，肩膀在胸骨正上方，迅速下压 4～5 厘米（1.5～2 寸）。按压应平稳而有规律地进行，不能间断，下压及向上放松的时间大致相等，按压至最低点处应有明显停顿，用力应垂直向下不能左右摆动，放松时定位的手掌部不要移动位置，但应尽量放松，使胸骨不受任何压力。

（15）心脏按摩施行速率，成人每分钟约 80～100 次，年幼患者速率应加快，婴幼儿患者每分钟约 100～120 次。

（16）对于幼童应酌情施压，1～8 岁左右患者，可改用单掌施压；一岁以下患者，可改用两指施压，使用中指及无名指，按摩位置为乳头连线中点下一指，人工呼吸改用口对口鼻；人工呼吸：心脏按摩＝1：5。

（17）单人施救人工呼吸：心脏按摩＝2：15，双人施救人工呼吸：心脏按摩＝1：5。

（18）在做完四个循环后，吹完两口气，需检查脉搏3～5秒；若无脉搏则继续心脏按摩，以后每四次循环或3～5分钟检查一次。

（19）若有脉搏则检查呼吸3～5秒，若有呼吸则将病人置于复苏姿势，以避免呕吐物吸入气管造成吸入性肺炎，若无呼吸则继续实施人工呼吸。

心肺复苏急救过程是一个重要的阶段，其目的是通过上述步骤连续循环动作，可以从外部来支持心跳、呼吸停止的患者的血液循环和呼吸，以对患者的脑、心和其他重要脏器供氧，从而为进一步生命救生的成功创造必不可少的条件。

四、急救包扎技术

包扎术是救护及家庭医疗救护中的基本技术之一，它可直接影响伤病员的生命安全和健康恢复。常用的包扎材料有三角巾和绷带，也可以用其他材料代替。

1. 三角巾包扎法

（1）头部包扎：将三角巾的底边折叠两层约二指宽，放于前额齐眉以上，顶角拉向后颅部，三角巾的两底角经两耳上方，拉向枕后，先作一个半结，压紧顶角，将顶角塞进结里，然后再将左右底角到前额打结。

（2）面部包扎：在三角巾顶处打一结，套于下颌部，底边拉向枕部，上提两底角，拉紧并交叉压住底边，再绕至前额打结。包完后在眼、口、鼻处剪开小孔。

（3）胸背部包扎：取燕尾巾两条，底角打结相连，将连接置于一侧腋下的季肋部，另外两个燕尾底边角围绕胸背部在对侧打结。然后将胸背燕尾的左右两角分别拉向两肩部打结。

（4）膝关节包扎：三角巾顶角向上盖在膝关节上，底边反折向后拉，左右交叉后再向前拉到关节上方，压住顶角结。

（5）手、足包扎：手（足）心向下放在三角巾上，手指（足趾）指向三角巾顶角，两底角拉向手（足）背，左右交叉压住顶角绕手腕（踝部）打结。

2. 绷带包扎

（1）环形包扎法：在肢体某一部位环绕数周，每一周重叠盖住前一周。常用于手、腕、足、颈、额等处以及在包扎的开始和末端固定时用。

（2）螺旋包扎法：包扎时，作单纯螺旋上升，每一周压盖前一周的1/2，多用于肢体和躯干等处。

（3）8字形包扎法：本法是一圈向上、一圈向下的包扎，每周在正面和前一周相交，并压盖前一周的1/2。多用于肘、膝、踝、肩、髋等关节处。

3. 包扎时应注意

（1）动作要迅速准确，不能加重伤员的疼痛、出血和污染伤口。

（2）包扎不宜太紧，以免影响血液循环；包扎太松会使敷料脱落或移动。

（3）最好用消毒的敷料覆盖伤口，紧包时也可用清洁的布片。

（4）包扎四肢时，指（趾）最好暴露在外面，以便观察。

（5）应用三角巾包扎时，边要固定，角要拉紧，中心伸展，包扎要贴实，打结要牢固。

五、止血技术

急性大出血过多，将可能危及生命。因此，对外出血的伤员，尤其是大动脉的出血，必须立即止血；对疑有内脏或颅内出血的伤员，应尽快送医院处理。这里主要介绍外出血的几种止血方法。

（1）绷带加压包扎法。用数层无菌敷料覆盖创口，再用绷带加压包扎，以压住出血的血管而达到止血效果，同时抬高伤肢。它适用于小动脉、小静脉和毛细血管出血的止血。

（2）指压法。在动脉行走中最容易被压住的部位称为压迫点。指压法的要领是在出血部位的上方，在相应的压迫点上用拇指或其余四指把该动脉管压迫在邻近的骨面上，以阻断血液的来源而达到止血的效果。这是动脉出血时的一种临时止血法，所加压力必须持续到可以结扎血管或用止血钳夹住血管为止。常用的压迫止血法有以下几种。

1）颞浅动脉压迫止血法：一只手扶住伤员的头并将其固定，用另一只手的拇指在耳屏前上方一指宽处摸到搏动后，将该动脉压迫在颞骨上。它适用于同侧前额部或源部出血的止血。

2）肱动脉压迫止血法：将伤臂稍外展、外旋，在肱二头肌内缘中点处摸到搏动后，用拇指或示、中、环三指将该动脉压迫在肱骨上。它适用于前臂及手部出血的止血。

3）指动脉压迫止血法：手指出血时，用健侧手的拇、食两指压迫患指两侧指根部，并抬高患肢。

4）股动脉压迫止血法：伤员仰卧，患腿稍外展、外旋。在腹股沟中点稍下方摸到搏动后，用双手拇指重叠（或掌根）把该动脉压迫在耻骨上。它适用于大腿和小腿出血的止血。

5）胜前、胜后动脉压迫止血法：在踝关节背侧，于胫骨远端摸到搏动后，把该动脉压迫在股骨上；在内踝后方，将胫后动脉压迫在腿骨上。它适用于足部出血的止血。

5.4.2 救护实务

一、救护实例

时 间 就 是 生 命

情景：一位业主在物业区域内活动时，不幸触电昏倒在地，心搏停止，呼吸也同时停止，小区物业管理员刚好看到，情况紧急，时间就是生命，于是立即开展了心肺复苏救护。他的救护过程如下。

轻轻摇动病人肩部，高声喊叫："喂，你怎么样?"

见无反应，立即用手指掐人中穴约5秒。

向周围呼叫："来人哪! 救命啊!"

同时打120呼救电话。

因病人面部向下，他一手托颈部，一手扶肩部，将病人整体翻转至仰卧位。

一手置于病人前额使头部后仰，一手置于病人下颌处抬起下颌，仰头举颌疏通气道。

用耳贴近病人口鼻，听无呼吸声音。

用一只手捏闭病人的鼻孔深吸一口气，贴紧病人的嘴，用力吹气。

吹完后立即与病人口部脱离，放松手捏，吸入空气，进行第二次吹气。

用食指先触及气管中部，然后向旁边滑动2~3厘米，触摸颈动脉，未触及搏动。

进行按压部位定位。

一手掌根放在按压区，另一手掌根放在手背上，使手指脱离胸壁，双手交叉，双臂绷直，垂直向下按压，以肩、臂力量向下，每分80次，平稳、不间断按压。每按压15次配合以人工吹气 2 次。

经过 15 分钟救护，病人恢复自主呼吸及脉搏搏动，眼球有活动，手足抽动，并呻吟，面色、口唇由苍白、青紫变红润色。

二、救护实训

以心肺复苏模拟人为对象进行以下救护训练：

（1）练习确认心搏呼吸骤停；

（2）练习人工呼吸；

（3）练习心脏按压。

模块 6 物业安全设备及管理

6.1 模 块 导 入

6.1.1 物业安全设备概述

安全防范是社会公共安全的一部分，安全防范行业是社会公共安全行业的一个分支。就防范手段而言，安全防范包括人力防范、实体（物）防范和技术防范三个范畴。其中人力防范和实体防范是古已有之的传统防范手段，它们是安全防范的基础，随着科学技术的不断进步，这些传统的防范手段也不断融入新科技的内容。技术防范的概念是在近代科学技术（最初是电子报警技术）用于安全防范领域并逐渐形成的一种独立防范手段的过程中所产生的一种新的防范概念。由于现代科学技术的不断发展和普及应用，"技术防范"的概念也越来越普及，越来越为警察执法部门和社会公众所认可和接受，以致成为使用频率很高的一个新词汇，技术防范的内容也随着科学技术的进步而不断更新。在科学技术迅猛发展的当今时代，可以说几乎所有的高新技术都将或迟或早的移植、应用于安全防范工作中。因此，"技术防范"在安全防范技术中的地位和作用将越来越重要，它已经带来了安全防范的一次新的革命。

技术防范，依靠的是防范设备。在现代物业中，安防系统是物业的重要组成部分之一，并且已成为物业安全管理的重要技术手段，特别在智能化建筑中，具有较高的自动化技术水平的安防系统不但减少了保安人员数量、降低了保安人员的工作强度，还大大提高了物业的安全性，因此越来越多的物业开始装备起安防系统设备。

物业安防系统能将每个住户单元的防盗、防灾报警装置通过网络系统与小区管理中心的监控计算机连接起来，通过不间断监控，实现最大程度的危险监控。安防系统一般包括：门禁系统、红外门磁报警、火灾报警、煤气泄漏报警、紧急求助、闭路电视监控、周边防越报警、对讲防盗门系统等。

（1）门禁系统：在住户入室门的门框上边中央位置安装一对门磁，住户可用钥匙正常打开大门，如果发生非法撬门，门禁系统会发出报警信号，并通过家庭防盗主机将信号传至小区物业管理中心，告诉值班人员是哪一栋、哪一户发生、哪种类型报警，值班人员即可调度保安人员及时到现场处理。

（2）红外门磁报警：在容易入侵的大门（或窗户）的位置安装红外线探测器（或玻璃破碎探测器）、门磁开关报警器，当可疑者撬门（开门）或破窗想进入室内时，监控器进入工作状态并发出声光报警信号，同时通过监控网络系统在监控主机上显示出所报警的楼宇、单元、楼层、住户的具体位置及户主的基本信息等。

（3）火灾自动报警：在住宅楼梯间、电梯前室及居室客厅等处设置智能型烟感探测器，智能型的烟感探测器与小区管理中心的防盗、防灾监控网络系统相连。当火警发生时，声光警报启动，通知住户和小区管理中心迅速采取措施，以确保住户的生命财产安全。

（4）可燃气泄漏报警：在厨房和浴室安装煤气泄漏报警器，当有煤气泄漏时，触发报警并自动关闭管道阀门，启动声光警报，同时传送到小区管理中心，通知住户和小区管理中心迅速采取措施，以确保住户的生命财产安全。

（5）紧急呼救系统：在住宅客厅、卧室等处设置紧急呼救按钮，当家中有紧急事情发生如生重病、有盗贼闯入，需要求助时，只要急按呼救按钮，管理中心收到信号就可以立即派人赶赴现场使住户得到及时的救助。

（6）闭路电视监控：在小区的出入口、主干通道、停车场、围墙边等重要场所安装监控摄像机，将监测区的情况以图像方式实时传送到管理中心。值班人员通过电视墙可以随时了解这些重要场所的情况并存储录像。

（7）周边防越报警：在小区围墙上设置红外线对射报警系统，构筑起小区第一道保护屏障。当有人非法越墙时，即报警，并触发周边摄像机跟踪摄像及录像。

（8）对讲防盗门系统：小区每个单元楼梯口安装楼宇安全门对讲系统，每户都设置可控制楼宇安全门的对讲机，来访客人可以通过对讲系统实现与被访住户对话，保安人员可以直接与住户对讲，确认来访者身份后，来访者方可进入小区。在高级住宅楼区，采用可视化楼宇安全门对讲系统。

6.1.2　物业安全设备管理的必要性

物业安全设备在物业安全管理中，承担着各种安全防范的作用，一旦发生故障或人为损毁，必将使物业区域某些安保工作处于空白状态，若有危险入侵，会有可能造成业主人身或财产的伤害。

物业安全设备系统往往组成复杂，安装隐蔽，需要对设施设备进行定期的维修养护管理，发现安防设施设备损坏、存在使用故障等情况的，应及时采取相应措施予以修复，以确保各项安防设施、设备正常投入使用，构筑多层次、立体式安全防控体系，努力提高物业的安防技防能力。

6.1.3　物业安全设备管理主要学习内容和学习目标

一、物业安全设备学习内容

（1）出入口控制系统组成及使用。

（2）防盗报警系统组成及使用。

（3）闭路电视监控系统组成及使用。

（4）火灾自动报警系统。

（5）电气安全管理。

二、学习目标

（1）本模块知识学习目标。

• 出入口控制系统设备知识

• 防盗报警系统设备知识

• 闭路电视监控系统设备知识

• 火灾自动报警系统设备知识

（2）本模块能力目标。

• 会使用出入口控制系统实施安全管理

• 会防盗报警系统实施安全管理

• 会闭路电视监控系统实施安全管理

• 会应用火灾自动报警系统实施安全管理

6.2　出入口控制系统

6.2.1　出入口控制系统简介

出入口控制就是对建筑内外正常的出入通道进行管理。该系统可以控制人员的出入，还能控制人员在楼内及其相关区域的行动。传统的出入口管理方法是由警卫保安人员对出入者进行登记验证后才放行，这种方法速度慢、费人力且人数统计难，而出入口控制系统采用个人识别卡方式，对进出门的人员进行识别、选择和记录，进行门禁控制，为物业提供安全保障。

出入口控制系统也称为门禁控制系统，其具有以下优点：

（1）系统将所有的活动都可以用打印机或计算机记录下来，为管理人员提供系统所有运转的详细记载，以备事后分析。

（2）使用这样的系统，很少的人在控制中心就可以控制整个大楼内外所有的出入口，节省了人员，提高了效率，也提高了保安效果。

（3）可以通过计算机方便地设置限制性条件或操作控制门的开闭时间。

（4）如果遗失，可以进行挂失、注销，任何已被注销的编码卡都会被拒绝出入。

总之，采用出入口控制可以为防止罪犯从正常的通道侵入提供有效保障。

6.2.2　出入口控制系统的组成和原理

出入口控制系统一般由计算机、控制器、读卡机、电子门锁、识别卡等设备组成，系统结构图 6-1 所示。

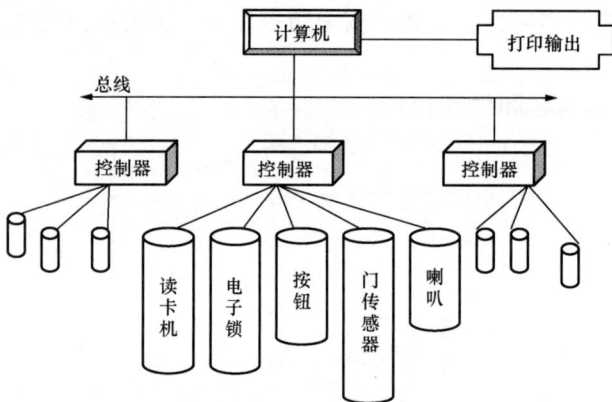

图 6-1　出入口控制系统结构图

整个系统包括 3 个层次的设备，底层是直接与人员打交道的设备，有读卡机、电子门锁、出口按钮、报警传感器和报警喇叭等。它们用来接受人员输入的信息，再转换成电信号送到控制器中，同时根据来自控制器的信号完成开锁、闭锁等工作。控制器接收底层设备发来的有关人员的信息，同自己存储的信息相比较以作出判断，然后再发出处理的信息。单个控制器就可以组成一个简单的门禁系统，用来管理一个或几个门。多个控制器通过通信网络同计算机连接起来就组成了整个建筑的门禁系统。计算机装有门禁系统的管理软件，它管理着系统中所有的控制器，向它们发送控制命令，对它们进行设置，接受其发来的信息，完成系统中所有信息的分析与处理。

6.2.3　主要设备

1. 识别卡

记载持有人的数据信息，进行出入身份识别的卡片。通常分为接触式和非接触式两种，接触式卡片使用时需将卡插入读卡机内，读卡机才能读出卡中的数据。而使用非接触式识别卡时报，卡无需与读卡机接触，相隔一定距离，就能读出卡中的数据。

随着识别技术的发展，卡片材料的不断更新，识别卡也出现了较多类型，常见的有：

　　（1）磁码卡。就是我们常说的磁卡，它是把磁性物质贴在塑料卡片上制成的。磁卡可以容易地改写，使用户随时可更改密码，应用方便。其缺点是易被消磁、磨损。磁卡价格便宜，是目前使用较普遍的产品。

　　（2）条码卡。在塑料片上印上黑白相间的条纹组成条码，就像商品上贴的条码一样。这种卡片在出入口系统中已渐渐被淘汰，因为它可以用复印机等设备轻易复制。

　　（3）红外线卡。用特殊的方式在卡片上设定密码，用红外线光线读卡机阅读。这种卡易被复制，也容易破损。

　　（4）铁码卡。这种卡片中间用特殊的细金属线排列编码，采用金属磁扰的原理制成。卡片如果遭到破坏，卡内的金属线排列就遭到破坏，所以很难复制。读卡机不用磁的方式阅读卡片，卡片内的特殊金属丝也不会被磁化，所以它可以有效地防磁、防水、防尘，可以长期使用在恶劣环境下，是目前安全性较高的一种卡片。

　　（5）感应式卡。卡片采用电子回路及感应线圈，利用读卡机本身产生的特殊震荡频率，当卡片进入读卡机能量范围时产生共振，感应电流使电子回路发射信号到读卡机，经读卡机将接受的信号转换成卡片资料，送到控制器对比。接近式感应卡不用在刷卡槽上刷卡，比较迅速方便。由于卡是由感应式电子电路做成，所以不易被仿制。同时它具有防水功能且不用换电池，是非常理想的卡片。

　　2．读卡机

　　读卡机是对进出安防区域的人员进行识别的主要装置，是在出入口控制系统中广泛使用的关键前端设备。有感应式读卡机、划拉式读卡机、插入式读卡机等，随着识别技术的发展，具有生物特征识别能力的装置也得到了更多的应用，如以下几类。

　　（1）指纹机。利用每个人的指纹差别做对比辨识，是比较复杂且安全性很高的门禁系统。它可以配合密码机或刷卡机使用。

　　（2）掌纹机。利用人的掌型和掌纹特性做图形对比，类似于指纹机。

　　（3）视网膜辨识机。利用光学摄像对比，比较每个人的视网膜血管分布的差异，其技术相当复杂。正常人和死亡后的视网膜差异也能检测出来，所以它的保安性能极高。这种系统也有两点顾虑：一是睡眠不足导致视网膜充血、糖尿病引起的视网膜病变或视网膜脱落时，将无法对比；再者摄像光源对眼睛会有不同程度的伤害。

　　（4）声音辨识。利用每个人声音的差异以及所说的指令内容不同而加以比较。但由于声音可以被模仿，而且使用者如果感冒会引起声音变化，其安全性受到影响。

　　3．控制器

　　由一台微机和相应的外围控制电路组成。

　　4．电子门锁

　　通常分为三种：电阴锁、电磁锁和电插锁。电阴锁通常为通电开门，电磁锁和电插锁通电锁门。

　　5．计算机

　　计算机是出入控制系统的控制中心，通过通信网络计算机对门禁系统所有设备和数据进行管理。包括设备注册、级别设定、时间设定、数据管理、通信等。

6.2.4　出入口控制系统的操作

　　通过出入口控制系统实现的操作有以下几种。

（1）设定卡片权限。进出口控制系统可以设定每个读卡机的位置，指定可以接受哪些通行卡的使用，编制每张卡的权限，即每张卡可进入哪道门，何时进入，需不需要密码。系统可跟踪任何一张卡，并在读卡机上读到该卡时就发出报警信号。

（2）设定每个电动锁的开启时间。

（3）能实时收到所有读卡的记录。当读卡进入后，而不读卡出门时（在双向读卡情况下），当再使用该卡读卡进入时，软件将视为警报，并备有记录。

（4）通过设置磁簧开关检测门的状况。在读卡机读到卡后，电动锁将开启，则开锁为正常，如门在设定时间内没有关上，则系统会发出警报信号。在读卡机没有读到卡的情况下或没有接到开门键信号，磁簧开关检测到门被打开的信号则会发出报警信号。

（5）当接到消防报警信号时，系统能自动开启电动锁，保障人员疏散。

6.2.5　出入口控制系统的计算机管理

出入口控制系统最终将由系统计算机来完成所有的管理工作，如何来完成由计算机内的管理软件来决定。一般市场上出售的出入口控制系统本身带有计算机管理软件，成套商也可以根据用户要求，按照控制器提供的接口协议自行编制。出入口控制系统的管理软件通常包括如下几个部分。

（1）系统管理。这部分软件的功能是对系统所有的设备和数据进行管理，有以下几项内容：

1）设备注册。比如在增加控制器或是卡片时，需要重新登记，以使其有效；在减少控制器或是卡片遗失、人员变动时使其失效。

2）级别设定。在已注册的卡片中，设定哪些可以通过那些门，哪些不可以通过。某个控制器可以让哪些卡片通过，不允许哪些通过。对于计算机的操作要设定密码，以控制哪些人可以操作。

3）时间管理。可以设定某些控制器在什么时间可以或不可以允许持卡人通过；哪些卡片在什么时间可以或不可以通过哪些门等。

4）数据库的管理。对系统所记录的数据进行转存、备份、存档和读取等处理。

（2）事件记录。系统正常运行时，对各种出入事件、异常事件及其处理方式进行记录，保存在数据库中，以备日后查询。

（3）报表生成。能够根据要求定时或随机地生成各种报表。比如，可以查找某个人在某段时间内所有的出入情况，某个门在某段时间内都有谁进出等，生成报表，并可以用打印机打印出来。

（4）网间通信。系统不是作为一个单一的系统存在，它要向其他系统传送信息。比如在有非法闯入时，要向电视监视系统发出信息，使摄像机能监视该处情况，并进行录像。所以要有系统之间通信的支持。

管理系统除了完成所要求的功能外，还应有漂亮、直观的人机界面，使人员便于操作。

6.3　防 盗 报 警 系 统

6.3.1　防盗报警系统的构成

防盗报警系统是用物理方法或电子技术，自动探测发生在布防监测区域内的侵入行为，产生报警信号，并提示值班人员发生报警的区域部位，显示可能采取对策的系统。防盗报警系统是预防抢劫、盗窃等意外事件的重要设施。防盗报警系统与出入口控制系统、闭路电视监控系统等一起构成了物业安全防范系统。

防盗报警系统通常由探测器（又称报警器）、传输通道和报警控制器三部分构成。

（1）报警探测器。由传感器和信号处理器组成，用来探测入侵者入侵行为的装置，是防盗报警系统的关键。报警探测器种类有：开关报警器、玻璃破碎报警器、周界报警器、声控报警器、微波报警器、超声波报警器、红外线报警器、双鉴报警器等。

（2）传输通道。是将探测器所感应到的入侵信息传送至监控中心的信息传输通道。分为有线信道和无线信道。有线信道通过双绞线、电话线、同轴电缆、光纤等向控制器传输；无线信道通过无线发射、接收机接收、解调还原方式传输信号。

（3）报警控制器。负责监视从各种保护区域送来的探测信息，并经终端设备处理后，以声、光形式报警或在报警屏显示、打印的报警控制装置。

6.3.2　报警系统工作原理

一、报警系统结构和工作机制

由系统图可看出一般防盗报警系统主要由前端探测器继电器、报警控制中心系统以及传输信道 3 个部分组成。各种探测器及输出继电器是系统的底层或前端，它们主要负责探测人员的非法入侵，向报警控制主机发出报警信号，同时还可以通过报警主机的继电器联动功能，控制灯光的开关和其他各种设备等。系统的顶层或终端是报警控制中心，由报警控制主机及报警管理软件组成。发生异常情况时，报警控制主机收到探测信号完成处理，同时输出警报信息，进行报警。

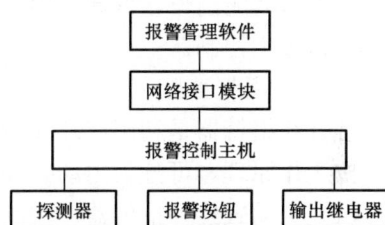

图 6-2　报警系统结构图

二、各种探测器工作原理

1. 开关报警器

开关报警器是一种可以把防范现场传感器的位置或工作状态的变化转换为控制电路通断的变化，并以此来触发报警电路的报警器。由于这类报警器的传感器工作状态类似于电路开关，因此称为"开关报警器"。开关报警器一般包括磁控开关型、微动开关型、压力开关型。

（1）磁控开关由带金属触点的两个簧片封装在充有惰性气体的玻璃管（也称干簧管）和一块磁铁组成。使用时，一般把磁铁安装在被防范物体（如门、窗）的活动位，把干簧管装在固定部位（如门框、窗框）。磁铁与干簧管的位置需保持适当距离，以保证门、窗关闭时干簧管触点闭合，门窗打开时干簧管触点断开，控制器产生断路报警信号。

（2）微动开关是一种依靠外部机械力的推动实现电路通断的电路开关。在使用微动开关作为开关报警传感器时，需要将它固定在被保护物之下。一旦被保护物品被意外移动或抬起时，按钮弹出，控制电路发生通断变化，引起报警装置发出报警信号。

（3）压力开关型，压力垫作为开关报警器的一种传感器。压力垫由两条长条型金属带平行相对应地分别固定在地毯背面，两条金属带之间有绝缘材料支撑，使两条金属带相互隔离。当入侵者踏上地毯时，两条金属带就接触上，相当于开关点闭合，将发送报警信号。

2. 玻璃破碎报警器

玻璃破碎报警器一般是粘附在玻璃上，利用振动传感器（开关触点形式）在玻璃破碎时产生的 2kHz 特殊频率，感应出报警信号。

3. 周界报警器

周界报警器的传感器可以固定安装在围墙或栅栏上及地层下，当入侵者接近或超过周界时产生报警信号，有以下几种类型。

（1）泄漏电缆传感器。这种传感器是同轴电缆结构，但屏蔽层处留有空隙。当电缆传输电场时就会向周围泄漏电场。把平行安装的两根泄漏电缆分别接到高频信号发生器和接收器上就组成了泄漏电缆报警器。当将泄漏电缆埋入地下后，有入侵者进入探测区时，使空间电磁场的分布状态发生变化，而引起接收机收到的电磁能量产生变化，此能量的变化就作为报警信号触发报警器工作。

（2）光纤传感器。随着光纤技术的发展，传输损耗不断降低，传输距离不断加长。可以把光纤固定在长距离的围栏上，当入侵者跨越光纤时压迫光缆，使光纤中的光传输模式发生变化，探测出入侵者的侵入，报警器发出报警信号。

4. 声控报警器

声控报警器用微音器做传感器，用来监测入侵者在防范区域内走动或作案活动时发出的声响（如启、闭门窗，拆卸、搬运物品及撬锁时的声响），并将此声响转换为电信号经传输线送入报警主控制器。

5. 红外线报警器

红外线报警器是利用红外线能量的辐射及接收技术对进入防范区内目标进行监测的报警器。按工作原理，可分为主动式和被动式两种类型。

（1）主动式红外报警器。主动式红外报警器是由收、发装置两部分组成。红外发射装置向红外接收装置发射一束红外光束，此光束如被遮挡时，接收装置就发出报警信号。

（2）被动式红外报警器。被动式红外报警器不向空间辐射任何形式的能量，而是采用热释电探测器作为红外探测器件，探测监视活动目标在防范区引起的红外辐射能量的变化，从而启动报警装置。

6. 微波报警器

微波报警器是利用超高频的无线电波来进行探测的。探测器发出无线电波，同时接受反射波，当有物体在探测区域移动时，反射波的频率与发射波的频率有差异，两者频率差称为多普勒频率。探测器就是根据多普勒频率来判定探测区域中是否有物体移动的。

7. 双鉴报警器

双鉴报警器是人们利用互补的探测技术和方法，进行混合报警的探测器，即把两种不同探测原理的探头组合起来进行联合探测报警，能大大降低误报率。

6.3.3　报警控制器的主要功能

（1）布防与撤防。在正常工作时，工作人员频繁出入探测器所在区域，报警控制器即使接到探测器发来的报警信号也不能发出报警，这时就需要撤防。下班后，需要布防，如果再有探测器的报警信号进来，就要报警了。报警控制器一般都带有键盘来完成上述设定。

（2）布防后的延时。如果布防时，操作人员正好在探测区域之内，那么布防就不能马上生效，这需要报警控制器能够延时一段时间，等操作人员离开后再生效。这是报警控制器的延时功能。

（3）防破坏。如果有人对线路和设备进行破坏，报警控制器也应当发出报警。常见的破坏是线路短路或断路。报警控制器在连接探测器的线路上加上一定的电流,如果断线,则线路上的电流为零;有短路则电流大大超过正常值。这两种情况中任何一种发生,都会引起控制器报警,从而达到防止破坏的目的。

(4)微机连网功能。目前许多报警控制器不带微机连网功能,作为智能保安的设备,需要有通信连网功能,这样才能把本区域的报警信号送到控制中心,由控制中心的计算机来进行数据分析处理,提高系统的自动化程度。

6.3.4　防盗报警系统的布防模式

根据防范场所、防范对象及防范要求的不同,现场布防可分为周界防护、空间防护和复合防护三种模式。

(1)周界防护模式。采用各种探测报警手段对整个防范场所的周界进行封锁,如对大型建筑物,采用室外周界布防,选用主动红外、遮挡式微波、电缆泄漏式微波等报警器。

对大型建筑物也可采用室内周界布防,使用探测器封锁出入口、门、窗等可能受到入侵的部位。对于面积不大的门窗可以用磁控开关,对于大型玻璃门窗可采用玻璃破碎报警器。

(2)空间防护模式。空间防护时的探测器所防范的范围是一个特定的空间。当探测到防范空间内有入侵者的侵入时就发出报警信号。在室内封锁主入口及入侵者可能活动的部位,对于小房间仅用一个探测器。若较大的空间需要采用几个探测器交叉布防,以减少探测盲区。

(3)复合防护模式。它是在防范区域采用不同类型的探测器进行布防,使用多种探测器或对重点部位作综合性警戒,当防范区内有入侵者的进入或活动,就会引起两个以上的探测器陆续报警。例如,对重点厅堂的复合防护可在窗外设周界报警器门窗安装磁控开关,通道出入口设有压力垫,室内设双技术报警器,构成一个立体防范区。

复合防护有如下特点:当在防范区有入侵者进入或活动时,就会使临近的探测器先后报警,这样在控制台上即可显示到入侵的地点,也可显示入侵者的路径及行踪。

在防范区多种探测器先后产生报警信号时,它们互相之间起到报警复合作用,提高了报警系统的可靠性和安全性。

6.4　闭路电视监控系统

6.4.1　闭路电视监控系统简介

闭路电视监控系统(又称CCTV)是物业安防系统中的重要子系统,系统通过遥控摄像机及其辅助设备(镜头、云台等),直接观察或记录被监视场所的情况,在人无法值守的场合,能适时、真实地反映现场的图像画面,获取现场信息,因此被广泛应用于现代化管理工作中。在物业安全管理中安装和使用该系统,能大大提高物业整体安全防范能力。

电视监控系统的规模可根据监视范围的大小,监视目标的多少来确定,监视系统的大小一般由摄像机的数量来划分。

(1)小型电视监控系统。一般摄像机数量<10个。

(2)中型电视监控系统。一般摄像机数量在10~100个范围内。监控系统可根据管理需要设置若干级管理的控制键盘及相应的监视器。

(3)大型电视监控系统。一般摄像机数量>100个,它是将中型监控系统联网组合而成的，系统设总控制器和分控制器进行监控管理。

6.4.2　闭路电视监控系统的组成

电视监视系统依功能可以分为：摄像、传输、控制和显示与记录四个部分。

（1）摄像部分。摄像部分包括摄像机、镜头、防护罩、支架和电动云台等，是安装在现场的装置，它的任务是对被摄体进行摄像并将其转换成电信号。其中，摄像机的类型有以下几种。

1）按性能分：普通摄像机、暗光摄像机、微光摄像机、红外摄像机。

2）按功能分：视频报警摄像机、广角摄像机、针孔振摄像机。

3）按使用环境分：室内摄像机、室外摄像机。

（2）传输部分。传输部分一般包括线缆、调制与解调设备、线路驱动设备等，它的任务是把现场摄像机发出的电信号传送到控制中心。传输电缆的类型有以下两种。

1）同轴电缆：用于传输短距离的视频信号。

2）光缆：常用于长距离传输视频及控制信号。

（3）显示与记录部分。它包含的主要设备是监视器和录像机。主要任务是把从现场传来的电信号转换成图像在监视设备上显示出来，或者在有必要时用录像机记录下来。

1）显示终端（监视器）：由前端摄像机传送到终端的视频信号由监视器再现为图像。

2）录像机：通过磁头与涂有强磁性材料的磁带之间的作用，把视频和音频信号用磁信息方式记录在磁带上。

（4）控制部分。负责所有设备的控制和图像信号的处理。如电动变焦镜头的控制、云台的控制、切换设备的控制、分区控制功能、分组同步切换、任意切换等。控制设备主要有以下几种。

1）视频切换器：具有画面切换输出、固定画面输出等功能。

2）多画面分割控制器：具有顺序切换、画中画、多画面输出显示回放影像，互联的摄像机报警显示，点触式暂停画面，报警记录回放，时间、日期、标题显示等功能。

3）矩阵切换系统。

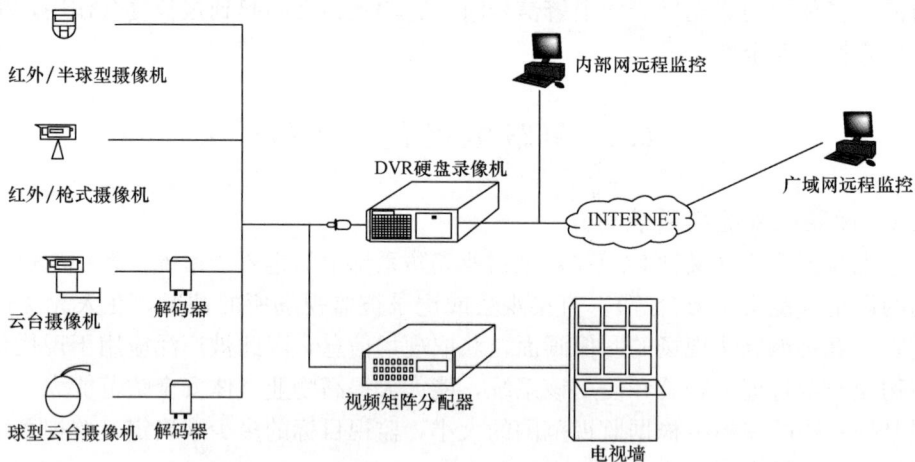

图 6-3　监控系统原理图

6.4.3　闭路电视监控系统设备及使用

（1）摄像机、镜头。

使用中应注意以下要点：

1）操作云台旋转时，不能将摄像停留在逆光摄像处；

2）电压过低，会增加图像杂波，引起彩色失真；

3）遇有风沙，或是空气过于混浊，室外系统清晰度必然下降；

4）摄像机上的灰尘或水蒸气，应用软布轻轻擦拭；

5）摄像机镜头上的灰尘，应使用镜头清洁剂、橡皮吹子、鹿皮等专用物品进行清理，切忌擦镜片。

（2）云台、支架。

云台、摄像机、防护罩、射灯等都要由支架承担着重量。因此，安装不牢固可能会出现支架活动现象，在监视器上表现为图像的大幅度闪过或跳动（脉冲干扰亦如此），值机人员发现此情况应及时报知有关人员修复。

注意发现云台的噪声、云台转动的不平稳和刹车回程，这些在图像上表现为跳动，应及时报知有关人员修复。

（3）解码器的作用是将操作人员的指令、变换成电信号控制前端设备动作。遇有丢码现象就及时报知有关人员修复。

（4）防护罩是保护摄像机的，有室内、室外之分。其功能为：保护摄像机免受冲击、碰撞，自动温度调节、除尘、防潮、雨刷等。防护罩是密封结构不准私自拆卸。

（5）传输线路的检查与维护。使用者要经常检查电缆接头是否接触良好，特别是一座楼的最高层和最底层，电缆接头最易损坏，如氧化变质等。视频电缆的损坏或变质会造成图像的模糊不清甚至罗图像。控制电缆的故障，则导致受控设备反应不灵敏甚至完全失控。老鼠经常出没的地方，线路也容易遭到破坏，如天花板内的走线就应经常检查。

（6）监视器有彩色与黑白之分。又各自分为专用监视器、监视/接收两用机和由电视机改成的监视器。在由几台或多台监视器组成的电视监控系统中，作为主要监视用的监视器，叫主监视器，它是屏幕较大、清晰度较高的监视器，可以监视任意摄像机摄取的图像或进行时序显示。时序显示的时间、顺序均可人为设定。

（7）视频分配器是将一路视频输入信号分成多路同样的视频输出信号的装置。目前实际应用的视频分配器一般不止一路输入，而是多路输入和多路输出，其输入和输出路数用 $m \times n$ 表示。例如，1×4 表示一路输入，四路输出；2×8 则表示两路输入，每一路输入对应有 8 路输出，如此等等。

（8）控制键盘是人机对话的窗口，值班人员通过键盘向前端设备发出指令：如控制前端摄像机的开启与关闭、云台的转动以及对视频信号的遥控和切换等。

以上叙述了单体形式设备的功能和使用，事实上电视监控系统的终端设备种类繁多，功能各异，有的小型控制设备只控制云台及镜头；稍大一点的控制设备是将各单体设备作成功能板置于同一机壳内，构成控制矩阵；而大型电视监控系统，特别是一个集入侵、防火、电视监控、通信联络等于一体的系统，一般要用多功能控制台或大型矩阵控制器。采用微机控制的报警、监控系统近几年发展很快，通过微处理器、电源板、视频输入板、视频输出板等可完成综合控制台或大型控制器的全部功能。

微机控制系统主要功能操作如下（键盘式）。

1）视频切换：通过键盘输入摄像机编号和监视器编号，就可在监视器上显示该摄像机的图像。

2）对摄像机、镜头、云台的控制。通过键盘输入摄像机编号，再按控制镜头的变焦距等键即可在监视器上观察该摄像机摄取的图像；通过键盘还可控制该摄像机云台的上、下、左、右动作。

3）预置观察位置。可对每台摄像机预置几个画面方位、焦距等。需要时只要按动预置键即可显示出预置画面。

4）视频信号的时序显示。可编排现场图像在监视器上显示的时间（0～59秒）和顺序。

5）报警联动。通过键盘将某些摄像机预置为报警状态。如遇报警、摄像、灯光等将立即打开，现场图像立即在监视器上显示，录像机也开始进行录像。

6）辅助开关功能。送入摄像机编号，再操作相应的按键，即可完成该摄像机电源开关、雨刷、除霜等动作。

7）字符显示。在监视器出现图像的同时，也将摄像机编号、摄像机位置编号、时间等同时显示出来。

8）报警状态的优先显示。无论值班人员监视哪一路摄像机的图像，一旦报警发生将自动切换到报警区摄像机的现场图像。

6.5　火 灾 自 动 报 警 系 统

6.5.1　火灾自动报警系统及原理

火灾自动报警系统是人们为了便于早期探测、早期报警，及早发现火灾，而设置在建筑物中或其他场所的一种自动消防设施。统计表明，凡是安装了火灾自动报警系统的场所，发生火灾时一般都能及早报警，及早扑救，酿成重大火灾的可能性就会减小。

火灾自动报警系统的运作原理是，在火灾初期，系统将探测到的火场燃烧产生的烟雾、热量和光辐射等物理量变化，转变成电信号，传输到控制装置，通过控制装置进行处理后，发出火灾报警信号，达到自动报警功能。

具体工作过程为：火灾探测器通过对火灾发出燃烧气体、烟雾粒子、温升和火焰的探测，将探测到的火情信号转化为火警电信号。火灾报警控制器接收到火警电信号，经确认后，一方面发出预警、火警声光报警信号，同时显示并记录火警地址和时间，告诉消防控制室（中心）的值班人员；另一方面将火警电信号传送至各楼层所设置的火灾显示盘，火灾显示盘经信号处理，发出预警和火警声光报警信号，并显示火警发生的地址，通知楼层值班人员立即查看火情并采取相应的扑灭措施。

6.5.2　火灾自动报警系统的组成

火灾自动报警系统是由触发器件、火灾报警装置、火灾警报装置以及具有其他辅助功能的装置组成。

（1）触发器件。

在火灾自动报警系统中，自动或手动产生火灾报警信号的器件称为触发件，主要包括火灾探测器和手动火灾报警按钮。火灾探测器是能对火灾参数（如烟、温度、火焰辐射、气体浓度等）响应，并自动产生火灾报警信号的器件。按响应火灾参数的不同，火灾探测器分成感温火灾探测器、感烟火灾探测器、感光火灾探测器、可燃气体探测器和复合火灾探测器五种基本类型。不同类型的火灾探测器适用于不同类型的火灾和不同的场所。手动火灾报警按钮是手动方式产生火灾报警信号、启动火灾自动报警系统的器件，也是火灾自动报警系统中不可缺少的组成部分之一。

（2）火灾报警装置。

在火灾自动报警系统中，用以接收、显示和传递火灾报警信号，并能发出控制信号和具有其他辅助功能的控制指示设备称为火灾报警装置。火灾报警控制器就是其中最基本的一种。火灾报警控制器担负着为火灾探测器提供稳定的工作电源；监视探测器及系统自身的工作状态；接收、转换、处理火灾探测器输出的报警信号；进行声光报警；指示报警的具体部位及时间；同时执行相应辅助控制等诸多任务。它是火灾报警系统中的核心组成部分。

在火灾报警装置中，还有一些如中断器、区域显示器、火灾显示盘等功能不完整的报警装置，它们可视为火灾报警控制器的演变或补充。在特定条件下应用，与火灾报警控制器同属火灾报警装置。

火灾报警控制器的基本功能主要有：主电、备电自动转换，备用电源充电功能，电源故障监测功能，电源工作状态指标功能，为探测器回路供电功能，控测器或系统故障声光报警，火灾声、光报警、火灾报警记忆功能，时钟单元功能，火灾报警优先报故障功能，报警消音及再次声响报警功能。

（3）火灾警报装置。

在火灾自动报警系统中，用以发出区别于环境声、光的火灾警报信号的装置称为火灾警报装置。它以声、光音响方式向报警区域发出火灾警报信号，以警示人们采取安全疏散、灭火救灾措施。

（4）消防控制设备。

在火灾自动报警系统中，当接收到火灾报警后，能自动或手动启动相关消防设备并显示其状态的设备，称为消防控制设备。主要包括火灾报警控制器，自动灭火系统的控制装置，室内消火栓系统的控制装置，防烟排烟系统及空调通风系统的控制装置，常开防火门，防火卷帘的控制装置，电梯回降控制装置，以及火灾应急广播、火灾警报装置、消防通信设备、火灾应急照明与疏散指示标志的控制装置等控制装置中的部分或全部。消防控制设备一般设置在消防控制中心，以便于实行集中统一控制。也有的消防控制设备设置在被控消防设备所在现场，但其动作信号则必须返回消防控制室，实行集中与分散相结合的控制方式。

（5）电源。

火灾自动报警系统属于消防用电设备，其主电源应当采用消防电源，备用电采用蓄电池。系统电源除为火灾报警控制器供电外，还为与系统相关的消防控制设备等供电。

6.5.3 火灾自动报警系统的检查与维护

1. 检查内容和方法

火灾自动报警系统投入运行后，应进行定期检查和试验，以确保系统正常和可靠性。检查内容和方法有：

（1）系统外观检查。

1）查系统线路连接是否完好，有无松动、断裂、损毁。

2）查探测器是否有损坏。

3）查报警控制器的各种旋钮、开关、插件等外形和结构是否完好。

（2）系统的功能、性能检查。

1）通过火灾报警控制器上的手动检查装置，检查报警控制器的各项功能是否正常，包括火警、各类故障监控功能、消音功能等是否正常。

2）切断交流电源，观察备用电源自动投入工作情况，各项功能是否正常。

3）观察各电压表、电流表的指示值是否正常。

4）所有指示灯、开关、按钮应无损坏及接触不良情况。

（3）试验性检查。

进行探测器的实效模拟试验，按说明书的要求，用专用加烟、加热试验器（无专用工具的可采用电热吹风等器具）分期分批试验探测器的动作是否正常，指示灯显示是否清晰。发现有故障的应及时更换。

试验火灾警报装置的声、光显示是否正常。

拧下任何一个火灾探测器时，报警控制器上应有故障显示，检查报警控制器输出的灭火控制接点动作情况。

2. 系统的维护

（1）对系统应有专人负责管理、操作和维护，无关人员不得随意触动。

（2）系统的操作维护人员应由经过专门培训并经消防监督机构组织考试合格的人员担任。值班人员应熟悉掌握本系统的工作原理及操作规程，清楚地了解本单位报警区域和探测区域的划分和火灾自动报警系统的报警部位号。

（3）使用单位必须具备下列文件资料：系统竣工图；设备技术资料和使用说明书；调试开通报告、竣工报告、竣工验收情况表；操作使用规程；值班员职责书；记录和维护图表。

（4）使用单位应建立系统的技术档案，将上述所列的文件资料及其他有关资料归档保存。其中试验记录表至少应保存 5 年。

（5）火灾自动报警系统应保持连续正常运行，不得随意中断。一旦中断，必须及时向本单位领导和有关管理部门报告，并通报当地公安消防。

（6）为了保证火灾自动报警系统的连续正常运行和可靠性，使用单位应根据本单位的具体情况制定出具体的定期检查试验程序并依据程序对系统进行定期的检查试验。在任何试验中，都要做好准备和安排，以防发生不应有的损失。

（7）感温、感烟探测器投入运行一年后，每隔 3 年必须由专门清洗单位全部清洗一遍，清洗后应作必要的功能试验，试验不合格的一律报废，且更换。

（8）为确保火灾自动报警系统的完好，工作正常，系统应由消防监督机构认可的维修单位进行维护，运行中如发现设备运行不正常，应及时检修并做记录。

6.5.4　火灾报警控制器的操作

（1）火灾报警控制器的显示。

1）显示控制器的电源参数。如过压保护、欠压保护、交直流工作显示、时间显示等。

2）显示报警系统的故障总灯。主要对火灾报警控制器与外接设备连接线路故障和控制器内部故障以光信号报警。

3）显示报警系统的火警总灯。当有火灾发生的情况下，以光信号报警。

4）火灾报警控制器声响报警。一般分为两种：在火灾报警情况下控制器发出连续的变调声响；在故障状态情况下控制器发出断续的声响。

5）时间显示。在设备运行时可记录火警和故障报警的日期和时间。在正常情况下，显示当前时间。

6）部位显示。正常状态时，没有显示。火灾报警时，显示火灾发生地点火灾探测器的部位号或编号；火灾探测器故障时，显示探测器发生故障地点的部位号或编号。

（2）火灾报警控制器的按键操作。

1）启动键。用来启动各种接口模块。

2）复位键。将火灾报警控制器当前状态下各种报警信息（包括火警和故障）清除，使控制器回到初始工作状态。

3）自检键。检查火灾报警控制器本身性能是否处于正常工作状态，诸如：控制器各报警回路能否正常工作；控制器操作面板上的各种指示灯是否正常等。

4）消声键。对控制器的火警声和故障报警声作暂时的消除处理。当其他未报警部位的火灾探测器动作时，控制器会再次发出火灾报警信号。

模块 7 物业其他安全管理

7.1 电气安全管理

7.1.1 物业电气安全

电在日常生产和生活中越来越广泛地被使用，它可直接作为动力开动各种机械；也可转换为热能；还可用于家庭生活的方方面面。由于电气设备和用电部门的迅速增加，安全用电管理的工作没有跟上，以致各类电气事故也大量增加。我国目前平均每人的用电量不到发达国家的 1/10，而触电死亡事故却是他们的数十倍。各种安全隐患中，查出的问题和隐患很多都是电气方面的。特别是触电事故往往造成严重后果，威胁到物业管理人员及物业使用人员的安全。因此，电气安全工作显得越来越重要，物业管理人员必须加强电气安全管理，防止电气事故的发生。

7.1.2 物业电气安全管理

一、物业电力线路的安全检查

电力线路是电力系统的重要组成部分，担负着输送电能的重要任务。但目前在部分物业中，往往对电力线路的安全检查和运行维护重视不够，导致个别区段的电力线路的安全性降低，增大了发生电气事故的可能性。因此，加强电力线路的安全检查是非常必要的。

（1）架空线路的安全检查。

对物业区域架空线路，一般要求每月进行一次安全检查。如遇大风大雨及发生故障等特殊情况时，还需临时增加安全检查次数。架空线路的安全检查应重点检查以下项目：

1）电线杆有无倾斜、变形、腐朽、损坏及基础下沉等现象。

2）沿线路的地面是否堆放有易燃易爆和强腐蚀性物质。

3）沿线路周围，有无危险建筑物。应尽可能保证在雷雨季节和大风季节里，这些建筑物不致对线路造成损坏。

4）线路上有无树枝、风筝等杂物悬挂。

5）拉线和板桩是否完好，绑托线是否紧固可靠。

6）导线的接头是否接触良好，有无过热发红、严重老化、腐蚀或断脱现象；绝缘子有无污损和放电现象。

7）避雷接地装置是否良好，接地线有无锈断情况。在雷雨季节到来之前，应重点检查。

（2）电缆线路的安全检查。

电缆线路一般是敷设在地下的，要做好电缆的安全运行与检查工作，就必须全面了解电缆的敷设方式、结构布置、走线方向及电缆头位置等。对电缆线路一般要求每季度进行一次安全检查，并应经常监视其负荷大小和发热情况。如遇大雨、洪水等特殊情况及发生故障时，还需临时增加安全检查的次数。电缆线路的安全检查应重点检查以下项目：

1）电缆终端及瓷套管有无破损及放电痕迹。对填充电缆胶（油）的电缆终端头，还应检查有无漏油溢胶现象。

2) 对明敷的电缆,应检查电缆外表有无锈蚀、损伤,沿线挂钩或支架有无脱落,线路上及附近有无堆放易燃易爆及强腐蚀性物质。

3) 对暗设及埋地的电缆,应检查沿线的盖板和其他覆盖物是否完好,有无挖掘痕迹,路线标是否完整。

4) 电缆沟内有无积水或渗水现象,是否堆有杂物及易燃易爆物品。

5) 线路上各种接地是否良好,有无松动、断股和锈蚀现象。

(3) 配电线路的安全检查。

要搞好配电线路的安全检查工作,也必须全面了解配电线路的布线情况、结构形式、导线型号规格及配电箱和开关的位置等,并了解负荷的大小及变电室的情况。对配电线路,有专门的维护电工时,一般要求每周进行一次安全检查,其检查项目如下:

1) 检查导线的发热情况。

2) 检查线路的负荷情况。

3) 检查配电箱、分线盒、开关、熔断器、母线槽及接地接零装置等的运行情况,着重检查母线接头有无氧化、过热变色和腐蚀等情况,接线有无松脱、放电和烧毛的现象,螺栓是否紧固。

4) 检查线路上及线路周围有无影响线路安全运行的异常情况。绝对禁止在绝缘导线上悬挂物体,禁止在线路旁堆放易燃易爆物品。

5) 对敷设在潮湿、有腐蚀性物体的场所的线路,要定期对绝缘进行检查,绝缘电阻一般不得低于 $0.5M\Omega$。

二、变电室的运行及其管理

做好变电室的运行管理工作,是实现安全、可靠、经济、合理供电的重要保证。因此,变电室必须备有与现场实际情况相符合的运行规章制度,交由值班人员学习并严格遵守执行,以确保安全生产。

1. 运行制度

(1) 交接班制度。

交接班工作必须严肃、认真进行。交接班人员应严格按规定履行交接班手续,具体内容和要求如下。

1) 交班人员应详细填写各项记录,并做好环境卫生工作;遇有操作或工作任务时,应主动为下班做好准备工作。

2) 交班人员应将下列情况做详尽介绍:①所管辖的设备运行方式,变更修饰情况,设备缺陷,事故处理,上级通知及其他有关事项;②工具仪表、备品备件、钥匙等是否齐全完整。

3) 接班人员应认真听取交接内容,核对模拟图板和现场运行方式是否相符。交接完毕,双方应在交接班记录簿上签名。

4) 交接班时,应尽量避免倒闸操作和许可工作。在交接中发生事故或异常运行情况时,须立即停止交接,原则上应由交班人员负责处理,接班人员应主动协助处理。当事故处理告一段落时,再继续办理交接班手续。

5) 若遇接班者有醉酒或精神失常情况时,交班人员应拒绝交接,并迅速报告上级领导,做出适当安排。

（2）巡回检查制度。

为了掌握、监视设备运行状况，及时发现异常和缺陷，对变电室内运行及备用设备，应进行定期和特殊巡视制度，并在实践中不断加以修订改进。有人值班的变电室每小时巡视一次，无人值班的变电室每四小时至少巡视一次，特殊巡视按需要进行。

巡视项目包括：

1）注油设备油面是否适当，油色是否清晰，有无渗漏。

2）瓷绝缘子有无破碎和放电现象。

3）各连接点有无过热现象。

4）变压器及旋转电机的声音、温度是否正常。

5）变压器的冷却装置运行是否正常。

6）电容器有无异声及外壳是否有变形膨胀等现象。

7）电力电缆终端盒有无渗漏油现象。

8）各种信号指示是否正常，二次回路的断路器、隔离开关位置是否正确。

9）继电保护及自动装置压板位置是否正确。

10）仪表指示是否正常，指针有无弯曲、卡涩现象；电度表有无停走或倒走现象。

11）直流母线电压及浮充电流是否适当。

12）蓄电池的液面是否适当，极板颜色是否正常，有无生盐、弯曲、断裂、泡胀及局部短路现象。

13）设备缺陷有无发展变化。

特殊巡视项目包括：

1）大风来临前，检查周围杂物，防止杂物落在设备上；大风时，注意室外软导线风偏后相间及对地距离是否过小。

2）雷电后，检查瓷绝缘有无放电痕迹，避雷器、避雷针是否放电，雷电计数器是否动作。

3）在雾、雨、雪等气象时，应注意观察瓷绝缘放电情况。

4）重负荷时，检查触头、接头有无过热现象。

5）发生异常运行情况时，查看电压、电流及继电保护动作情况。

6）夜间熄灯巡视，检查瓷绝缘有无放电闪络现象、连接点处有无过热发红现象。

巡视时应遵守的安全规定：

1）巡视高压配电装置一般应两人一起进行，经考试合格并由单位领导批准的人员允许单独巡视高压设备。巡视配电装置、进出高压室时，必须随手把门关好。

2）巡视高压设备时，不得移开或越过遮栏，并不准进行任何操作；若有必要移动遮栏时，必须有监护人在场，并保持下列安全距离：10kV 及以下 0.7m；35kV1m。

3）高压设备的导电部分发生接地故障时，在室内不得接近故障点 4m 以内，在室外不得接近故障点 8m 以内。进入上述范围的人员必须穿绝缘靴，接触设备的外壳和构架时，应戴绝缘手套。

（3）设备缺陷管理制度。

保证设备经常处于良好的技术状态是确保安全运行的重要环节之一。为了全面掌握设备的健康状况，应在发现设备缺陷时，尽快加以消除，努力做到防患于未然。同时，也是为安排设备的检修及实验等工作计划提供依据，必须认真执行以下设备缺陷管理制度。

1）凡是已投入运行或备用的各个电压等级的电气设备，包括电气一次回路及二次回路设备、防雷装置、通信设备、配电装置构架及房屋建筑，均属设备缺陷管理范围。

2）按对供、用电安全的威胁程度，缺陷可分为Ⅰ、Ⅱ、Ⅲ三类：Ⅰ类缺陷是紧急缺陷，它是指可能发生人身伤亡、大面积停电、设备损坏或造成有政治影响的停电事故者，这种缺陷性质严重、情况危急，必须立即处理；Ⅱ类缺陷是重大缺陷，它是指设备尚可继续运行，但情况严重，已影响设备出力，不能满足系统正常运行之需要，或短期内会发生事故，威胁安全运行者；Ⅲ类缺陷为一般缺陷，它性质一般、情况轻微，暂时不危及安全运行，可列入计划进行处理者。

发现缺陷后，应认真分析产生缺陷的原因，并根据其性质和情况予以处理。发现紧急缺陷后，应立即设法停电进行处理。同时，要向本单位电气负责人和供电局调度汇报。发现重大缺陷后，应向电气负责人汇报，尽可能及时处理；如不能立即处理，务必在一星期内安排计划进行处理。发现一般缺陷后，不论其是否影响安全，均应积极处理。对存在困难无法自行处理的缺陷，应向电气负责人汇报，将其纳入计划检修中予以消除。任何缺陷发现和消除后都应及时、正确地记入缺陷记录簿中。缺陷记录的主要内容应包括：设备名称和编号、缺陷主要情况、缺陷分类归属、发现者姓名和日期、处理方案、处理结果、处理者姓名和日期等。电气负责人应定期（每季度或半年）召集有关人员开会，对设备缺陷产生的原因、发展的规律、最佳处理方法及预防措施等进行分析和研究，以不断提高运行管理水平。

（4）变电室的定期试验切换制度。

为了保证设备的完好性和备用设备在必要时能真正的起到备用作用，必须对备用设备以及直流电源、事故照明、消防设施、备用电源切换装置等，进行定期试验和定期切换使用。

各部门应针对自己的设备情况，制定定期试验切换的项目、要求和周期，并明确执行者和监护人，经领导批准后实施。

对运行设备影响较大的切换试验，应做好事故预想和制订安全对策，并及时将试验切换结果记入专用的记录簿中。

（5）运行分析制度。

实践证明，运行分析制度的制定和执行，对提高运行管理水平和安全供、用电起着十分重要的作用。因此，各单位要根据各自的具体情况不断予以修正和完善。

每月或每季度定期召开运行工作分析会议。

运行分析的内容应包括：设备缺陷的原因分析及防范措施；电气主设备和辅助设备所发生的事故（或故障）的原因分析；提出针对性的反事故措施；总结发生缺陷和处理缺陷的先进方法；分析运行方式的安全性、可靠性、灵活性、经济性和合理性；分析继电保护装置动作的灵敏性、准确性和可靠性。

每次运行分析均应做好详细记录备查。

整改措施应限期逐项落实完成。

（6）场地环境管理制度。

要坚持文明生产，定期清扫、整理，经常保持场地环境的清洁卫生和整齐美观。

消防设施应固定安放在便于取用的位置。

设备操作通道和巡视走道上必须随时保证畅通无阻，严禁堆放杂物。

控制室、开关室、电容器室、蓄电池室等房屋建筑应定期进行维修,达到"四防一通"(防火、防雨雪、防汛、防小动物的侵入及保持通风良好)的要求。

电缆沟盖板应完整无缺;电缆沟内应无积水。

室外要经常清除杂草,设备区内严禁栽培高杆或爬藤植物,如因绿化需要则以灌木为宜,而且应经常修剪。

机动车辆必须经电气负责人批准后方可驶入变电区域内。进行作业前落实好安全措施,作业中应始终与设备有电部分保持足够的安全距离,并设专人监护。

2. 技术管理

技术管理是变电室管理的一个重要方面。通过技术管理可使运行人员有章可循,并便于积累资料和运行事故分析,有利于提高运行人员的技术管理水平,保证设备安全运行。技术管理应做好以下几项工作。

(1) 收集和建立设备档案。

1) 原始资料,如变电所设计书(包括电气和土建设施)、设计产品说明书、验收记录、起动方案和存在的问题。

2) 一、二次接线及专业资料(包括展开图、屏面布置图、接线图、继电保护装置整定书等)。

3) 设备台账(包括设备规范和性能等)。

4) 设备检修报告、试验报告、继电保护检验报告。

5) 绝缘油简化试验报告、色谱分析报告。

6) 负荷资料。

7) 设备缺陷记录及分析资料。

8) 安全记录(包括事故和异常情况记载)。

9) 运行分析记录。

10) 运行工作计划及月报。

11) 设备定期评级资料。

(2) 应建立和保存的规程。应保存颁布的《电力安全工作规程》、《变压器运行规程》、《电缆运行规程》、《电气设备交接试验规程》、《变电运行规程》和本所的事故处理规程。

(3) 应具备的技术图纸。有防雷保护图、接地装置图、土建图、铁件加工图和设备绝缘监督图。

(4) 应挂示的图表。挂示一次系统模拟图、主变压器接头及运行位置图、变电所巡视检查路线图、设备定级及缺陷揭示表、继电保护定值表、变电所季度工作计划表、有权签发工作票人员名单表、设备分工管理表和清洁工作区域划分图。

(5) 应有记录簿。应有值班工作日记簿、值班操作记录簿、工作票登记簿、设备缺陷记录簿、电气试验现场记录簿、继电保护工作记录簿、断路器动作记录簿、蓄电池维护记录簿、蓄电池测量记录簿、雷电活动记录簿、上级文件登记及上级指示记录簿、事故及异常情况记录簿、安全情况记录簿和外来人员出入登记簿。

3. 电气设备交接试验与验收

对于新建的变电所或新安装和大修后的电气设备,都要按规定进行交接试验,用户单位要与试验部门办理交接验收手续。交接验收的项目有:竣工的工程是否符合设计;工程质量是否符合规定要求；调整试验项目及其结果是否符合电气设备交接试验标准；各项技术资料是否齐全等。

对电气设备进行交接试验，是检验新安装或大修后电气设备性能是否符合有关技术标准的规定，判定新安装的电气设备在运输和安装施工的过程中是否遭受绝缘损伤或其性能是否发生变化，或者判定设备大修后其修理部位的质量是否符合要求。至于正在运行中的电气设备，则按规定周期进行例行的试验，即预防性试验。通过预防性试验可以及时发现电气设备内部隐藏的缺陷，配合检修加以消除，以避免设备绝缘在运行中损坏，造成停电甚至发生严重烧坏设备的事故。

在电气交接试验中，对一次高压设备主要是进行绝缘试验（如绝缘电阻、泄漏电流、绝缘介质的介质损耗正切值和油中气体色谱分析等试验）和特性试验（如变压器的直流电阻、变比、连接组别以及断路器的接触电阻、分合闸时间和速度特性等试验）；对二次回路主要是对继电保护装置、自动装置及仪表进行试验和绝缘电阻测试。

7.2　物业公共设施设备安全管理

7.2.1　物业公共设施存在的安全隐患

1. 公共设施和共用设备

公共设施和共用设备是指为该物业的公共利益或公共服务而在该物业所属地块范围内装设的供所有业主享用的各种设备、装置、器械、场所等，如包括大堂及通道、电梯、扶手梯、楼梯间、人行道、行车道、梯台、绿化区、休憩地方、各监控室、电表房、锅炉房、电闸控制房、泵房、给排水管道、消防及保安设备控制房、水箱、升降机房、发电机房、空调机房及游泳池、健身房等。

物业公共设施和设备对于丰富物业的使用功能必不可少，然而这些设施设备若缺乏维护管理、缺少警示标志、经常"带病工作"或一旦出现故障，将会给使用人带来很大安全财产损失。

2. 公共设施和共用设备安全事故案例

由于缺乏管理，一些小区公共设施"咬人"事件不断频频上演。这些"有人建、无人管"的公共设施，由于常年缺乏维护和管理，在一定程度上存在安全隐患。如发生过因水道井盖被挪开，儿童玩耍不慎落入的事故；因维修路面物业公司拉绳子当提示，一名业主路过被绊倒，胳膊骨折的事故；因健身器材转盘底部坏了，老年人跌倒磕破嘴的事故等。以下是几则由物业公共设施和共用设备引起的安全事故案例。

案例一　8 岁男孩命丧小区摇椅秋千❶

2008 年，郑州市某小区内，一名 8 岁男童小辉在坐摇椅秋千时不慎坠落，头部卡在地面和摇椅中间，被摇椅秋千夺走了生命。在小辉死亡的前一个星期，该小区内另有一名女童被这个秋千卡住，造成大腿骨折。

我国《物业管理条例》第五十六条规定，物业存在安全隐患，危及公共利益及他人合法

---

❶　来源辽宁法制日报。

权益时，责任人应当及时维修养护。健身器材属于小区公共设施的范围，而对小区公共设施物业负有主要的管理义务，因物业管理公司管理不善而产生致人损害结果的，应由小区物业承担起事故的损害赔偿责任。

案例二　女童攀登草坪护栏受伤害

2001年8月某天，一名11岁女童在小区内与同学一起打网球，在攀登草坪边的钢筋护栏，准备到楼上一层平台上打网球的时候，该女童不慎倒在了护栏的尖头上而受伤。

2002年10月，受伤女童将小区物业公司告上法庭，要求物业公司赔偿医疗费、营养费、父母护理误工费、精神损失费等共计26万余元。

法院经现场勘察和审理后认为，除了儿童及其监护人的责任外，物业公司安装的该钢筋护栏70余厘米高，且留有10余厘米的尖头，其目的虽是为了保护栏内草坪，但应考虑却没有考虑到居民特别是孩子的安全，埋下了安全隐患，对原告所受伤害应负一定责任，从而判决：物业公司给付原告经济损失10000元。

案例三　男孩被水泥雕塑砸伤致死案❶

2003年7月某日，一男孩由其爷爷带领，在某物业公司管理范围内的草坪上玩耍时，设置在草坪上的水泥鹿雕塑倒塌，将其砸伤致死。该男孩亲属诉至法院，要求物业公司承担未尽到管理职责的赔偿责任。

法院经审理认为，被告作为草坪的管理人，负有管理设施、保证设施安全的义务，而被告却未尽到管理职责，设置的水泥鹿雕塑仅以腿内一根钢筋固定，存在明显的安全隐患，水泥鹿雕塑倒塌导致男孩被砸伤致死，物业公司应对孩子的死亡承担民事责任；该男孩是未成年人，其爷爷作为当时的监护人，未尽到充分的安全注意义务，也有一定责任。据此，法院一审判决物业公司向男孩的父母赔偿死亡补偿费等共计8万余元。

3. 公共设施和共用设备安全隐患的内容和特点

上述案例中，物业管理企业对管辖区域的公共设施和设备具有维护的责任，并具有保障使用人安全的义务，因管理不善造成业主人身财产损害的将不得不承担相应责任。

（1）物业管理公共设施和共用设备中存在的安全隐患主要有：

1）电梯系统运行故障；

2）给水排水设备故障；

3）燃气输送系统故障；

4）供配电设备故障；

5）健身设施和游乐设施破损；

6）水景、假山、雕塑缺少警示防护措施；

7）井盖挪移偷盗；

8）用玻璃幕、面砖、大理石等装饰的外墙破损坠落；

9）空调室外机、花架、晒衣架、防盗窗等室外悬挂物破损坠落；

10）玻璃大门、旋转门伤人；

---

❶　来源陕西物业管理信息网。

11）房屋装潢过程中业主破坏房屋承重结构造成房屋倒塌等。

（2）物业管理公共设施和共用设备安全隐患的一般特点：

1）具有极大的偶然性和突发性；

2）发生原因的复杂性和发展变化的多样性；

3）可能造成极大的危害性；

4）可以采取科学的手段降低损失和危害。

4. 物业管理公共设施和共用设备安全隐患防治

物业区域内设施设备安全隐患主要是由于使用不当、操作不当、设施设备年久失修、设施设备老化或设施设备故障等原因造成。

防治安全隐患，应从以下方面入手：

1）物业服务企业应对物业管理区域内的公共设施设备的运行情况进行全面的安全性能检查，发现问题及时解决，严禁带"病"运行。如定期检查排水管道、设施是否完好，水箱、水池是否加盖或加门并上锁，暗井、暗沟和污水处理池盖板是否完好。

2）物业服务企业应当对公共区域安全防范的重点部位设置警示牌，可能引发人身伤亡事故的部位或场所要设置警示牌，明确禁止行为。如水景、亲水平台标明水深；儿童娱乐设施、健身设备注明使用方法；假山、雕塑等注明禁止攀爬；玻璃大门贴上醒目的防撞条；供电供气管线、设备贴有危险标志。

3）物业服务企业应当提醒业主尽量别在晒衣架、空调室外机架和阳台扶手等部位摆放花盆、吊挂杂物等。

4）物业服务企业应当加强对公共区域安全防范重点部位的日常巡查，加强对管理区域内的公共设施设备定期巡查并做好巡查记录，发现问题及时整改，不留隐患。涉及房屋安全、修缮的，必须进行回访，增强安全系数。

7.2.2 物业公共设施故障应急预案

一、设施设备事故应急预案

1. 设施设备事故的预防

（1）设施设备在使用期限内，在经过合理有效的维修保养和严格按照规范进行操作的情况下，一般不会出现安全事故。

（2）把好物业承接验收关，把质量验收作为物业设施设备的重要内容，认真、谨慎地进行查验工作，把物业项目在建造过程中存在的问题消除在物业的使用之前。

（3）物业服务企业应当对建筑区划内的设施设备进行系统的、科学的维修保养，建立科学的维保计划。对特种设施设备，应聘请具有相应资格的专业维保机构提供维保服务。

（4）物业服务企业应当建立设施设备台账，对建筑区划内的所有设施设备登记造册，并随时记录使用、检查、维修、保养情况。

（5）共用部位、设施设备维护人员应按照国家法律、法规的相关规定取得相应的职业资格证、上岗证、操作证、岗位培训合格证等，持证上岗，并定期参加继续教育。

（6）坚持"谁主管、谁负责"的原则，确定建筑区划设施设备管理工作负责人、责任人，对设施设备的管理工作负责。定期组织相关人员进行培训，使岗位员工明确自己的岗位责任，掌握科学熟练的操作技能，提高警惕，杜绝麻痹大意，树立设施设备安全管理观念。

（7）应当配备必要设施设备维修保养、故障抢险器具、材料；制定设施设备故障事故处置预案。

（8）有计划地开展设施设备安全检查，并做好详细记录，发现安全隐患及时进行整改；

（9）定期在建筑区划内开展安全用水、用电、用气及正确使用电梯使用等知识的宣传，使业主、使用人掌握科学的设施设备使用知识，培养物业使用人的风险意识。

（10）适当引入市场化风险分担机制，购买共用设施设备保险、财产保险、公共责任险等。

2. 设施设备事故处置的注意事项

（1）设施设备安全事故可能造成或已经造成人员被困或人身伤害的，坚持"解救人员第一，保障财产安全第二"的原则，立即解救被困人员，并通知医疗机构对伤员进行抢救。

（2）排除设施设备故障事故时，应注意证据保全，对事故原因进行调查取证，以便事后确定事故责任方。

（3）对电梯、消防等特种设施设备故障事故的处理应在专业维保单位的指导下进行，当专业维保机构人员到达现场后，应立即向其叙述事故的起因、严重程度、危害范围、紧急处置过程等详细信息，并积极协助其进行处理。

二、停水应急预案

（1）计划停水。当接到停水通知后，立即以书面形式告知业主、使用人停水信息，告之内容包括：实施停水的单位、停水的原因、时间和范围及恢复供水时间等。

提请业主、使用人提前储备用水。

如果停水时间太长，联系自来水公司送水。

（2）故障停水。

接到停水信息后，立即通知共用部位、设施设备维护人员到现场查看，同时与自来水公司联系确认是否是市政管网的原因。

停水原因查明后，立即组织人员抢修。

如维修时间较长，应立即在建筑区划内显著位置张贴通告，告知相关区域内的业主、使用人，告之内容包括：停水原因、范围、预计恢复供水时间等。

若停水时间太长，联系自来水公司送水。

事后查明有关停水原因，以书面形式告知相关负责人。

三、停电的应急预案

（1）计划停电。

在收到供电部门发布的停电通知后，应在停电前三天在显著位置张贴通告，告知停电相关区域内的业主、使用人，告知内容包括：实施停电的单位、停电的原因、时间和范围及恢复供电时间等。并提请业主、使用人停电期间关闭所有电器。

共用部位、设施设备维护人员准备突发故障的排除及配合进行设备养护，并在停电前关闭相关设施的电源。

停电前提前停止电梯运行，并提请业主、使用人暂时不要使用电梯。

停电后，迅速启动电机供电。

停电期间加强建筑区划内的公共秩序维护，防止不法之徒浑水摸鱼。

电力恢复后，检查建筑区划内的设施设备是否正常运行。

（2）故障停电。

接到停电信息后，立即通知共用部位、设施设备维护人员到现场查看，同时与供电单位联系确认是否是市政管网的原因。

控制中心及时查看电梯内是否困人，如有，依照电梯困人应急预案处置。

停电原因查明后，立即组织人员抢修。

通知秩序维护人员加强停电区域的巡逻和各出入口的控制。

设施设备维护人员应关闭相关设备电源开关。

如抢修时间较长，应立即在建筑区划内显著位置张贴通告，告知相关区域内的业主、使用人，告之内容包括：停电原因、范围、预计修复时间等。

供电恢复后立即开启相关设备，并检查共用电器设备是否正常运行。

事后查明有关停水原因，以书面形式告知相关负责人。

四、停气的应急预案

（1）市政管网计划停气。

在收到供气部门发布的停气通知后，应在显著位置张贴通告，告知相关区域内的业主、使用人，告知内容包括：实施停气的单位、停气的原因、时间和范围及恢复供气时间等。并提请业主、使用人停气期间关闭所有燃气具。

停气期间建筑区划将转向集中用电，共用部位、设施设备维护人员应加强对供电设施设备的检查，避免超负荷。

供气恢复后，加强建筑区划的巡查，如发现燃气泄漏，迅速关闭相应气阀并进行处理。

（2）建筑区划内故障停气。

接到停气信息后，立即通知共用部位、设施设备维护人员到现场查看，同时与燃气公司联系确认是否是市政管网的原因。

停气原因查明后，立即组织人员抢修。

如是因管网破裂导致停气，应立即关闭阀门，疏散相关区域人员，禁止使用明火，用水稀释燃气浓度。并及时通知燃气公司前来处理。

如维修时间较长，应立即在建筑区划内显著位置张贴通告，告知相关区域内的业主、使用人，告之内容包括：停气原因、范围、预计修复时间等。

停气期间建筑区划将转向集中用电，共用部位、设施设备维护人员应加强对供电设施设备的检查，避免超负荷。

供气恢复后，加强建筑区划的巡查，如发现燃气泄漏，迅速关闭相应气阀并进行处理。

事后查明有关停气原因，以书面形式告知相关负责人。

五、电梯故障事故的应急预案

（1）乘客在遇到紧急情况时，应当采取以下求救和自我保护措施。

通过警铃、对讲系统、移动电话或电梯轿厢内的提示方式进行求援，如电梯轿厢内有病人或其他危急情况，应当告知救援人员。

与电梯轿厢门或已开启的轿厢门保持一定距离，听从管理人员指挥。

在救援人员到达现场前不得撬砸电梯轿厢门或攀爬安全窗，不得将身体的任何部位伸出电梯轿厢外。

保持镇静，可做屈膝动作，以减轻对电梯急停的不适应。

（2）电梯使用管理单位接报电梯紧急情况的处理程序。

值班人员发现所管理的电梯发生紧急情况或接到求助信号后，应当立即通知本单位专业人员到现场进行处理，同时通知电梯维修保养单位。

值班人员应用电梯配置的通讯对讲系统或其他可行方式，详细告知电梯轿厢内被困乘客应注意的事项。

值班人员应当了解电梯轿厢所停楼层的位置、被困人数、是否有病人或其他危险因素等情况，如有紧急情况应当立即向有关部门和单位报告。

电梯使用管理单位的专业人员到达现场后可先行实施救援程序，如自行救助有困难，应当配合电梯维修保养单位实施救援。

（3）乘客在电梯轿厢被困时的解救程序。

到达现场的救援专业人员应当先判别电梯轿厢所处的位置再实施救援。

电梯轿厢高于或低于楼面超过 0.5 米时，应当先执行盘车解救程序，再按照下列程序实施救援：①确定电梯轿厢所在位置；②关闭电梯总电源；③用紧急开锁钥匙打开电梯厅门、轿厢门；④疏导乘客离开轿厢，防止乘客跌伤；⑤重新将电梯厅门、轿厢门关好；⑥在电梯出入口处设置禁用电梯的指示牌。

（4）电梯使用管理单位的善后处理工作。

如有乘客重伤，应当按事故报告程序进行紧急事故报告。

向乘客了解事故发生的经过，调查电梯故障原因，协助做好相关的取证工作。

如属电梯故障所致，应当督促电梯维修保养单位尽快检查并修复。

及时向相关部门提交故障及事故情况汇报资料。

（5）发生火灾时，应当采取以下应急措施。

立即向消防部门报警。

按动有消防功能电梯的消防按钮，使消防电梯进入消防运行状态，以供消防人员使用；对于无消防功能的电梯，应当立即将电梯直驶至首层并切断电源或将电梯停于火灾尚未蔓延的楼层。在乘客离开电梯轿厢后，将电梯置于停止运行状态，用手关闭电梯轿厢厅门、轿门，切断电梯总电源。

井道内或电梯轿厢发生火灾时，必须立即停梯疏导乘客撤离，切断电源，用灭火器灭火。

有共用井道的电梯发生火灾时，应当立即将其余尚未发生火灾的电梯停于远离火灾蔓延区，或交给消防人员用以灭火使用。

相邻建筑物发生火灾时，也应停梯，以避免因火灾停电造成困人事故。

（6）应对地震的应急措施。

已发布地震预报的，应根据地方人民政府发布的紧急处理措施，决定电梯是否停止，何时停止。

震前没有发出临震预报而突然发生震级和强度较大的地震，一旦有震感应当立即就近停梯，乘客迅速离开电梯轿厢。

地震后应当由专业人员对电梯进行检查和试运行，正常后方可恢复使用。

（7）发生湿水时，在对建筑设施及时采取堵漏措施的同时，应当采取以下应急措施。

当楼层发生水淹而使井道或底坑进水时，应当将电梯轿厢停于进水层站的上二层，停梯断电，以防止电梯轿厢进水。

当底坑井道或机房进水较多，应当立即停梯，断开总电源开关，防止发生短路、触电等事故。

对湿水电梯应当进行除湿处理。确认湿水消除，并经试梯无异常后，方可恢复使用。

电梯恢复使用后，要详细填写湿水检查报告，对湿水原因、处理方法、防范措施等记录清楚并存档。

六、浸水、漏水事故的应急预案

（1）当接到浸水、漏水报修信号后，立即通知共用部位、设施设备维护人员前往现场勘查确认浸水、漏水状况及原因。

（2）立即关闭供水总阀或采取相应方案制止。

（3）通知环境维护人员用吸水机、疏通、烘干机等排除积水。

（4）浸水、漏水影响重要设备使用的，应立即关闭相关设施设备或采取相应措施，防止势态扩大。

（5）组织人员对浸水、漏水故障进行处理。

（6）处理完毕后，对事故现场相关证据进行保全，通知环境维护人员对现场进行清理，并恢复供水。

（7）如无法及时恢复供水的，在建筑区划显著位置以书面形式告知相关区域业主、使用人。并做好解释安抚工作。

（8）浸水、漏水事故处理完毕后，对事故进行详细记录，分析总结原因，以书面形式报告相关负责人。

（9）突发浸水、漏水事故时要注意共用设施设备的安全：①及时将电梯升至不受水浸的安全楼层；②防止配电室及其他电器设备受浸。首先应切断或堵塞水源，并关闭相关电器设备的电源开关。

七、雨、污水管及排水管网阻塞事故的应急预案

（1）接到雨、污水管及排水管网阻塞报修信息后，立即通知共用部位、设施设备维护员到位进行检查。

（2）检查堵塞原因，确定堵塞的位置。

（3）打开检查口，清理堵塞，并放水冲洗，直至能正常使用。

（4）处理事故时注意设立告示牌，提请过往的人员注意安全。

（5）处理完毕后，通知环境维护人员对现场进行清理。

（6）如无法及时恢复的，在建筑区划显著位置以书面形式告知相关区域业主、使用人。

（7）雨、污水管及排水管网阻塞事故处理完毕后，对事故进行详细记录，分析总结原因，以书面形式报告相关负责人。

八、燃气泄漏事故的应急预案

（1）接到有燃气泄漏或疑似燃气泄漏事故信息后，迅速通知就近秩序维护人员前往查看。

（2）现场人员应注意。①关闭对讲机、手机等电子通讯设备；②切不可按（疑似）燃气泄漏的单位或房间的门铃；③切不可开启（疑似）燃气泄漏的单位或房间内的任何电器及使用室内电话。

（3）尽量开启相关区域的门窗，使空气流通。

（4）通知设施设备维护人员关闭相关区域的燃气阀门。

（5）疏散撤离相关区域内的人员，对相关区域实施通道控制。

（6）发现煤气中毒者，立即施救，将其移至户外，呼吸新鲜空气，并通知医疗机构前往救治。

（7）必要时可采取用水冲等方式稀释燃气浓度。

（8）通知燃气公司对管网进行维修。

7.3　自然灾害防范管理

7.3.1　自然灾害

近年来，我国各地的异常气候严重影响着人们的日常生活及工作环境，频发的洪灾、旱灾、雪灾、台风和其他难以预料的自然灾害，不仅威胁着人们的生命和财产安全，同时也造成了难以弥补的巨大损失。

（1）自然灾害的类型。

自然灾害主要有气象灾害、地质灾害和生物灾害等。

气象灾害，一般包括天气、气候灾害和气象次生、衍生灾害。如台风、暴雨（雪）、雷暴、冰雹、大风、沙尘、龙卷、大（浓）雾、高温、低温、冻雨、霜冻、结（积）冰、寒潮、干旱、干热风、热浪、洪涝、积涝等。也有因气象因素引起的山体滑坡、泥石流、风暴潮、森林火灾、酸雨、空气污染等灾害。

地质灾害，指地震、山体崩塌、滑坡、泥石流、地面塌陷、地裂缝、地面沉降等与地质作用有关的灾害。

生物灾害，包括虫害、鼠害、病毒传染等。

（2）自然灾害的特征。

自然灾害有许多重要的共同的特征：

一是它们发生突然，而且通常很短暂。

二是作用有力，无法控制，发生后引起大量破坏和混乱。

三是破坏性非常大，往往给物业区域造成极大的损失。

（3）自然灾害的防控制。

自然灾害往往是不可控的，面对发生频率越来越高的自然灾害，怎样做到使物业区域人员、财产损失最小？关键在于物业服务企业对自然灾害的预防和处置上。如果物业安全管理人员对生产、生活中面临的各种灾害估计不足，不提前采取对策措施就很难形成全面科学的决策方案，一旦发生紧急情况就会一片混乱，使多年积累的财富和生产、生活环境毁于一旦，使损失变得更大，让人难以承受。

因此物管企业应充分考虑各类物业项目所在地区的自然环境和气候条件，将各类自然灾害的侵袭可能与相应防范工作迅速纳入工作范围，以预防为主，坚持将预防与应急相结合。制定一系列应对各类不同灾害的处理方案、工作标准，才能最大程度地防控损失发生。

7.3.2　物业自然灾害应急预案

一、地震灾害应急预案

（1）地震。

地震灾害是群灾之首，它具有突发性和不可预测性，以及产生严重次生灾害，对社会也会产生很大影响等特点。地震还可能直接造成建筑物破坏以及山崩、滑坡、泥石流、地裂、地陷等地表的破坏和海啸。因地震的破坏还可能引起的一系列其他次生灾害，包括火灾、水灾和有毒气体泄漏，细菌、放射物扩散、瘟疫等对生命财产造成的灾害。

地震按照其破坏性可分为：一般破坏性地震和严重破坏性地震。

一般破坏性地震，是指造成一定数量的人员伤亡和经济损失的地震。

严重破坏性地震，是指发生 6 级及以上的地震或造成严重人员伤亡和经济损失的地震。

（2）地震灾害的预防注意事项。

1）危险物品不要放置在高架上，吊灯及吊起来的盛物架要尽量增强强度，玻璃容器或器皿应放置在盛物架下面。

2）燃气炉要牢牢固定，并注意检查是否漏气，燃气开关及燃气器具开关，不使用时或下班前应确认关闭。

3）厨房等用火区或其他易发生火花的火种附近，不得放置易燃物。

4）应养成拔掉插头的习惯，在不使用的电器具（如电视机、电饭煲、电炉、烤箱等）时，应切断电源。

5）楼梯及走廊等通道上，不可堆放物品，随时保障安全通道、出入口的通畅。

6）随时关注国家地震预测机构发布的权威信息，做好防范措施。

7）注意报警系统、消防设备的保养。

（3）地震灾害发生时的紧急措施。

1）地震灾害发生时，项目负责人或物业服务负责人应立即赶往建筑区划，成立应急小组，组织抢险救灾工作。

2）控制中心应立即启动报警装置，并通过广播呼叫，告知建筑区划内的所有人员地震灾害发生，并告知相关注意事项和紧急自救措施：①请大家保持冷静并尽快熄灭火源；②地震时不要随意跑动，不要使用电梯逃生；③应立即用软物体（如：枕头、厚衣物、棉被等）护住头部等身体的重要部位；④建筑物内的人员应就近寻找建筑物坚固的部位（如卫生间、承重墙拐角处等）进行躲避。

3）秩序维护员应立即赶往各出入口、通道，进行通道控制，对人员进行有序疏导，维护公共秩序，按照"只出不进"的原则，防止不法之徒乘乱滋事、浑水摸鱼。

4）共用部位、共用设施设备维护员应立即关闭水、电、气等阀门，停止电梯等设备的运行。

5）地震稍微平息后，控制中心应立即通过广播通知建筑物内人员马上撤离。秩序维护员组织建筑物内的人员有序疏散到空旷地带（如广场、马路等地方），不要靠近建筑物、广告招牌、电线杆等的附近。并逐一排查有无人员滞留建筑物内或被困电梯内。

（4）地震灾害发生后的紧急措施。

1）地震灾害发生后，物业服务负责人或项目经理应立即召开紧急会议部署抗灾救援相关工作。

2）物业服务企业应当立即组织人员对人员伤亡情况和建筑区划受灾情况进行统计，并及时上报所在地街道办事处、乡镇人民政府。发生严重破坏性地震造成严重人员伤亡和经济损失的，应立即向相关政府部门提出紧急援助请求。

3）应立即组织设施设备维护人员对共用部位、共用设施设备进行检查；对受损的设施设备应立即停止使用；并将共用部位、共用设施设备的震损情况以书面形式告知业主、使用人。

4）应立即设立警戒岗，对建筑物（特别是受损的）进行隔离，在未经政府权威部门发布有关的安全信息前，尽量劝阻任何人试图返回建筑物内。

5）灾害发生后，物业服务企业应当与政府相关部门保持密切联系，及时收集政府相关部门发布的权威信息，并及时向建筑区划内的业主、使用人发布，防止谣言传播。

6）发生严重破坏性地震时，应增加设施设备检查、环境维护、消杀灭害等工作的频率，防止次生灾害的发生。

7）积极安抚业主、使用人的情绪，密切关注人员的身体状况，特别是老人、小孩、孕妇、伤残人士以及患有心脏病、高血压者。

8）严重破坏性地震发生后，通常会出现一系列社会问题，物业服务企业应当加强防范。

（5）余震期的紧急措施。

1）通过网络、电台、电视等渠道，收集防震避震、自救互救常识和政府发布的余震预测信息，并及时以书面和广播形式告知建筑区划内的业主。

2）在条件允许的情况下，指定建筑区划内空旷区域为临时安置区，搭建避难帐篷，供业主、使用人及员工使用。在选择临时安置区位置时，应尽量考虑不要占用通道、出入口。

3）在临时安置区，设置临时服务点，由秩序维护、客户服务、环境维护人员组成，为业主、使用人提供力所能及的服务，安抚业主情绪，维护人员集中区域的公共秩序和环境卫生，以减轻大众的恐慌。

4）做好次生灾害的防治，建筑区划内常见的地震次生灾害主要有：①有毒气体、液体泄漏；②水电气供给管路断裂；③传染病疫情；④公共秩序短时间内失控；⑤盗窃、抢劫等事件多发。

二、台风灾害应急预案

（1）台风暴雨来临之前的工作。

1）张贴警示通告，提醒各单位、业主、住户及员工做好防范工作。

2）检查楼宇立面，要求各住户关好门窗，搬离放在阳台上的花盆、杂物。

3）检查天台、楼顶、地面排水管道沟渠，发现堵塞，及时通知水工组、清洁工予以疏通。

4）巡检地下车库潜水泵是否正常，地下车库的排水沟是否通畅，排水管道的阀门是否开放正常。

5）搬离或固定易被台风吹走或吹倒的物品。

6）检查加固道路标识牌等各种设施，对植物进行必要的修剪。

7）将楼宇四周停泊的车辆疏导至停车场等空阔地带。

8）检查落实防灾救灾物资和工具，因地制宜对地下车库采用角钢、闸板等进行加固和防洪，备好抽水设备。

9）巡查物业服务区域，对易被风刮倒的树木要进行加固，对存在安全隐患、可能倒塌的围墙要设置警戒线和明显的警示标识。

备好雨具，并对对讲机等执勤用具、道闸开关等予以保护，以防淋雨损坏。

（2）台风暴雨袭击时的措施。

1）通知所有秩序维护员注意安全，需要户外作业时戴好安全帽。

2）提醒过往人员、员工注意安全，勿在户外逗留。

3）发现可能脱落暂时无法处理的不安全物件，用绳带等拉开警戒线。

4）加强治安防范措施，严防不法分子伺机作案。

5）台风过后，组织人员检查公共设施损毁情况并做好统计，清除垃圾、积水。

（3）台风后的处理。

对受水淹没或进水的各种电器设备，物业管理企业的专业人员要坚守岗位，组织排水，并及时向供电供水等专业管理部门联系及时抢险抢修和保养，具体受损情况要向当地物业行政主管部门及业主委员会或大业主报告。对小区内损坏的供水管和供电线路，应组织工程人员配合自来水公司、电力部门及时抢修。

及时清理淤泥、垃圾，在卫生防疫部门指导下，开展消毒杀菌，并在宣传栏发布相关信息，指导业主做好卫生防疫。

对被台风刮倒或洪水冲倒的树木、广告牌、店面招牌和围墙等，要及时予以修复，确保安全。

组织抢险突击队，负责装填运送沙包。

及时通知车主开走水浸区域的车辆。

在地库出入口开口处堵成沙包墙并派人看护。

保护一切因水浸后易遭损坏的重要公共设施，如电梯及电力系统。

发现有水浸入电梯井、强弱电井，应及时通知电梯工和电工关闭电梯、切断电源，处理电井房水浸问题。

水浸过后，搬离所有沙包，打扫卫生。

三、雷雨、暴雨灾害的应急预案

（1）雷雨、暴雨灾害发生时，项目负责人或企业负责人应立即赶往建筑区划，成立应急小组，组织抢险救灾工作。

（2）控制中心应立即通过广播呼叫，告知建筑区划内的所有人员，并提请大家关好窗户，尽量不要在室外活动，不要在靠近建筑物或大树下的区域活动等相关注意事项。

（3）组织人员对建筑区划内地势低洼的区域（如地下停车场等）用沙袋等物资进行加筑处理，防止雨水灌入。

（4）共用部位、共用设施设备维护员应密切监视共用部位、共用设施设备的使用情况，发现问题及时处理。

（5）秩序维护员应加强对各出入口、通道口的控制，防止不法之徒乘乱滋事、浑水摸鱼，并加强对公共区域的巡查，排除安全隐患。

（6）雷雨、暴雨灾害发生后，应立即组织设施设备维护人员对共用部位、共用设施设备进行检查；对受损的设施设备应立即停止使用；并将共用部位、共用设施设备的受损情况以书面形式告知业主、使用人。

（7）立即组织环境维护人员对积水、沙土、树枝（叶）、玻璃碎片等垃圾进行清理，对排污设施进行疏通。

（8）雷雨、暴雨灾害造成洪涝、积涝等的，在积水退去后，应对建筑区划各区域进行消杀灭害，防止疫情发生。

（9）灾害发生后，物业服务企业应当与政府相关部门保持密切联系，及时收集政府相关部门发布的权威信息，并及时向建筑区划内的业主、使用人发布，防止谣言传播；组织人员对受聘提供物业服务的建筑区划受灾情况进行统计，出现较大人员伤亡、财产损失时应立即向相关政府部门求助。

四、大风、沙尘灾害的应急预案

（1）大风、沙尘灾害发生时，项目负责人或企业负责人应立即赶往建筑区划，成立应急小组，组织抢险救灾工作。

（2）控制中心应立即并通过广播呼叫，告知建筑区划内的所有人员，并提请大家关好窗户，尽量不要在室外活动，不要在靠近建筑物或大树下等区域活动等相关注意事项。

（3）组织人员对建筑区划内高空悬挂物、可移动物进行拆除或加固，对树木进行加固。

（4）秩序维护员应加强建筑区划的巡查，对存在安全隐患的部位，应立即进行隔离，禁止人员靠近。

（5）共用部位、共用设施设备维护员应密切监视共用部位、共用设施设备的使用情况，发现问题及时处理。

（6）灾害发生后，应立即组织设施设备维护人员对共用部位、共用设施设备进行检查；对受损的设施设备应立即停止使用；并将共用部位、共用设施设备的震损情况以书面形式告知业主、使用人。

（7）组织环境维护员对沙尘、树枝（叶）、玻璃碎片等垃圾及时进行清理。

（8）灾害发生后，物业服务企业应当与政府相关部门保持密切联系，及时收集政府相关部门发布的权威信息，并及时向建筑区划内的业主、使用人发布，防止谣言传播；组织人员对受聘提供物业服务的建筑区划受灾情况进行统计，出现较大人员伤亡、财产损失时应立即向相关政府部门求助。

五、大（浓）雾灾害的应急预案

（1）发生大（浓）雾灾害时，设施设备维护人员应立即开启公共区域照明装置，增加公共区域、路面的能见度。

（2）提请业主、使用人注意出行安全。

（3）加强建筑区划内道路的交通疏导，提请车辆慢行，在建筑区划出入口、十字路口等区域增加人员或设立警示、指示标志。

（4）秩序维护员应加强对各出入口、通道口的控制，防止不法之徒乘乱滋事、浑水摸鱼。

（5）加强对公共区域的巡查和公共秩序的维护，排除安全隐患。

六、高温、干旱灾害的应急预案

（1）发生高温、干旱灾害时，应在建筑区划内显著位置张贴温馨提示，提请业主、使用人注意防暑降温。

（2）设施设备维护人员应加强对共用部位、设施设备的检查，特别是外墙玻璃、瓷砖，供配电系统，防止应高温造成外墙玻璃、瓷砖爆裂脱落而伤人及供配电系统过热短路起火等次生事故。

（3）客户服务中心贮备必要的防暑降温药物，供建筑区划内业主、使用人及公司员工使用。

（4）对不耐高温的共用部位、设施设备采取降温措施，防止损坏。加强对绿化带的浇灌养护，防止植物干涸枯死。

（5）高温天气利于细菌滋生，应加强对建筑区划的消杀工作，防止疾病、疫情传播。

七、雨雪冰冻灾害的应急预案

（1）发生雨雪冰冻灾害时，物业服务企业应在建筑区划内显著位置张贴温馨提示，提请业主、使用人注意防寒抗冻。

（2）设施设备维护人员应加强对共用部位、设施设备的检查，特别是屋面、给排水管、室外供配电系统等。

（3）客户服务中心储备必要的防冻伤药物，供建筑区划内业主、使用人及公司员工使用。

（4）加强建筑区划内道路交通的疏导，提请车辆、行人小心慢行，重点区域增设岗位或安全警示标志。

（5）对不耐低温冰冻的共用部位、设施设备采取解冻处理。具体可根据实际情况采用热水、蒸汽措施，防止损坏。必要时，相关设施设备可暂停运行使用。

（6）加强建筑物、树木、室外设施的扫雪除冰工作，防止建筑物、树木、室外设施因积雪、结冰过重而垮塌等事故。

（7）雨雪冰冻期结束后，应对共用部位、共用设施设备进行仔细检查和维护，确保其正常运行。

八、传染病疫情事件应急预案

（1）传染病含义和特征。

传染病是由各种病原体引起的能在人与人、动物与动物或人与动物之间相互传播的一类疾病。中国目前的法定传染病有甲、乙、丙 3 类，共 37 种。常见的传染病主要有流行性感冒、霍乱、鼠疫、肺结核、血吸虫病、沙眼、狂犬病等；主要传播途径有呼吸道传播、消化道传播、血液传播、体表传播等。

传染病疫情的特点是有病原体，有传染性和流行性，感染后常有免疫性。有些传染病还有季节性或地方性。传染病的分类尚未统一，有些按病原体分类，有些按传播途径分类。

建筑区划内的传染病疫情事件的预防和处理，物业服务企业应当持科学客观的态度，以政府相关卫生防疫机构为主，积极配合相关部门开展传染病疫情事件的预防和处理工作，加大建筑区划内的环境维护和宣传力度。

（2）传染病疫情事件的预防和紧急措施。

传染病的预防应采取以切断主要传播环节为主导的综合措施。传染病的传播和流行必须具备三个环节，即传染源（能排出病原体的人或动物）、传播途径（病原体传染他人的途径）及易感者（对该种传染病无免疫力者）。若能完全切断其中的一个环节，即可防止该种传染病的发生和流行。各种传染病的薄弱环节各不相同，在预防中应充分利用。除主导环节外，对其他环节也应采取措施，只有这样才能更好地预防各种传染病。

在传染疾病高发期，物业服务企业应当加强环境维护力度，对建筑区划内及周边进行定期消毒处理，开展灭鼠、灭蝇、灭蚊等工作，阻断传染疾病传播途径。

定期联系相关卫生防疫机构，在建筑区划内开展传染性疾病防治宣传，使业主、使用人了解基本的传染性疾病防治知识，培养良好的个人卫生习惯。

物业服务企业相关从业人员应注意多了解传染性疾病预防和处理的相关知识，树立忧患意识，发生疫情时，应在保障自身不被传染的前提下，开展防治工作。

当发现传染性疾病或者疑似出现传染性疾病，物业服务企业应当遵循疫情报告属地管理原则，按照国务院规定的或者国务院卫生行政部门规定的内容、程序和方式，及时报告相关疾病预防控制机构。

建筑区划内若出现经相关疾病预防控制机构确认的疫情后，物业服务企业应当在相关机构的指导下协助开展工作。

在政府相关部门的许可下，将建筑区划内发生的疫情情况、防治措施以及注意事项，以书面形式告知建筑区划内所有人员，做好防范措施。

协助相关部门对疫情感染区域进行隔离，设立警戒，禁止人员进去。

按照相关机构的指导，使用相应的药剂对疫情感染区及其周边进行消毒处理，防止疫情扩散。

疫情期间，随时了解收集疫情防治最新信息，并向建筑区划内业主、使用人发布。

在政府相关部门发布的最权威的信息宣布疫情得到消除后，物业服务企业应当组织环境维护人员对相关区域进行彻底消毒。

在相关部门许可的情况下，解除警戒，并以书面形式告知建筑区划内的业主、使用人。

九、食物中毒事件应急预案

（1）食物中毒。

食物中毒是指食用了不利于人体健康的物品而导致的急性中毒性疾病，通常都是在不知情的情况下发生食物中毒。食物中毒是由于进食被细菌及其毒素污染的食物，或摄食含有毒素的动植物如毒蕈、河豚等引起的急性中毒性疾病。变质食品、污染水源是主要传染源，不洁手、餐具和带菌苍蝇是主要传播途径。

（2）食物中毒事件事件的紧急措施。

当建筑区划内发生食物中毒或疑似中毒事件时，发现者应立即向物业服务项目经理或物业服务负责人汇报，并立即通知医疗机构。

项目经理、公司领导立即赶到现场，掌握现场情况，首先查明是否食物中毒、发生时间、中毒人数，掌握第一手资料。

将中毒人员立即送往附近医疗机构进行抢救。

控制中毒现场，同时封闭食品毒源，协助卫生防疫机构及公安机关查明食品中毒源，防止二次中毒。

对相关区域进行警戒隔离，组织人员疏散、封闭食品中毒源。做好通风工作，确保现场人员安全，稳定相关人员情绪，阻止事态进一步扩展。

待卫生防疫机构及公安机关查明事故原因，并允许后，对制作现场及餐具、灶具、橱具进行清洗、消毒、通风，防止二次污染中毒。

对冷藏、冷冻食品经防疫部门检验后方可食用。

事故处理完毕后，总结应急抢救工作的经验教训，同时提出改进意见，完善预案。

附件一　中华人民共和国消防法

第一章　总　　则

第一条　为了预防火灾和减少火灾危害，加强应急救援工作，保护人身、财产安全，维护公共安全，制定本法。

第二条　消防工作贯彻预防为主、防消结合的方针，按照政府统一领导、部门依法监管、单位全面负责、公民积极参与的原则，实行消防安全责任制，建立健全社会化的消防工作网络。

第三条　国务院领导全国的消防工作。地方各级人民政府负责本行政区域内的消防工作。

各级人民政府应当将消防工作纳入国民经济和社会发展计划，保障消防工作与经济社会发展相适应。

第四条　国务院公安部门对全国的消防工作实施监督管理。县级以上地方人民政府公安机关对本行政区域内的消防工作实施监督管理，并由本级人民政府公安机关消防机构负责实施。军事设施的消防工作，由其主管单位监督管理，公安机关消防机构协助；矿井地下部分、核电厂、海上石油天然气设施的消防工作，由其主管单位监督管理。

县级以上人民政府其他有关部门在各自的职责范围内，依照本法和其他相关法律、法规的规定做好消防工作。

法律、行政法规对森林、草原的消防工作另有规定的，从其规定。

第五条　任何单位和个人都有维护消防安全、保护消防设施、预防火灾、报告火警的义务。任何单位和成年人都有参加有组织的灭火工作的义务。

第六条　各级人民政府应当组织开展经常性的消防宣传教育，提高公民的消防安全意识。

机关、团体、企业、事业等单位，应当加强对本单位人员的消防宣传教育。

公安机关及其消防机构应当加强消防法律、法规的宣传，并督促、指导、协助有关单位做好消防宣传教育工作。

教育、人力资源行政主管部门和学校、有关职业培训机构应当将消防知识纳入教育、教学、培训的内容。

新闻、广播、电视等有关单位，应当有针对性地面向社会进行消防宣传教育。

工会、共产主义青年团、妇女联合会等团体应当结合各自工作对象的特点，组织开展消防宣传教育。

村民委员会、居民委员会应当协助人民政府以及公安机关等部门，加强消防宣传教育。

第七条　国家鼓励、支持消防科学研究和技术创新，推广使用先进的消防和应急救援技术、设备；鼓励、支持社会力量开展消防公益活动。

对在消防工作中有突出贡献的单位和个人，应当按照国家有关规定给予表彰和奖励。

第二章　火　灾　预　防

第八条　地方各级人民政府应当将包括消防安全布局、消防站、消防供水、消防通信、消防车通道、消防装备等内容的消防规划纳入城乡规划，并负责组织实施。

城乡消防安全布局不符合消防安全要求的，应当调整、完善；公共消防设施、消防装备不足或者不适应实际需要的，应当增建、改建、配置或者进行技术改造。

第九条　建设工程的消防设计、施工必须符合国家工程建设消防技术标准。建设、设计、施工、工程监理等单位依法对建设工程的消防设计、施工质量负责。

第十条　按照国家工程建设消防技术标准需要进行消防设计的建设工程，除本法第十一条另有规定的外，建设单位应当自依法取得施工许可之日起七个工作日内，将消防设计文件报公安机关消防机构备案，公安机关消防机构应当进行抽查。

第十一条 国务院公安部门规定的大型的人员密集场所和其他特殊建设工程，建设单位应当将消防设计文件报送公安机关消防机构审核。公安机关消防机构依法对审核的结果负责。

第十二条 依法应当经公安机关消防机构进行消防设计审核的建设工程，未经依法审核或者审核不合格的，负责审批该工程施工许可的部门不得给予施工许可，建设单位、施工单位不得施工；其他建设工程取得施工许可后经依法抽查不合格的，应当停止施工。

第十三条 按照国家工程建设消防技术标准需要进行消防设计的建设工程竣工，依照下列规定进行消防验收、备案：

（一）本法第十一条规定的建设工程，建设单位应当向公安机关消防机构申请消防验收；

（二）其他建设工程，建设单位在验收后应当报公安机关消防机构备案，公安机关消防机构应当进行抽查。

依法应当进行消防验收的建设工程，未经消防验收或者消防验收不合格的，禁止投入使用；其他建设工程经依法抽查不合格的，应当停止使用。

第十四条 建设工程消防设计审核、消防验收、备案和抽查的具体办法，由国务院公安部门规定。

第十五条 公众聚集场所在投入使用、营业前，建设单位或者使用单位应当向场所所在地的县级以上地方人民政府公安机关消防机构申请消防安全检查。

公安机关消防机构应当自受理申请之日起十个工作日内，根据消防技术标准和管理规定，对该场所进行消防安全检查。未经消防安全检查或者经检查不符合消防安全要求的，不得投入使用、营业。

第十六条 机关、团体、企业、事业等单位应当履行下列消防安全职责：

（一）落实消防安全责任制，制定本单位的消防安全制度、消防安全操作规程，制定灭火和应急疏散预案；

（二）按照国家标准、行业标准配置消防设施、器材，设置消防安全标志，并定期组织检验、维修，确保完好有效；

（三）对建筑消防设施每年至少进行一次全面检测，确保完好有效，检测记录应当完整准确，存档备查；

（四）保障疏散通道、安全出口、消防车通道畅通，保证防火防烟分区、防火间距符合消防技术标准；

（五）组织防火检查，及时消除火灾隐患；

（六）组织进行有针对性的消防演练；

（七）法律、法规规定的其他消防安全职责。

单位的主要负责人是本单位的消防安全责任人。

第十七条 县级以上地方人民政府公安机关消防机构应当将发生火灾可能性较大，以及发生火灾可能造成重大的人身伤亡或者财产损失的单位，确定为本行政区域内的消防安全重点单位，并由公安机关报本级人民政府备案。

消防安全重点单位除应当履行本法第十六条规定的职责外，还应当履行下列消防安全职责：

（一）确定消防安全管理人，组织实施本单位的消防安全管理工作；

（二）建立消防档案，确定消防安全重点部位，设置防火标志，实行严格管理；

（三）实行每日防火巡查，并建立巡查记录；

（四）对职工进行岗前消防安全培训，定期组织消防安全培训和消防演练。

第十八条 同一建筑物由两个以上单位管理或者使用的，应当明确各方的消防安全责任，并确定责任人对共用的疏散通道、安全出口、建筑消防设施和消防车通道进行统一管理。

住宅区的物业服务企业应当对管理区域内的共用消防设施进行维护管理，提供消防安全防范服务。

第十九条 生产、储存、经营易燃易爆危险品的场所不得与居住场所设置在同一建筑物内，并应当与居住场所保持安全距离。

生产、储存、经营其他物品的场所与居住场所设置在同一建筑物内的，应当符合国家工程建设消防技术标准。

第二十条　举办大型群众性活动，承办人应当依法向公安机关申请安全许可，制定灭火和应急疏散预案并组织演练，明确消防安全责任分工，确定消防安全管理人员，保持消防设施和消防器材配置齐全、完好有效，保证疏散通道、安全出口、疏散指示标志、应急照明和消防车通道符合消防技术标准和管理规定。

第二十一条　禁止在具有火灾、爆炸危险的场所吸烟、使用明火。因施工等特殊情况需要使用明火作业的，应当按照规定事先办理审批手续，采取相应的消防安全措施；作业人员应当遵守消防安全规定。

进行电焊、气焊等具有火灾危险作业的人员和自动消防系统的操作人员，必须持证上岗，并遵守消防安全操作规程。

第二十二条　生产、储存、装卸易燃易爆危险品的工厂、仓库和专用车站、码头的设置，应当符合消防技术标准。易燃易爆气体和液体的充装站、供应站、调压站，应当设置在符合消防安全要求的位置，并符合防火防爆要求。

已经设置的生产、储存、装卸易燃易爆危险品的工厂、仓库和专用车站、码头，易燃易爆气体和液体的充装站、供应站、调压站，不再符合前款规定的，地方人民政府应当组织、协调有关部门、单位限期解决，消除安全隐患。

第二十三条　生产、储存、运输、销售、使用、销毁易燃易爆危险品，必须执行消防技术标准和管理规定。

进入生产、储存易燃易爆危险品的场所，必须执行消防安全规定。禁止非法携带易燃易爆危险品进入公共场所或者乘坐公共交通工具。

储存可燃物资仓库的管理，必须执行消防技术标准和管理规定。

第二十四条　消防产品必须符合国家标准；没有国家标准的，必须符合行业标准。禁止生产、销售或者使用不合格的消防产品以及国家明令淘汰的消防产品。

依法实行强制性产品认证的消防产品，由具有法定资质的认证机构按照国家标准、行业标准的强制性要求认证合格后，方可生产、销售、使用。实行强制性产品认证的消防产品目录，由国务院产品质量监督部门会同国务院公安部门制定并公布。

新研制的尚未制定国家标准、行业标准的消防产品，应当按照国务院产品质量监督部门会同国务院公安部门规定的办法，经技术鉴定符合消防安全要求的，方可生产、销售、使用。

依照本条规定经强制性产品认证合格或者技术鉴定合格的消防产品，国务院公安部门消防机构应当予以公布。

第二十五条　产品质量监督部门、工商行政管理部门、公安机关消防机构应当按照各自职责加强对消防产品质量的监督检查。

第二十六条　建筑构件、建筑材料和室内装修、装饰材料的防火性能必须符合国家标准；没有国家标准的，必须符合行业标准。

人员密集场所室内装修、装饰，应当按照消防技术标准的要求，使用不燃、难燃材料。

第二十七条　电器产品、燃气用具的产品标准，应当符合消防安全的要求。

电器产品、燃气用具的安装、使用及其线路、管路的设计、敷设、维护保养、检测，必须符合消防技术标准和管理规定。

第二十八条　任何单位、个人不得损坏、挪用或者擅自拆除、停用消防设施、器材，不得埋压、圈占、遮挡消火栓或者占用防火间距，不得占用、堵塞、封闭疏散通道、安全出口、消防车通道。人员密集场所的门窗不得设置影响逃生和灭火救援的障碍物。

第二十九条　负责公共消防设施维护管理的单位，应当保持消防供水、消防通信、消防车通道等公共消防设施的完好有效。在修建道路以及停电、停水、截断通信线路时有可能影响消防队灭火救援的，有关单位必须事先通知当地公安机关消防机构。

第三十条　地方各级人民政府应当加强对农村消防工作的领导，采取措施加强公共消防设施建设，组织建立和督促落实消防安全责任制。

第三十一条　在农业收获季节、森林和草原防火期间、重大节假日期间以及火灾多发季节，地方各级人民政府应当组织开展有针对性的消防宣传教育，采取防火措施，进行消防安全检查。

第三十二条　乡镇人民政府、城市街道办事处应当指导、支持和帮助村民委员会、居民委员会开展群众性的消防工作。村民委员会、居民委员会应当确定消防安全管理人，组织制定防火安全公约，进行防火安全检查。

第三十三条　国家鼓励、引导公众聚集场所和生产、储存、运输、销售易燃易爆危险品的企业投保火灾公众责任保险；鼓励保险公司承保火灾公众责任保险。

第三十四条　消防产品质量认证、消防设施检测、消防安全监测等消防技术服务机构和执业人员，应当依法获得相应的资质、资格；依照法律、行政法规、国家标准、行业标准和执业准则，接受委托提供消防技术服务，并对服务质量负责。

第三章　消 防 组 织

第三十五条　各级人民政府应当加强消防组织建设，根据经济社会发展的需要，建立多种形式的消防组织，加强消防技术人才培养，增强火灾预防、扑救和应急救援的能力。

第三十六条　县级以上地方人民政府应当按照国家规定建立公安消防队、专职消防队，并按照国家标准配备消防装备，承担火灾扑救工作。

乡镇人民政府应当根据当地经济发展和消防工作的需要，建立专职消防队、志愿消防队，承担火灾扑救工作。

第三十七条　公安消防队、专职消防队按照国家规定承担重大灾害事故和其他以抢救人员生命为主的应急救援工作。

第三十八条　公安消防队、专职消防队应当充分发挥火灾扑救和应急救援专业力量的骨干作用；按照国家规定，组织实施专业技能训练，配备并维护保养装备器材，提高火灾扑救和应急救援的能力。

第三十九条　下列单位应当建立单位专职消防队，承担本单位的火灾扑救工作：

（一）大型核设施单位、大型发电厂、民用机场、主要港口；

（二）生产、储存易燃易爆危险品的大型企业；

（三）储备可燃的重要物资的大型仓库、基地；

（四）第一项、第二项、第三项规定以外的火灾危险性较大、距离公安消防队较远的其他大型企业；

（五）距离公安消防队较远、被列为全国重点文物保护单位的古建筑群的管理单位。

第四十条　专职消防队的建立，应当符合国家有关规定，并报当地公安机关消防机构验收。

专职消防队的队员依法享受社会保险和福利待遇。

第四十一条　机关、团体、企业、事业等单位以及村民委员会、居民委员会根据需要，建立志愿消防队等多种形式的消防组织，开展群众性自防自救工作。

第四十二条　公安机关消防机构应当对专职消防队、志愿消防队等消防组织进行业务指导；根据扑救火灾的需要，可以调动指挥专职消防队参加火灾扑救工作。

第四章　灭 火 救 援

第四十三条　县级以上地方人民政府应当组织有关部门针对本行政区域内的火灾特点制定应急预案，建立应急反应和处置机制，为火灾扑救和应急救援工作提供人员、装备等保障。

第四十四条　任何人发现火灾都应当立即报警。任何单位、个人都应当无偿为报警提供便利，不得阻拦报警。严禁谎报火警。

人员密集场所发生火灾，该场所的现场工作人员应当立即组织、引导在场人员疏散。

任何单位发生火灾，必须立即组织力量扑救。邻近单位应当给予支援。

消防队接到火警，必须立即赶赴火灾现场，救助遇险人员，排除险情，扑灭火灾。

第四十五条　公安机关消防机构统一组织和指挥火灾现场扑救，应当优先保障遇险人员的生命安全。

火灾现场总指挥根据扑救火灾的需要，有权决定下列事项：

（一）使用各种水源；

（二）截断电力、可燃气体和可燃液体的输送，限制用火用电；

（三）划定警戒区，实行局部交通管制；

（四）利用临近建筑物和有关设施；

（五）为了抢救人员和重要物资，防止火势蔓延，拆除或者破损毗邻火灾现场的建筑物、构筑物或者设施等；

（六）调动供水、供电、供气、通信、医疗救护、交通运输、环境保护等有关单位协助灭火救援。

根据扑救火灾的紧急需要，有关地方人民政府应当组织人员、调集所需物资支援灭火。

第四十六条　公安消防队、专职消防队参加火灾以外的其他重大灾害事故的应急救援工作，由县级以上人民政府统一领导。

第四十七条　消防车、消防艇前往执行火灾扑救或者应急救援任务，在确保安全的前提下，不受行驶速度、行驶路线、行驶方向和指挥信号的限制，其他车辆、船舶以及行人应当让行，不得穿插超越；收费公路、桥梁免收车辆通行费。交通管理指挥人员应当保证消防车、消防艇迅速通行。

赶赴火灾现场或者应急救援现场的消防人员和调集的消防装备、物资，需要铁路、水路或者航空运输的，有关单位应当优先运输。

第四十八条　消防车、消防艇以及消防器材、装备和设施，不得用于与消防和应急救援工作无关的事项。

第四十九条　公安消防队、专职消防队扑救火灾、应急救援，不得收取任何费用。

单位专职消防队、志愿消防队参加扑救外单位火灾所损耗的燃料、灭火剂和器材、装备等，由火灾发生地的人民政府给予补偿。

第五十条　对因参加扑救火灾或者应急救援受伤、致残或者死亡的人员，按照国家有关规定给予医疗、抚恤。

第五十一条　公安机关消防机构有权根据需要封闭火灾现场，负责调查火灾原因，统计火灾损失。

火灾扑灭后，发生火灾的单位和相关人员应当按照公安机关消防机构的要求保护现场，接受事故调查，如实提供与火灾有关的情况。

公安机关消防机构根据火灾现场勘验、调查情况和有关的检验、鉴定意见，及时制作火灾事故认定书，作为处理火灾事故的证据。

第五章　监　督　检　查

第五十二条　地方各级人民政府应当落实消防工作责任制，对本级人民政府有关部门履行消防安全职责的情况进行监督检查。

县级以上地方人民政府有关部门应当根据本系统的特点，有针对性地开展消防安全检查，及时督促整改火灾隐患。

第五十三条　公安机关消防机构应当对机关、团体、企业、事业等单位遵守消防法律、法规的情况依法进行监督检查。公安派出所可以负责日常消防监督检查、开展消防宣传教育，具体办法由国务院公安部门规定。

公安机关消防机构、公安派出所的工作人员进行消防监督检查，应当出示证件。

第五十四条　公安机关消防机构在消防监督检查中发现火灾隐患的，应当通知有关单位或者个人立即采取措施消除隐患；不及时消除隐患可能严重威胁公共安全的，公安机关消防机构应当依照规定对危险部位或者场所采取临时查封措施。

第五十五条　公安机关消防机构在消防监督检查中发现城乡消防安全布局、公共消防设施不符合消防安全要求，或者发现本地区存在影响公共安全的重大火灾隐患的，应当由公安机关书面报告本级人民政府。

接到报告的人民政府应当及时核实情况，组织或者责成有关部门、单位采取措施，予以整改。

第五十六条　公安机关消防机构及其工作人员应当按照法定的职权和程序进行消防设计审核、消防验收和消防安全检查，做到公正、严格、文明、高效。

公安机关消防机构及其工作人员进行消防设计审核、消防验收和消防安全检查等，不得收取费用，不得利用消防设计审核、消防验收和消防安全检查谋取利益。公安机关消防机构及其工作人员不得利用职务为用户、建设单位指定或者变相指定消防产品的品牌、销售单位或者消防技术服务机构、消防设施施工单位。

第五十七条　公安机关消防机构及其工作人员执行职务，应当自觉接受社会和公民的监督。

任何单位和个人都有权对公安机关消防机构及其工作人员在执法中的违法行为进行检举、控告。收到检举、控告的机关，应当按照职责及时查处。

第六章　法 律 责 任

第五十八条　违反本法规定，有下列行为之一的，责令停止施工、停止使用或者停产停业，并处三万元以上三十万元以下罚款：

（一）依法应当经公安机关消防机构进行消防设计审核的建设工程，未经依法审核或者审核不合格，擅自施工的；

（二）消防设计经公安机关消防机构依法抽查不合格，不停止施工的；

（三）依法应当进行消防验收的建设工程，未经消防验收或者消防验收不合格，擅自投入使用的；

（四）建设工程投入使用后经公安机关消防机构依法抽查不合格，不停止使用的；

（五）公众聚集场所未经消防安全检查或者经检查不符合消防安全要求，擅自投入使用、营业的。

建设单位未依照本法规定将消防设计文件报公安机关消防机构备案，或者在竣工后未依照本法规定报公安机关消防机构备案的，责令限期改正，处五千元以下罚款。

第五十九条　违反本法规定，有下列行为之一的，责令改正或者停止施工，并处一万元以上十万元以下罚款：

（一）建设单位要求建筑设计单位或者建筑施工企业降低消防技术标准设计、施工的；

（二）建筑设计单位不按照消防技术标准强制性要求进行消防设计的；

（三）建筑施工企业不按照消防设计文件和消防技术标准施工，降低消防施工质量的；

（四）工程监理单位与建设单位或者建筑施工企业串通，弄虚作假，降低消防施工质量的。

第六十条　单位违反本法规定，有下列行为之一的，责令改正，处五千元以上五万元以下罚款：

（一）消防设施、器材或者消防安全标志的配置、设置不符合国家标准、行业标准，或者未保持完好有效的；

（二）损坏、挪用或者擅自拆除、停用消防设施、器材的；

（三）占用、堵塞、封闭疏散通道、安全出口或者有其他妨碍安全疏散行为的；

（四）埋压、圈占、遮挡消火栓或者占用防火间距的；

（五）占用、堵塞、封闭消防车通道，妨碍消防车通行的；

（六）人员密集场所在门窗上设置影响逃生和灭火救援的障碍物的；

（七）对火灾隐患经公安机关消防机构通知后不及时采取措施消除的。

个人有前款第二项、第三项、第四项、第五项行为之一的，处警告或者五百元以下罚款。

有本条第一款第三项、第四项、第五项、第六项行为，经责令改正拒不改正的，强制执行，所需费用由违法行为人承担。

第六十一条　生产、储存、经营易燃易爆危险品的场所与居住场所设置在同一建筑物内，或者未与居住场所保持安全距离的，责令停产停业，并处五千元以上五万元以下罚款。

生产、储存、经营其他物品的场所与居住场所设置在同一建筑物内，不符合消防技术标准的，依照前款规定处罚。

第六十二条　有下列行为之一的，依照《中华人民共和国治安管理处罚法》的规定处罚：

（一）违反有关消防技术标准和管理规定生产、储存、运输、销售、使用、销毁易燃易爆危险品的；

（二）非法携带易燃易爆危险品进入公共场所或者乘坐公共交通工具的；

（三）谎报火警的；

（四）阻碍消防车、消防艇执行任务的；

（五）阻碍公安机关消防机构的工作人员依法执行职务的。

第六十三条　违反本法规定，有下列行为之一的，处警告或者五百元以下罚款；情节严重的，处五日以下拘留：

（一）违反消防安全规定进入生产、储存易燃易爆危险品场所的；

（二）违反规定使用明火作业或者在具有火灾、爆炸危险的场所吸烟、使用明火的。

第六十四条　违反本法规定，有下列行为之一，尚不构成犯罪的，处十日以上十五日以下拘留，可以并处五百元以下罚款；情节较轻的，处警告或者五百元以下罚款：

（一）指使或者强令他人违反消防安全规定，冒险作业的；

（二）过失引起火灾的；

（三）在火灾发生后阻拦报警，或者负有报告职责的人员不及时报警的；

（四）扰乱火灾现场秩序，或者拒不执行火灾现场指挥员指挥，影响灭火救援的；

（五）故意破坏或者伪造火灾现场的；

（六）擅自拆封或者使用被公安机关消防机构查封的场所、部位的。

第六十五条　违反本法规定，生产、销售不合格的消防产品或者国家明令淘汰的消防产品的，由产品质量监督部门或者工商行政管理部门依照《中华人民共和国产品质量法》的规定从重处罚。

人员密集场所使用不合格的消防产品或者国家明令淘汰的消防产品的，责令限期改正；逾期不改正的，处五千元以上五万元以下罚款，并对其直接负责的主管人员和其他直接责任人员处五百元以上二千元以下罚款；情节严重的，责令停产停业。

公安机关消防机构对于本条第二款规定的情形，除依法对使用者予以处罚外，应当将发现不合格的消防产品和国家明令淘汰的消防产品的情况通报产品质量监督部门、工商行政管理部门。产品质量监督部门、工商行政管理部门应当对生产者、销售者依法及时查处。

第六十六条　电器产品、燃气用具的安装、使用及其线路、管路的设计、敷设、维护保养、检测不符合消防技术标准和管理规定的，责令限期改正；逾期不改正的，责令停止使用，可以并处一千元以上五千元以下罚款。

第六十七条　机关、团体、企业、事业等单位违反本法第十六条、第十七条、第十八条、第二十一条第二款规定的，责令限期改正；逾期不改正的，对其直接负责的主管人员和其他直接责任人员依法给予处分或者给予警告处罚。

第六十八条　人员密集场所发生火灾，该场所的现场工作人员不履行组织、引导在场人员疏散的义务，情节严重，尚不构成犯罪的，处五日以上十日以下拘留。

第六十九条　消防产品质量认证、消防设施检测等消防技术服务机构出具虚假文件的，责令改正，处五万元以上十万元以下罚款，并对直接负责的主管人员和其他直接责任人员处一万元以上五万元以下罚款；有违法所得的，并处没收违法所得；给他人造成损失的，依法承担赔偿责任；情节严重的，由原许可机关依法责令停止执业或者吊销相应资质、资格。

前款规定的机构出具失实文件，给他人造成损失的，依法承担赔偿责任；造成重大损失的，由原许可机关依法责令停止执业或者吊销相应资质、资格。

第七十条 本法规定的行政处罚，除本法另有规定的外，由公安机关消防机构决定；其中拘留处罚由县级以上公安机关依照《中华人民共和国治安管理处罚法》的有关规定决定。

公安机关消防机构需要传唤消防安全违法行为人的，依照《中华人民共和国治安管理处罚法》的有关规定执行。

被责令停止施工、停止使用、停产停业的，应当在整改后向公安机关消防机构报告，经公安机关消防机构检查合格，方可恢复施工、使用、生产、经营。

当事人逾期不执行停产停业、停止使用、停止施工决定的，由作出决定的公安机关消防机构强制执行。

责令停产停业，对经济和社会生活影响较大的，由公安机关消防机构提出意见，并由公安机关报请本级人民政府依法决定。本级人民政府组织公安机关等部门实施。

第七十一条 公安机关消防机构的工作人员滥用职权、玩忽职守、徇私舞弊，有下列行为之一，尚不构成犯罪的，依法给予处分：

（一）对不符合消防安全要求的消防设计文件、建设工程、场所准予审核合格、消防验收合格、消防安全检查合格的；

（二）无故拖延消防设计审核、消防验收、消防安全检查，不在法定期限内履行职责的；

（三）发现火灾隐患不及时通知有关单位或者个人整改的；

（四）利用职务为用户、建设单位指定或者变相指定消防产品的品牌、销售单位或者消防技术服务机构、消防设施施工单位的；

（五）将消防车、消防艇以及消防器材、装备和设施用于与消防和应急救援无关的事项的；

（六）其他滥用职权、玩忽职守、徇私舞弊的行为。

建设、产品质量监督、工商行政管理等其他有关行政主管部门的工作人员在消防工作中滥用职权、玩忽职守、徇私舞弊，尚不构成犯罪的，依法给予处分。

第七十二条 违反本法规定，构成犯罪的，依法追究刑事责任。

第七章 附 则

第七十三条 本法下列用语的含义：

（一）消防设施，是指火灾自动报警系统、自动灭火系统、消火栓系统、防烟排烟系统以及应急广播和应急照明、安全疏散设施等。

（二）消防产品，是指专门用于火灾预防、灭火救援和火灾防护、避难、逃生的产品。

（三）公众聚集场所，是指宾馆、饭店、商场、集贸市场、客运车站候车室、客运码头候船厅、民用机场航站楼、体育场馆、会堂以及公共娱乐场所等。

（四）人员密集场所，是指公众聚集场所，医院的门诊楼、病房楼，学校的教学楼、图书馆、食堂和集体宿舍，养老院，福利院，托儿所，幼儿园，公共图书馆的阅览室，公共展览馆、博物馆的展示厅，劳动密集型企业的生产加工车间和员工集体宿舍，旅游、宗教活动场所等。

第七十四条 本法自 2009 年 5 月 1 日起施行。

附件二 中华人民共和国治安管理处罚法

第一章 总 则

第一条 为维护社会治安秩序，保障公共安全，保护公民、法人和其他组织的合法权益，规范和保障公安机关及其人民警察依法履行治安管理职责，制定本法。

第二条 扰乱公共秩序，妨害公共安全，侵犯人身权利、财产权利，妨害社会管理，具有社会危害性，依照《中华人民共和国刑法》的规定构成犯罪的，依法追究刑事责任；尚不够刑事处罚的，由公安机关依照本法给予治安管理处罚。

第三条 治安管理处罚的程序，适用本法的规定；本法没有规定的，适用《中华人民共和国行政处罚法》的有关规定。

第四条 在中华人民共和国领域内发生的违反治安管理行为，除法律有特别规定的外，适用本法。

在中华人民共和国船舶和航空器内发生的违反治安管理行为，除法律有特别规定的外，适用本法。

第五条 治安管理处罚必须以事实为依据，与违反治安管理行为的性质、情节以及社会危害程度相当。

实施治安管理处罚，应当公开、公正，尊重和保障人权，保护公民的人格尊严。

办理治安案件应当坚持教育与处罚相结合的原则。

第六条 各级人民政府应当加强社会治安综合治理，采取有效措施，化解社会矛盾，增进社会和谐，维护社会稳定。

第七条 国务院公安部门负责全国的治安管理工作。县级以上地方各级人民政府公安机关负责本行政区域内的治安管理工作。

治安案件的管辖由国务院公安部门规定。

第八条 违反治安管理的行为对他人造成损害的，行为人或者其监护人应当依法承担民事责任。

第九条 对于因民间纠纷引起的打架斗殴或者损毁他人财物等违反治安管理行为，情节较轻的，公安机关可以调解处理。经公安机关调解，当事人达成协议的，不予处罚。经调解未达成协议或者达成协议后不履行的，公安机关应当依照本法的规定对违反治安管理行为人给予处罚，并告知当事人可以就民事争议依法向人民法院提起民事诉讼。

第二章 处罚的种类和适用

第十条 治安管理处罚的种类分为：

（一）警告；

（二）罚款；

（三）行政拘留；

（四）吊销公安机关发放的许可证。

对违反治安管理的外国人，可以附加适用限期出境或者驱逐出境。

第十一条 办理治安案件所查获的毒品、淫秽物品等违禁品，赌具、赌资，吸食、注射毒品的用具以及直接用于实施违反治安管理行为的本人所有的工具，应当收缴，按照规定处理。

违反治安管理所得的财物，追缴退还被侵害人；没有被侵害人的，登记造册，公开拍卖或者按照国家有关规定处理，所得款项上缴国库。

第十二条 已满十四周岁不满十八周岁的人违反治安管理的，从轻或者减轻处罚；不满十四周岁的人违反治安管理的，不予处罚，但是应当责令其监护人严加管教。

第十三条 精神病人在不能辨认或者不能控制自己行为的时候违反治安管理的，不予处罚，但是应当责令其监护人严加看管和治疗。间歇性的精神病人在精神正常的时候违反治安管理的，应当给予处罚。

第十四条 盲人或者又聋又哑的人违反治安管理的，可以从轻、减轻或者不予处罚。

第十五条 醉酒的人违反治安管理的，应当给予处罚。

醉酒的人在醉酒状态中，对本人有危险或者对他人的人身、财产或者公共安全有威胁的，应当对其采取保护性措施约束至酒醒。

第十六条 有两种以上违反治安管理行为的，分别决定，合并执行。行政拘留处罚合并执行的，最长不超过二十日。

第十七条 共同违反治安管理的，根据违反治安管理行为人在违反治安管理行为中所起的作用，分别处罚。

教唆、胁迫、诱骗他人违反治安管理的，按照其教唆、胁迫、诱骗的行为处罚。

第十八条 单位违反治安管理的，对其直接负责的主管人员和其他直接责任人员依照本法的规定处罚。其他法律、行政法规对同一行为规定给予单位处罚的，依照其规定处罚。

第十九条 违反治安管理有下列情形之一的，减轻处罚或者不予处罚：

（一）情节特别轻微的；

（二）主动消除或者减轻违法后果，并取得被侵害人谅解的；

（三）出于他人胁迫或者诱骗的；

（四）主动投案，向公安机关如实陈述自己的违法行为的；

（五）有立功表现的。

第二十条 违反治安管理有下列情形之一的，从重处罚：

（一）有较严重后果的；

（二）教唆、胁迫、诱骗他人违反治安管理的；

（三）对报案人、控告人、举报人、证人打击报复的；

（四）六个月内曾受过治安管理处罚的。

第二十一条 违反治安管理行为人有下列情形之一，依照本法应当给予行政拘留处罚的，不执行行政拘留处罚：

（一）已满十四周岁不满十六周岁的；

（二）已满十六周岁不满十八周岁，初次违反治安管理的；

（三）七十周岁以上的；

（四）怀孕或者哺乳自己不满一周岁婴儿的。

第二十二条 违反治安管理行为在六个月内没有被公安机关发现的，不再处罚。

前款规定的期限，从违反治安管理行为发生之日起计算；违反治安管理行为有连续或者继续状态的，从行为终了之日起计算。

第三章　违反治安管理的行为和处罚

第一节　扰乱公共秩序的行为和处罚

第二十三条 有下列行为之一的，处警告或者二百元以下罚款；情节较重的，处五日以上十日以下拘留，可以并处五百元以下罚款：

（一）扰乱机关、团体、企业、事业单位秩序，致使工作、生产、营业、医疗、教学、科研不能正常进行，尚未造成严重损失的；

（二）扰乱车站、港口、码头、机场、商场、公园、展览馆或者其他公共场所秩序的；

（三）扰乱公共汽车、电车、火车、船舶、航空器或者其他公共交通工具上的秩序的；

（四）非法拦截或者强登、扒乘机动车、船舶、航空器以及其他交通工具，影响交通工具正常行驶的；

（五）破坏依法进行的选举秩序的。

聚众实施前款行为的，对首要分子处十日以上十五日以下拘留，可以并处一千元以下罚款。

第二十四条　有下列行为之一，扰乱文化、体育等大型群众性活动秩序的，处警告或者二百元以下罚款；情节严重的，处五日以上十日以下拘留，可以并处五百元以下罚款：

（一）强行进入场内的；

（二）违反规定，在场内燃放烟花爆竹或者其他物品的；

（三）展示侮辱性标语、条幅等物品的；

（四）围攻裁判员、运动员或者其他工作人员的；

（五）向场内投掷杂物，不听制止的；

（六）扰乱大型群众性活动秩序的其他行为。

因扰乱体育比赛秩序被处以拘留处罚的，可以同时责令其十二个月内不得进入体育场馆观看同类比赛；违反规定进入体育场馆的，强行带离现场。

第二十五条　有下列行为之一的，处五日以上十日以下拘留，可以并处五百元以下罚款；情节较轻的，处五日以下拘留或者五百元以下罚款：

（一）散布谣言，谎报险情、疫情、警情或者以其他方法故意扰乱公共秩序的；

（二）投放虚假的爆炸性、毒害性、放射性、腐蚀性物质或者传染病病原体等危险物质扰乱公共秩序的；

（三）扬言实施放火、爆炸、投放危险物质扰乱公共秩序的。

第二十六条　有下列行为之一的，处五日以上十日以下拘留，可以并处五百元以下罚款；情节较重的，处十日以上十五日以下拘留，可以并处一千元以下罚款：

（一）结伙斗殴的；

（二）追逐、拦截他人的；

（三）强拿硬要或者任意损毁、占用公私财物的；

（四）其他寻衅滋事行为。

第二十七条　有下列行为之一的，处十日以上十五日以下拘留，可以并处一千元以下罚款；情节较轻的，处五日以上十日以下拘留，可以并处五百元以下罚款：

（一）组织、教唆、胁迫、诱骗、煽动他人从事邪教、会道门活动或者利用邪教、会道门、迷信活动，扰乱社会秩序、损害他人身体健康的；

（二）冒用宗教、气功名义进行扰乱社会秩序、损害他人身体健康活动的。

第二十八条　违反国家规定，故意干扰无线电业务正常进行的，或者对正常运行的无线电台（站）产生有害干扰，经有关主管部门指出后，拒不采取有效措施消除的，处五日以上十日以下拘留；情节严重的，处十日以上十五日以下拘留。

第二十九条　有下列行为之一的，处五日以下拘留；情节较重的，处五日以上十日以下拘留：

（一）违反国家规定，侵入计算机信息系统，造成危害的；

（二）违反国家规定，对计算机信息系统功能进行删除、修改、增加、干扰，造成计算机信息系统不能正常运行的；

（三）违反国家规定，对计算机信息系统中存储、处理、传输的数据和应用程序进行删除、修改、增加的；

（四）故意制作、传播计算机病毒等破坏性程序，影响计算机信息系统正常运行的。

第二节　妨害公共安全的行为和处罚

第三十条　违反国家规定，制造、买卖、储存、运输、邮寄、携带、使用、提供、处置爆炸性、毒害性、放射性、腐蚀性物质或者传染病病原体等危险物质的，处十日以上十五日以下拘留；情节较轻的，处五日以上十日以下拘留。

第三十一条 爆炸性、毒害性、放射性、腐蚀性物质或者传染病病原体等危险物质被盗、被抢或者丢失，未按规定报告的，处五日以下拘留；故意隐瞒不报的，处五日以上十日以下拘留。

第三十二条 非法携带枪支、弹药或者弩、匕首等国家规定的管制器具的，处五日以下拘留，可以并处五百元以下罚款；情节较轻的，处警告或者二百元以下罚款。

非法携带枪支、弹药或者弩、匕首等国家规定的管制器具进入公共场所或者公共交通工具的，处五日以上十日以下拘留，可以并处五百元以下罚款。

第三十三条 有下列行为之一的，处十日以上十五日以下拘留：

（一）盗窃、损毁油气管道设施、电力电信设施、广播电视设施、水利防汛工程设施或者水文监测、测量、气象测报、环境监测、地质监测、地震监测等公共设施的；

（二）移动、损毁国家边境的界碑、界桩以及其他边境标志、边境设施或者领土、领海标志设施的；

（三）非法进行影响国（边）界线走向的活动或者修建有碍国（边）境管理的设施的。

第三十四条 盗窃、损坏、擅自移动使用中的航空设施，或者强行进入航空器驾驶舱的，处十日以上十五日以下拘留。

在使用中的航空器上使用可能影响导航系统正常功能的器具、工具，不听劝阻的，处五日以下拘留或者五百元以下罚款。

第三十五条 有下列行为之一的，处五日以上十日以下拘留，可以并处五百元以下罚款；情节较轻的，处五日以下拘留或者五百元以下罚款：

（一）盗窃、损毁或者擅自移动铁路设施、设备、机车车辆配件或者安全标志的；

（二）在铁路线路上放置障碍物，或者故意向列车投掷物品的；

（三）在铁路线路、桥梁、涵洞处挖掘坑穴、采石取沙的；

（四）在铁路线路上私设道口或者平交过道的。

第三十六条 擅自进入铁路防护网或者火车来临时在铁路线路上行走坐卧、抢越铁路，影响行车安全的，处警告或者二百元以下罚款。

第三十七条 有下列行为之一的，处五日以下拘留或者五百元以下罚款；情节严重的，处五日以上十日以下拘留，可以并处五百元以下罚款：

（一）未经批准，安装、使用电网的，或者安装、使用电网不符合安全规定的；

（二）在车辆、行人通行的地方施工，对沟井坎穴不设覆盖物、防围和警示标志的，或者故意损毁、移动覆盖物、防围和警示标志的；

（三）盗窃、损毁路面井盖、照明等公共设施的。

第三十八条 举办文化、体育等大型群众性活动，违反有关规定，有发生安全事故危险的，责令停止活动，立即疏散；对组织者处五日以上十日以下拘留，并处二百元以上五百元以下罚款；情节较轻的，处五日以下拘留或者五百元以下罚款。

第三十九条 旅馆、饭店、影剧院、娱乐场、运动场、展览馆或者其他供社会公众活动的场所的经营管理人员，违反安全规定，致使该场所有发生安全事故危险，经公安机关责令改正，拒不改正的，处五日以下拘留。

第三节 侵犯人身权利、财产权利的行为和处罚

第四十条 有下列行为之一的，处十日以上十五日以下拘留，并处五百元以上一千元以下罚款；情节较轻的，处五日以上十日以下拘留，并处二百元以上五百元以下罚款：

（一）组织、胁迫、诱骗不满十六周岁的人或者残疾人进行恐怖、残忍表演的；

（二）以暴力、威胁或者其他手段强迫他人劳动的；

（三）非法限制他人人身自由、非法侵入他人住宅或者非法搜查他人身体的。

第四十一条　胁迫、诱骗或者利用他人乞讨的，处十日以上十五日以下拘留，可以并处一千元以下罚款。

反复纠缠、强行讨要或者以其他滋扰他人的方式乞讨的，处五日以下拘留或者警告。

第四十二条　有下列行为之一的，处五日以下拘留或者五百元以下罚款；情节较重的，处五日以上十日以下拘留，可以并处五百元以下罚款：

（一）写恐吓信或者以其他方法威胁他人人身安全的；

（二）公然侮辱他人或者捏造事实诽谤他人的；

（三）捏造事实诬告陷害他人，企图使他人受到刑事追究或者受到治安管理处罚的；

（四）对证人及其近亲属进行威胁、侮辱、殴打或者打击报复的；

（五）多次发送淫秽、侮辱、恐吓或者其他信息，干扰他人正常生活的；

（六）偷窥、偷拍、窃听、散布他人隐私的。

第四十三条　殴打他人的，或者故意伤害他人身体的，处五日以上十日以下拘留，并处二百元以上五百元以下罚款；情节较轻的，处五日以下拘留或者五百元以下罚款。

有下列情形之一的，处十日以上十五日以下拘留，并处五百元以上一千元以下罚款：

（一）结伙殴打、伤害他人的；

（二）殴打、伤害残疾人、孕妇、不满十四周岁的人或者六十周岁以上的人的；

（三）多次殴打、伤害他人或者一次殴打、伤害多人的。

第四十四条　猥亵他人的，或者在公共场所故意裸露身体，情节恶劣的，处五日以上十日以下拘留；猥亵智力残疾人、精神病人、不满十四周岁的人或者有其他严重情节的，处十日以上十五日以下拘留。

第四十五条　有下列行为之一的，处五日以下拘留或者警告：

（一）虐待家庭成员，被虐待人要求处理的；

（二）遗弃没有独立生活能力的被扶养人的。

第四十六条　强买强卖商品，强迫他人提供服务或者强迫他人接受服务的，处五日以上十日以下拘留，并处二百元以上五百元以下罚款；情节较轻的，处五日以下拘留或者五百元以下罚款。

第四十七条　煽动民族仇恨、民族歧视，或者在出版物、计算机信息网络中刊载民族歧视、侮辱内容的，处十日以上十五日以下拘留，可以并处一千元以下罚款。

第四十八条　冒领、隐匿、毁弃、私自开拆或者非法检查他人邮件的，处五日以下拘留或者五百元以下罚款。

第四十九条　盗窃、诈骗、哄抢、抢夺、敲诈勒索或者故意损毁公私财物的，处五日以上十日以下拘留，可以并处五百元以下罚款；情节较重的，处十日以上十五日以下拘留，可以并处一千元以下罚款。

第四节　妨害社会管理的行为和处罚

第五十条　有下列行为之一的，处警告或者二百元以下罚款；情节严重的，处五日以上十日以下拘留，可以并处五百元以下罚款：

（一）拒不执行人民政府在紧急状态情况下依法发布的决定、命令的；

（二）阻碍国家机关工作人员依法执行职务的；

（三）阻碍执行紧急任务的消防车、救护车、工程抢险车、警车等车辆通行的；

（四）强行冲闯公安机关设置的警戒带、警戒区的。

阻碍人民警察依法执行职务的，从重处罚。

第五十一条　冒充国家机关工作人员或者以其他虚假身份招摇撞骗的，处五日以上十日以下拘留，可以并处五百元以下罚款；情节较轻的，处五日以下拘留或者五百元以下罚款。

冒充军警人员招摇撞骗的，从重处罚。

第五十二条　有下列行为之一的，处十日以上十五日以下拘留，可以并处一千元以下罚款；情节较轻的，处五日以上十日以下拘留，可以并处五百元以下罚款：

（一）伪造、变造或者买卖国家机关、人民团体、企业、事业单位或者其他组织的公文、证件、证明文件、印章的；

（二）买卖或者使用伪造、变造的国家机关、人民团体、企业、事业单位或者其他组织的公文、证件、证明文件的；

（三）伪造、变造、倒卖车票、船票、航空客票、文艺演出票、体育比赛入场券或者其他有价票证、凭证的；

（四）伪造、变造船舶户牌，买卖或者使用伪造、变造的船舶户牌，或者涂改船舶发动机号码的。

第五十三条　船舶擅自进入、停靠国家禁止、限制进入的水域或者岛屿的，对船舶负责人及有关责任人员处五百元以上一千元以下罚款；情节严重的，处五日以下拘留，并处五百元以上一千元以下罚款。

第五十四条　有下列行为之一的，处十日以上十五日以下拘留，并处五百元以上一千元以下罚款；情节较轻的，处五日以下拘留或者五百元以下罚款：

（一）违反国家规定，未经注册登记，以社会团体名义进行活动，被取缔后，仍进行活动的；

（二）被依法撤销登记的社会团体，仍以社会团体名义进行活动的；

（三）未经许可，擅自经营按照国家规定需要由公安机关许可的行业的。

有前款第三项行为的，予以取缔。

取得公安机关许可的经营者，违反国家有关管理规定，情节严重的，公安机关可以吊销许可证。

第五十五条　煽动、策划非法集会、游行、示威，不听劝阻的，处十日以上十五日以下拘留。

第五十六条　旅馆业的工作人员对住宿的旅客不按规定登记姓名、身份证件种类和号码的，或者明知住宿的旅客将危险物质带入旅馆，不予制止的，处二百元以上五百元以下罚款。

旅馆业的工作人员明知住宿的旅客是犯罪嫌疑人员或者被公安机关通缉的人员，不向公安机关报告的，处二百元以上五百元以下罚款；情节严重的，处五日以下拘留，可以并处五百元以下罚款。

第五十七条　房屋出租人将房屋出租给无身份证件的人居住的，或者不按规定登记承租人姓名、身份证件种类和号码的，处二百元以上五百元以下罚款。

房屋出租人明知承租人利用出租房屋进行犯罪活动，不向公安机关报告的，处二百元以上五百元以下罚款；情节严重的，处五日以下拘留，可以并处五百元以下罚款。

第五十八条　违反关于社会生活噪声污染防治的法律规定，制造噪声干扰他人正常生活的，处警告；警告后不改正的，处二百元以上五百元以下罚款。

第五十九条　有下列行为之一的，处五百元以上一千元以下罚款；情节严重的，处五日以上十日以下拘留，并处五百元以上一千元以下罚款：

（一）典当业工作人员承接典当的物品，不查验有关证明、不履行登记手续，或者明知是违法犯罪嫌疑人、赃物，不向公安机关报告的；

（二）违反国家规定，收购铁路、油田、供电、电信、矿山、水利、测量和城市公用设施等废旧专用器材的；

（三）收购公安机关通报寻查的赃物或者有赃物嫌疑的物品的；

（四）收购国家禁止收购的其他物品的。

第六十条　有下列行为之一的，处五日以上十日以下拘留，并处二百元以上五百元以下罚款：

（一）隐藏、转移、变卖或者损毁行政执法机关依法扣押、查封、冻结的财物的；

（二）伪造、隐匿、毁灭证据或者提供虚假证言、谎报案情，影响行政执法机关依法办案的；

（三）明知是赃物而窝藏、转移或者代为销售的；

（四）被依法执行管制、剥夺政治权利或者在缓刑、保外就医等监外执行中的罪犯或者被依法采取刑事强制措施的人，有违反法律、行政法规和国务院公安部门有关监督管理规定的行为。

第六十一条　协助组织或者运送他人偷越国（边）境的，处十日以上十五日以下拘留，并处一千元以上五千元以下罚款。

第六十二条　为偷越国（边）境人员提供条件的，处五日以上十日以下拘留，并处五百元以上二千元以下罚款。

偷越国（边）境的，处五日以下拘留或者五百元以下罚款。

第六十三条　有下列行为之一的，处警告或者二百元以下罚款；情节较重的，处五日以上十日以下拘留，并处二百元以上五百元以下罚款：

（一）刻划、涂污或者以其他方式故意损坏国家保护的文物、名胜古迹的；

（二）违反国家规定，在文物保护单位附近进行爆破、挖掘等活动，危及文物安全的。

第六十四条　有下列行为之一的，处五百元以上一千元以下罚款；情节严重的，处十日以上十五日以下拘留，并处五百元以上一千元以下罚款：

（一）偷开他人机动车的；

（二）未取得驾驶证驾驶或者偷开他人航空器、机动船舶的。

第六十五条　有下列行为之一的，处五日以上十日以下拘留；情节严重的，处十日以上十五日以下拘留，可以并处一千元以下罚款：

（一）故意破坏、污损他人坟墓或者毁坏、丢弃他人尸骨、骨灰的；

（二）在公共场所停放尸体或者因停放尸体影响他人正常生活、工作秩序，不听劝阻的。

第六十六条　卖淫、嫖娼的，处十日以上十五日以下拘留，可以并处五千元以下罚款；情节较轻的，处五日以下拘留或者五百元以下罚款。

在公共场所拉客招嫖的，处五日以下拘留或者五百元以下罚款。

第六十七条　引诱、容留、介绍他人卖淫的，处十日以上十五日以下拘留，可以并处五千元以下罚款；情节较轻的，处五日以下拘留或者五百元以下罚款。

第六十八条　制作、运输、复制、出售、出租淫秽的书刊、图片、影片、音像制品等淫秽物品或者利用计算机信息网络、电话以及其他通讯工具传播淫秽信息的，处十日以上十五日以下拘留，可以并处三千元以下罚款；情节较轻的，处五日以下拘留或者五百元以下罚款。

第六十九条　有下列行为之一的，处十日以上十五日以下拘留，并处五百元以上一千元以下罚款：

（一）组织播放淫秽音像的；

（二）组织或者进行淫秽表演的；

（三）参与聚众淫乱活动的。

明知他人从事前款活动，为其提供条件的，依照前款的规定处罚。

第七十条　以营利为目的，为赌博提供条件的，或者参与赌博赌资较大的，处五日以下拘留或者五百元以下罚款；情节严重的，处十日以上十五日以下拘留，并处五百元以上三千元以下罚款。

第七十一条　有下列行为之一的，处十日以上十五日以下拘留，可以并处三千元以下罚款；情节较轻的，处五日以下拘留或者五百元以下罚款：

（一）非法种植罂粟不满五百株或者其他少量毒品原植物的；

（二）非法买卖、运输、携带、持有少量未经灭活的罂粟等毒品原植物种子或者幼苗的；

（三）非法运输、买卖、储存、使用少量罂粟壳的。

有前款第一项行为，在成熟前自行铲除的，不予处罚。

第七十二条　有下列行为之一的，处十日以上十五日以下拘留，可以并处二千元以下罚款；情节较轻的，处五日以下拘留或者五百元以下罚款：

（一）非法持有鸦片不满二百克、海洛因或者甲基苯丙胺不满十克或者其他少量毒品的；

（二）向他人提供毒品的；

（三）吸食、注射毒品的；

（四）胁迫、欺骗医务人员开具麻醉药品、精神药品的。

第七十三条　教唆、引诱、欺骗他人吸食、注射毒品的，处十日以上十五日以下拘留，并处五百元以上二千元以下罚款。

第七十四条　旅馆业、饮食服务业、文化娱乐业、出租汽车业等单位的人员，在公安机关查处吸毒、赌博、卖淫、嫖娼活动时，为违法犯罪行为人通风报信的，处十日以上十五日以下拘留。

第七十五条　饲养动物，干扰他人正常生活的，处警告；警告后不改正的，或者放任动物恐吓他人的，处二百元以上五百元以下罚款。

驱使动物伤害他人的，依照本法第四十三条第一款的规定处罚。

第七十六条　有本法第六十七条、第六十八条、第七十条的行为，屡教不改的，可以按照国家规定采取强制性教育措施。

第四章　处　罚　程　序

第一节　调　　查

第七十七条　公安机关对报案、控告、举报或者违反治安管理行为人主动投案，以及其他行政主管部门、司法机关移送的违反治安管理案件，应当及时受理，并进行登记。

第七十八条　公安机关受理报案、控告、举报、投案后，认为属于违反治安管理行为的，应当立即进行调查；认为不属于违反治安管理行为的，应当告知报案人、控告人、举报人、投案人，并说明理由。

第七十九条　公安机关及其人民警察对治安案件的调查，应当依法进行。严禁刑讯逼供或者采用威胁、引诱、欺骗等非法手段收集证据。

以非法手段收集的证据不得作为处罚的根据。

第八十条　公安机关及其人民警察在办理治安案件时，对涉及的国家秘密、商业秘密或者个人隐私，应当予以保密。

第八十一条　人民警察在办理治安案件过程中，遇有下列情形之一的，应当回避；违反治安管理行为人、被侵害人或者其法定代理人也有权要求他们回避：

（一）是本案当事人或者当事人的近亲属的；

（二）本人或者其近亲属与本案有利害关系的；

（三）与本案当事人有其他关系，可能影响案件公正处理的。

人民警察的回避，由其所属的公安机关决定；公安机关负责人的回避，由上一级公安机关决定。

第八十二条　需要传唤违反治安管理行为人接受调查的，经公安机关办案部门负责人批准，使用传唤证传唤。对现场发现的违反治安管理行为人，人民警察经出示工作证件，可以口头传唤，但应当在询问笔录中注明。

公安机关应当将传唤的原因和依据告知被传唤人。对无正当理由不接受传唤或者逃避传唤的人，可以强制传唤。

第八十三条　对违反治安管理行为人，公安机关传唤后应当及时询问查证，询问查证的时间不得超过八小时；情况复杂，依照本法规定可能适用行政拘留处罚的，询问查证的时间不得超过二十四小时。

公安机关应当及时将传唤的原因和处所通知被传唤人家属。

第八十四条　询问笔录应当交被询问人核对；对没有阅读能力的，应当向其宣读。记载有遗漏或者差错的，被询问人可以提出补充或者更正。被询问人确认笔录无误后，应当签名或者盖章，询问的人民警察也应当在笔录上签名。

被询问人要求就被询问事项自行提供书面材料的，应当准许；必要时，人民警察也可以要求被询问人自行书写。

询问不满十六周岁的违反治安管理行为人，应当通知其父母或者其他监护人到场。

第八十五条　人民警察询问被侵害人或者其他证人，可以到其所在单位或者住处进行；必要时，也可以通知其到公安机关提供证言。

人民警察在公安机关以外询问被侵害人或者其他证人，应当出示工作证件。

询问被侵害人或者其他证人，同时适用本法第八十四条的规定。

第八十六条　询问聋哑的违反治安管理行为人、被侵害人或者其他证人，应当有通晓手语的人提供帮助，并在笔录上注明。

询问不通晓当地通用的语言文字的违反治安管理行为人、被侵害人或者其他证人，应当配备翻译人员，并在笔录上注明。

第八十七条　公安机关对与违反治安管理行为有关的场所、物品、人身可以进行检查。检查时，人民警察不得少于二人，并应当出示工作证件和县级以上人民政府公安机关开具的检查证明文件。对确有必要立即进行检查的，人民警察经出示工作证件，可以当场检查，但检查公民住所应当出示县级以上人民政府公安机关开具的检查证明文件。

检查妇女的身体，应当由女性工作人员进行。

第八十八条　检查的情况应当制作检查笔录，由检查人、被检查人和见证人签名或者盖章；被检查人拒绝签名的，人民警察应当在笔录上注明。

第八十九条　公安机关办理治安案件，对与案件有关的需要作为证据的物品，可以扣押；对被侵害人或者善意第三人合法占有的财产，不得扣押，应当予以登记。对与案件无关的物品，不得扣押。

对扣押的物品，应当会同在场见证人和被扣押物品持有人查点清楚，当场开列清单一式二份，由调查人员、见证人和持有人签名或者盖章，一份交给持有人，另一份附卷备查。

对扣押的物品，应当妥善保管，不得挪作他用；对不宜长期保存的物品，按照有关规定处理。经查明与案件无关的，应当及时退还；经核实属于他人合法财产的，应当登记后立即退还；满六个月无人对该财产主张权利或者无法查清权利人的，应当公开拍卖或者按照国家有关规定处理，所得款项上缴国库。

第九十条　为了查明案情，需要解决案件中有争议的专门性问题的，应当指派或者聘请具有专门知识的人员进行鉴定；鉴定人鉴定后，应当写出鉴定意见，并且签名。

第二节　决　　　定

第九十一条　治安管理处罚由县级以上人民政府公安机关决定；其中警告、五百元以下的罚款可以由公安派出所决定。

第九十二条　对决定给予行政拘留处罚的人，在处罚前已经采取强制措施限制人身自由的时间，应当折抵。限制人身自由一日，折抵行政拘留一日。

第九十三条　公安机关查处治安案件，对没有本人陈述，但其他证据能够证明案件事实的，可以作出治安管理处罚决定。但是，只有本人陈述，没有其他证据证明的，不能作出治安管理处罚决定。

第九十四条　公安机关作出治安管理处罚决定前，应当告知违反治安管理行为人作出治安管理处罚的事实、理由及依据，并告知违反治安管理行为人依法享有的权利。

违反治安管理行为人有权陈述和申辩。公安机关必须充分听取违反治安管理行为人的意见，对违反治安管理行为人提出的事实、理由和证据，应当进行复核；违反治安管理行为人提出的事实、理由或者证据成立的，公安机关应当采纳。

公安机关不得因违反治安管理行为人的陈述、申辩而加重处罚。

第九十五条　治安案件调查结束后，公安机关应当根据不同情况，分别作出以下处理：

（一）确有依法应当给予治安管理处罚的违法行为的，根据情节轻重及具体情况，作出处罚决定；

（二）依法不予处罚的，或者违法事实不能成立的，作出不予处罚决定；

（三）违法行为已涉嫌犯罪的，移送主管机关依法追究刑事责任；

（四）发现违反治安管理行为人有其他违法行为的，在对违反治安管理行为作出处罚决定的同时，通知有关行政主管部门处理。

第九十六条　公安机关作出治安管理处罚决定的，应当制作治安管理处罚决定书。决定书应当载明下列内容：

(一) 被处罚人的姓名、性别、年龄、身份证件的名称和号码、住址；

(二) 违法事实和证据；

(三) 处罚的种类和依据；

(四) 处罚的执行方式和期限；

(五) 对处罚决定不服，申请行政复议、提起行政诉讼的途径和期限；

(六) 作出处罚决定的公安机关的名称和作出决定的日期。

决定书应当由作出处罚决定的公安机关加盖印章。

第九十七条　公安机关应当向被处罚人宣告治安管理处罚决定书，并当场交付被处罚人；无法当场向被处罚人宣告的，应当在二日内送达被处罚人。决定给予行政拘留处罚的，应当及时通知被处罚人的家属。

有被侵害人的，公安机关应当将决定书副本抄送被侵害人。

第九十八条　公安机关作出吊销许可证以及处二千元以上罚款的治安管理处罚决定前，应当告知违反治安管理行为人有权要求举行听证；违反治安管理行为人要求听证的，公安机关应当及时依法举行听证。

第九十九条　公安机关办理治安案件的期限，自受理之日起不得超过三十日；案情重大、复杂的，经上一级公安机关批准，可以延长三十日。

为了查明案情进行鉴定的期间，不计入办理治安案件的期限。

第一百条　违反治安管理行为事实清楚，证据确凿，处警告或者二百元以下罚款的，可以当场作出治安管理处罚决定。

第一百零一条　当场作出治安管理处罚决定的，人民警察应当向违反治安管理行为人出示工作证件，并填写处罚决定书。处罚决定书应当当场交付被处罚人；有被侵害人的，并将决定书副本抄送被侵害人。

前款规定的处罚决定书，应当载明被处罚人的姓名、违法行为、处罚依据、罚款数额、时间、地点以及公安机关名称，并由经办的人民警察签名或者盖章。

当场作出治安管理处罚决定的，经办的人民警察应当在二十四小时内报所属公安机关备案。

第一百零二条　被处罚人对治安管理处罚决定不服的，可以依法申请行政复议或者提起行政诉讼。

第三节　执　　行

第一百零三条　对被决定给予行政拘留处罚的人，由作出决定的公安机关送达拘留所执行。

第一百零四条　受到罚款处罚的人应当自收到处罚决定书之日起十五日内，到指定的银行缴纳罚款。但是，有下列情形之一的，人民警察可以当场收缴罚款：

(一) 被处五十元以下罚款，被处罚人对罚款无异议的；

(二) 在边远、水上、交通不便地区，公安机关及其人民警察依照本法的规定作出罚款决定后，被处罚人向指定的银行缴纳罚款确有困难，经被处罚人提出的；

(三) 被处罚人在当地没有固定住所，不当场收缴事后难以执行的。

第一百零五条　人民警察当场收缴的罚款，应当自收缴罚款之日起二日内，交至所属的公安机关；在水上、旅客列车上当场收缴的罚款，应当自抵岸或者到站之日起二日内，交至所属的公安机关；公安机关应当自收到罚款之日起二日内将罚款缴付指定的银行。

第一百零六条　人民警察当场收缴罚款的，应当向被处罚人出具省、自治区、直辖市人民政府财政部门统一制发的罚款收据；不出具统一制发的罚款收据的，被处罚人有权拒绝缴纳罚款。

第一百零七条　被处罚人不服行政拘留处罚决定，申请行政复议、提起行政诉讼的，可以向公安机关提出暂缓执行行政拘留的申请。公安机关认为暂缓执行行政拘留不致发生社会危险的，由被处罚人或者其近亲属提出符合本法第一百零八条规定条件的担保人，或者按每日行政拘留二百元的标准交纳保证金，行政拘留的处罚决定暂缓执行。

第一百零八条　担保人应当符合下列条件：

（一）与本案无牵连；

（二）享有政治权利，人身自由未受到限制；

（三）在当地有常住户口和固定住所；

（四）有能力履行担保义务。

第一百零九条　担保人应当保证被担保人不逃避行政拘留处罚的执行。

担保人不履行担保义务，致使被担保人逃避行政拘留处罚的执行的，由公安机关对其处三千元以下罚款。

第一百一十条　被决定给予行政拘留处罚的人交纳保证金，暂缓行政拘留后，逃避行政拘留处罚的执行的，保证金予以没收并上缴国库，已经作出的行政拘留决定仍应执行。

第一百一十一条　行政拘留的处罚决定被撤销，或者行政拘留处罚开始执行的，公安机关收取的保证金应当及时退还交纳人。

第五章　执　法　监　督

第一百一十二条　公安机关及其人民警察应当依法、公正、严格、高效办理治安案件，文明执法，不得徇私舞弊。

第一百一十三条　公安机关及其人民警察办理治安案件，禁止对违反治安管理行为人打骂、虐待或者侮辱。

第一百一十四条　公安机关及其人民警察办理治安案件，应当自觉接受社会和公民的监督。

公安机关及其人民警察办理治安案件，不严格执法或者有违法违纪行为的，任何单位和个人都有权向公安机关或者人民检察院、行政监察机关检举、控告；收到检举、控告的机关，应当依据职责及时处理。

第一百一十五条　公安机关依法实施罚款处罚，应当依照有关法律、行政法规的规定，实行罚款决定与罚款收缴分离；收缴的罚款应当全部上缴国库。

第一百一十六条　人民警察办理治安案件，有下列行为之一的，依法给予行政处分；构成犯罪的，依法追究刑事责任：

（一）刑讯逼供、体罚、虐待、侮辱他人的；

（二）超过询问查证的时间限制人身自由的；

（三）不执行罚款决定与罚款收缴分离制度或者不按规定将罚没的财物上缴国库或者依法处理的；

（四）私分、侵占、挪用、故意损毁收缴、扣押的财物的；

（五）违反规定使用或者不及时返还被侵害人财物的；

（六）违反规定不及时退还保证金的；

（七）利用职务上的便利收受他人财物或者谋取其他利益的；

（八）当场收缴罚款不出具罚款收据或者不如实填写罚款数额的；

（九）接到要求制止违反治安管理行为的报警后，不及时出警的；

（十）在查处违反治安管理活动时，为违法犯罪行为人通风报信的；

（十一）有徇私舞弊、滥用职权，不依法履行法定职责的其他情形的。

办理治安案件的公安机关有前款所列行为的，对直接负责的主管人员和其他直接责任人员给予相应的行政处分。

第一百一十七条　公安机关及其人民警察违法行使职权，侵犯公民、法人和其他组织合法权益的，应当赔礼道歉；造成损害的，应当依法承担赔偿责任。

第六章　附　　则

第一百一十八条　本法所称以上、以下、以内，包括本数。

第一百一十九条　本法自 2006 年 3 月 1 日起施行。1986 年 9 月 5 日公布、1994 年 5 月 12 日修订公布的《中华人民共和国治安管理处罚条例》同时废止。

附件三　中华人民共和国道路交通安全法

第一章　总　　则

第一条　为了维护道路交通秩序，预防和减少交通事故，保护人身安全，保护公民、法人和其他组织的中华人民共和国道路交通安全法释义财产安全及其他合法权益，提高通行效率，制定本法。

第二条　中华人民共和国境内的车辆驾驶人、行人、乘车人以及与道路交通活动有关的单位和个人，都应当遵守本法。

第三条　道路交通安全工作，应当遵循依法管理、方便群众的原则，保障道路交通有序、安全、畅通。

第四条　各级人民政府应当保障道路交通安全管理工作与经济建设和社会发展相适应。

县级以上地方各级人民政府应当适应道路交通发展的需要，依据道路交通安全法律、法规和国家有关政策，制定道路交通安全管理规划，并组织实施。

第五条　国务院公安部门负责全国道路交通安全管理工作。县级以上地方各级人民政府公安机关交通管理部门负责本行政区域内的道路交通安全管理工作。

县级以上各级人民政府交通、建设管理部门依据各自职责，负责有关的道路交通工作。

第六条　各级人民政府应当经常进行道路交通安全教育，提高公民的道路交通安全意识。

公安机关交通管理部门及其交通警察执行职务时，应当加强道路交通安全法律、法规的宣传，并模范遵守道路交通安全法律、法规。

机关、部队、企业事业单位、社会团体以及其他组织，应当对本单位的人员进行道路交通安全教育。

教育行政部门、学校应当将道路交通安全教育纳入法制教育的内容。

新闻、出版、广播、电视等有关单位，有进行道路交通安全教育的义务。

第七条　对道路交通安全管理工作，应当加强科学研究，推广、使用先进的管理方法、技术、设备。

第二章　车 辆 和 驾 驶 人

第一节　机动车、非机动车

第八条　国家对机动车实行登记制度。机动车经公安机关交通管理部门登记后，方可上道路行驶。尚未登记的机动车，需要临时上道路行驶的，应当取得临时通行牌证。

第九条　申请机动车登记，应当提交以下证明、凭证：

（一）机动车所有人的身份证明；

（二）机动车来历证明；

（三）机动车整车出厂合格证明或者进口机动车进口凭证；

（四）车辆购置税的完税证明或者免税凭证；

（五）法律、行政法规规定应当在机动车登记时提交的其他证明、凭证。

公安机关交通管理部门应当自受理申请之日起五个工作日内完成机动车登记审查工作，对符合前款规定条件的，应当发放机动车登记证书、号牌和行驶证；对不符合前款规定条件的，应当向申请人说明不予登记的理由。

公安机关交通管理部门以外的任何单位或者个人不得发放机动车号牌或者要求机动车悬挂其他号牌，本法另有规定的除外。

机动车登记证书、号牌、行驶证的式样由国务院公安部门规定并监制。

第十条　准予登记的机动车应当符合机动车国家安全技术标准。申请机动车登记时，应当接受对该机动车的安全技术检验。但是，经国家机动车产品主管部门依据机动车国家安全技术标准认定的企业生产的机动车型，该车型的新车在出厂时经检验符合机动车国家安全技术标准，获得检验合格证的，免予安全技术检验。

第十一条　驾驶机动车上道路行驶，应当悬挂机动车号牌，放置检验合格标志、保险标志，并随车携带机动车行驶证。机动车号牌应当按照规定悬挂并保持清晰、完整，不得故意遮挡、污损。任何单位和个人不得收缴、扣留机动车号牌。

第十二条　有下列情形之一的，应当办理相应的登记：

（一）机动车所有权发生转移的；

（二）机动车登记内容变更的；

（三）机动车用作抵押的；

（四）机动车报废的。

第十三条　对登记后上道路行驶的机动车，应当依照法律、行政法规的规定，根据车辆用途、载客载货数量、使用年限等不同情况，定期进行安全技术检验。对提供机动车行驶证和机动车第三者责任强制保险单的，机动车安全技术检验机构应当予以检验，任何单位不得附加其他条件。对符合机动车国家安全技术标准的，公安机关交通管理部门应当发给检验合格标志。

对机动车的安全技术检验实行社会化。具体办法由国务院规定。

机动车安全技术检验实行社会化的地方，任何单位不得要求机动车到指定的场所进行检验。

公安机关交通管理部门、机动车安全技术检验机构不得要求机动车到指定的场所进行维修、保养。

机动车安全技术检验机构对机动车检验收取费用，应当严格执行国务院价格主管部门核定的收费标准。

第十四条　国家实行机动车强制报废制度，根据机动车的安全技术状况和不同用途，规定不同的报废标准。应当报废的机动车必须及时办理注销登记。

达到报废标准的机动车不得上道路行驶。报废的大型客、货车及其他营运车辆应当在公安机关交通管理部门的监督下解体。

第十五条　警车、消防车、救护车、工程救险车应当按照规定喷涂标志图案，安装警报器、标志灯具。其他机动车不得喷涂、安装、使用上述车辆专用的或者与其相类似的标志图案、警报器或者标志灯具。

警车、消防车、救护车、工程救险车应当严格按照规定的用途和条件使用。

公路监督检查的专用车辆，应当依照公路法的规定，设置统一的标志和示警灯。

第十六条　任何单位或者个人不得有下列行为：

（一）拼装机动车或者擅自改变机动车已登记的结构、构造或者特征；

（二）改变机动车型号、发动机号、车架号或者车辆识别代号；

（三）伪造、变造或者使用伪造、变造的机动车登记证书、号牌、行驶证、检验合格标志、保险标志；

（四）使用其他机动车的登记证书、号牌、行驶证、检验合格标志、保险标志。

第十七条　国家实行机动车第三者责任强制保险制度，设立道路交通事故社会救助基金。具体办法由国务院规定。

第十八条　依法应当登记的非机动车，经公安机关交通管理部门登记后，方可上道路行驶。

依法应当登记的非机动车的种类，由省、自治区、直辖市人民政府根据当地实际情况规定。

非机动车的外形尺寸、质量、制动器、车铃和夜间反光装置，应当符合非机动车安全技术标准。

第二节　机动车驾驶人

第十九条　驾驶机动车，应当依法取得机动车驾驶证。

申请机动车驾驶证，应当符合国务院公安部门规定的驾驶许可条件；经考试合格后，由公安机关交通管理部门发给相应类别的机动车驾驶证。持有境外机动车驾驶证的人，符合国务院公安部门规定的驾驶许可条件，经公安机关交通管理部门考核合格的，可以发给中国的机动车驾驶证。

驾驶人应当按照驾驶证载明的准驾车型驾驶机动车；驾驶机动车时，应当随身携带机动车驾驶证。

公安机关交通管理部门以外的任何单位或者个人，不得收缴、扣留机动车驾驶证。

第二十条　机动车的驾驶培训实行社会化，由交通主管部门对驾驶培训学校、驾驶培训班实行资格管理，其中专门的拖拉机驾驶培训学校、驾驶培训班由农业（农业机械）主管部门实行资格管理。

驾驶培训学校、驾驶培训班应当严格按照国家有关规定，对学员进行道路交通安全法律、法规、驾驶技能的培训，确保培训质量。

任何国家机关以及驾驶培训和考试主管部门不得举办或者参与举办驾驶培训学校、驾驶培训班。

第二十一条　驾驶人驾驶机动车上道路行驶前，应当对机动车的安全技术性能进行认真检查；不得驾驶安全设施不全或者机件不符合技术标准等具有安全隐患的机动车。

第二十二条　机动车驾驶人应当遵守道路交通安全法律、法规的规定，按照操作规范安全驾驶、文明驾驶。

饮酒、服用国家管制的精神药品或者麻醉药品，或者患有妨碍安全驾驶机动车的疾病，或者过度疲劳影响安全驾驶的，不得驾驶机动车。任何人不得强迫、指使、纵容驾驶人违反道路交通安全法律、法规和机动车安全驾驶要求驾驶机动车。

第二十三条　公安机关交通管理部门依照法律、行政法规的规定，定期对机动车驾驶证实施审验。

第二十四条　公安机关交通管理部门对机动车驾驶人违反道路交通安全法律、法规的行为，除依法给予行政处罚外，实行累积记分制度。公安机关交通管理部门对累积记分达到规定分值的机动车驾驶人，扣留机动车驾驶证，对其进行道路交通安全法律、法规教育，重新考试；考试合格的，发还其机动车驾驶证。

对遵守道路交通安全法律、法规，在一年内无累积记分的机动车驾驶人，可以延长机动车驾驶证的审验期。具体办法由国务院公安部门规定。

第三章　道 路 通 行 条 件

第二十五条　全国实行统一的道路交通信号。交通信号包括交通信号灯、交通标志、交通标线和交通警察的指挥。

交通信号灯、交通标志、交通标线的设置应当符合道路交通安全、畅通的要求和国家标准，并保持清晰、醒目、准确、完好。根据通行需要，应当及时增设、调换、更新道路交通信号。增设、调换、更新限制性的道路交通信号，应当提前向社会公告，广泛进行宣传。

第二十六条　交通信号灯由红灯、绿灯、黄灯组成。红灯表示禁止通行，绿灯表示准许通行，黄灯表示警示。

第二十七条　铁路与道路平面交叉的道口，应当设置警示灯、警示标志或者安全防护设施。无人看守的铁路道口，应当在距道口一定距离处设置警示标志。

第二十八条　任何单位和个人不得擅自设置、移动、占用、损毁交通信号灯、交通标志、交通标线。

道路两侧及隔离带上种植的树木或者其他植物，设置的广告牌、管线等，应当与交通设施保持必要的距离，不得遮挡路灯、交通信号灯、交通标志，不得妨碍安全视距，不得影响通行。

第二十九条　道路、停车场和道路配套设施的规划、设计、建设，应当符合道路交通安全、畅通的要求，并根据交通需求及时调整。

公安机关交通管理部门发现已经投入使用的道路存在交通事故频发路段，或者停车场、道路配套设施存在交通安全严重隐患的，应当及时向当地人民政府报告，并提出防范交通事故、消除隐患的建议，当地人民政府应当及时作出处理决定。

第三十条　道路出现坍塌、坑漕、水毁、隆起等损毁或者交通信号灯、交通标志、交通标线等交通设施损毁、灭失的，道路、交通设施的养护部门或者管理部门应当设置警示标志并及时修复。

公安机关交通管理部门发现前款情形，危及交通安全，尚未设置警示标志的，应当及时采取安全措施，疏导交通，并通知道路、交通设施的养护部门或者管理部门。

第三十一条　未经许可，任何单位和个人不得占用道路从事非交通活动。

第三十二条　因工程建设需要占用、挖掘道路，或者跨越、穿越道路架设、增设管线设施，应当事先征得道路主管部门的同意；影响交通安全的，还应当征得公安机关交通管理部门的同意。

施工作业单位应当在经批准的路段和时间内施工作业，并在距离施工作业地点来车方向安全距离处设置明显的安全警示标志，采取防护措施；施工作业完毕，应当迅速清除道路上的障碍物，消除安全隐患，经道路主管部门和公安机关交通管理部门验收合格，符合通行要求后，方可恢复通行。

对未中断交通的施工作业道路，公安机关交通管理部门应当加强交通安全监督检查，维护道路交通秩序。

第三十三条　新建、改建、扩建的公共建筑、商业街区、居住区、大（中）型建筑等，应当配建、增建停车场；停车泊位不足的，应当及时改建或者扩建；投入使用的停车场不得擅自停止使用或者改作他用。

在城市道路范围内，在不影响行人、车辆通行的情况下，政府有关部门可以施划停车泊位。

第三十四条　学校、幼儿园、医院、养老院门前的道路没有行人过街设施的，应当施划人行横道线，设置提示标志。

城市主要道路的人行道，应当按照规划设置盲道。盲道的设置应当符合国家标准。

第四章　道路通行规定

第一节　一般规定

第三十五条　机动车、非机动车实行右侧通行。

第三十六条　根据道路条件和通行需要，道路划分为机动车道、非机动车道和人行道的，机动车、非机动车、行人实行分道通行。没有划分机动车道、非机动车道和人行道的，机动车在道路中间通行，非机动车和行人在道路两侧通行。

第三十七条　道路划设专用车道的，在专用车道内，只准许规定的车辆通行，其他车辆不得进入专用车道内行驶。

第三十八条　车辆、行人应当按照交通信号通行；遇有交通警察现场指挥时，应当按照交通警察的指挥通行；在没有交通信号的道路上，应当在确保安全、畅通的原则下通行。

第三十九条　公安机关交通管理部门根据道路和交通流量的具体情况，可以对机动车、非机动车、行人采取疏导、限制通行、禁止通行等措施。遇有大型群众性活动、大范围施工等情况，需要采取限制交通的措施，或者作出与公众的道路交通活动直接有关的决定，应当提前向社会公告。

第四十条　遇有自然灾害、恶劣气象条件或者重大交通事故等严重影响交通安全的情形，采取其他措施难以保证交通安全时，公安机关交通管理部门可以实行交通管制。

第四十一条　有关道路通行的其他具体规定，由国务院规定。

第二节　机动车通行规定

第四十二条　机动车上道路行驶，不得超过限速标志标明的最高时速。在没有限速标志的路段，应当保持安全车速。

夜间行驶或者在容易发生危险的路段行驶，以及遇有沙尘、冰雹、雨、雪、雾、结冰等气象条件时，应当降低行驶速度。

第四十三条　同车道行驶的机动车，后车应当与前车保持足以采取紧急制动措施的安全距离。有下列情形之一的，不得超车：

（一）前车正在左转弯、掉头、超车的；

（二）与对面来车有会车可能的；

（三）前车为执行紧急任务的警车、消防车、救护车、工程救险车的；

（四）行经铁路道口、交叉路口、窄桥、弯道、陡坡、隧道、人行横道、市区交通流量大的路段等没有超车条件的。

第四十四条　机动车通过交叉路口，应当按照交通信号灯、交通标志、交通标线或者交通警察的指挥通过；通过没有交通信号灯、交通标志、交通标线或者交通警察指挥的交叉路口时，应当减速慢行，并让行人和优先通行的车辆先行。

第四十五条　机动车遇有前方车辆停车排队等候或者缓慢行驶时，不得借道超车或者占用对面车道，不得穿插等候的车辆。

在车道减少的路段、路口，或者在没有交通信号灯、交通标志、交通标线或者交通警察指挥的交叉路口遇到停车排队等候或者缓慢行驶时，机动车应当依次交替通行。

第四十六条　机动车通过铁路道口时，应当按照交通信号或者管理人员的指挥通行；没有交通信号或者管理人员的，应当减速或者停车，在确认安全后通过。

第四十七条　机动车行经人行横道时，应当减速行驶；遇行人正在通过人行横道，应当停车让行。

机动车行经没有交通信号的道路时，遇行人横过道路，应当避让。

第四十八条　机动车载物应当符合核定的载质量，严禁超载；载物的长、宽、高不得违反装载要求，不得遗洒、飘散载运物。

机动车运载超限的不可解体的物品，影响交通安全的，应当按照公安机关交通管理部门指定的时间、路线、速度行驶，悬挂明显标志。在公路上运载超限的不可解体的物品，并应当依照公路法的规定执行。

机动车载运爆炸物品、易燃易爆化学物品以及剧毒、放射性等危险物品，应当经公安机关批准后，按指定的时间、路线、速度行驶，悬挂警示标志并采取必要的安全措施。

第四十九条　机动车载人不得超过核定的人数，客运机动车不得违反规定载货。

第五十条　禁止货运机动车载客。

货运机动车需要附载作业人员的，应当设置保护作业人员的安全措施。

第五十一条　机动车行驶时，驾驶人、乘坐人员应当按规定使用安全带，摩托车驾驶人及乘坐人员应当按规定戴安全头盔。

第五十二条　机动车在道路上发生故障，需要停车排除故障时，驾驶人应当立即开启危险报警闪光灯，将机动车移至不妨碍交通的地方停放；难以移动的，应当持续开启危险报警闪光灯，并在来车方向设置警告标志等措施扩大示警距离，必要时迅速报警。

第五十三条　警车、消防车、救护车、工程救险车执行紧急任务时，可以使用警报器、标志灯具；在确保安全的前提下，不受行驶路线、行驶方向、行驶速度和信号灯的限制，其他车辆和行人应当让行。

警车、消防车、救护车、工程救险车非执行紧急任务时，不得使用警报器、标志灯具，不享有前款规定的道路优先通行权。

第五十四条　道路养护车辆、工程作业车进行作业时，在不影响过往车辆通行的前提下，其行驶路线和方向不受交通标志、标线限制，过往车辆和人员应当注意避让。

洒水车、清扫车等机动车应当按照安全作业标准作业；在不影响其他车辆通行的情况下，可以不受车辆分道行驶的限制，但是不得逆向行驶。

第五十五条　高速公路、大中城市中心城区内的道路，禁止拖拉机通行。其他禁止拖拉机通行的道路，由省、自治区、直辖市人民政府根据当地实际情况规定。

在允许拖拉机通行的道路上，拖拉机可以从事货运，但是不得用于载人。

第五十六条　机动车应当在规定地点停放。禁止在人行道上停放机动车；但是，依照本法第三十三条规定施划的停车泊位除外。

在道路上临时停车的，不得妨碍其他车辆和行人通行。

第三节　非机动车通行规定

第五十七条　驾驶非机动车在道路上行驶应当遵守有关交通安全的规定。非机动车应当在非机动车道内行驶；在没有非机动车道的道路上，应当靠车行道的右侧行驶。

第五十八条　残疾人机动轮椅车、电动自行车在非机动车道内行驶时，最高时速不得超过十五公里。

第五十九条 非机动车应当在规定地点停放。未设停放地点的，非机动车停放不得妨碍其他车辆和行人通行。

第六十条 驾驭畜力车，应当使用驯服的牲畜；驾驭畜力车横过道路时，驾驭人应当下车牵引牲畜；驾驭人离开车辆时，应当拴系牲畜。

第四节 行人和乘车人通行规定

第六十一条 行人应当在人行道内行走，没有人行道的靠路边行走。

第六十二条 行人通过路口或者横过道路，应当走人行横道或者过街设施；通过有交通信号灯的人行横道，应当按照交通信号灯指示通行；通过没有交通信号灯、人行横道的路口，或者在没有过街设施的路段横过道路，应当在确认安全后通过。

第六十三条 行人不得跨越、倚坐道路隔离设施，不得扒车、强行拦车或者实施妨碍道路交通安全的其他行为。

第六十四条 学龄前儿童以及不能辨认或者不能控制自己行为的精神疾病患者、智力障碍者在道路上通行，应当由其监护人、监护人委托的人或者对其负有管理、保护职责的人带领。

盲人在道路上通行，应当使用盲杖或者采取其他导盲手段，车辆应当避让盲人。

第六十五条 行人通过铁路道口时，应当按照交通信号或者管理人员的指挥通行；没有交通信号和管理人员的，应当在确认无火车驶临后，迅速通过。

第六十六条 乘车人不得携带易燃易爆等危险物品，不得向车外抛洒物品，不得有影响驾驶人安全驾驶的行为。

第五节 高速公路的特别规定

第六十七条 行人、非机动车、拖拉机、轮式专用机械车、铰接式客车、全挂拖斗车以及其他设计最高时速低于七十公里的机动车，不得进入高速公路。高速公路限速标志标明的最高时速不得超过一百二十公里。

第六十八条 机动车在高速公路上发生故障时，应当依照本法第五十二条的有关规定办理；但是，警告标志应当设置在故障车来车方向一百五十米以外，车上人员应当迅速转移到右侧路肩上或者应急车道内，并且迅速报警。

机动车在高速公路上发生故障或者交通事故，无法正常行驶的，应当由救援车、清障车拖曳、牵引。

第六十九条 任何单位、个人不得在高速公路上拦截检查行驶的车辆，公安机关的人民警察依法执行紧急公务除外。

第五章 交 通 事 故 处 理

第七十条 在道路上发生交通事故，车辆驾驶人应当立即停车，保护现场；造成人身伤亡的，车辆驾驶人应当立即抢救受伤人员，并迅速报告执勤的交通警察或者公安机关交通管理部门。因抢救受伤人员变动现场的，应当标明位置。乘车人、过往车辆驾驶人、过往行人应当予以协助。

在道路上发生交通事故，未造成人身伤亡，当事人对事实及成因无争议的，可以即行撤离现场，恢复交通，自行协商处理损害赔偿事宜；不即行撤离现场的，应当迅速报告执勤的交通警察或者公安机关交通管理部门。

在道路上发生交通事故，仅造成轻微财产损失，并且基本事实清楚的，当事人应当先撤离现场再进行协商处理。

第七十一条 车辆发生交通事故后逃逸的，事故现场目击人员和其他知情人员应当向公安机关交通管理部门或者交通警察举报。举报属实的，公安机关交通管理部门应当给予奖励。

第七十二条 公安机关交通管理部门接到交通事故报警后，应当立即派交通警察赶赴现场，先组织抢救受伤人员，并采取措施，尽快恢复交通。

交通警察应当对交通事故现场进行勘验、检查，收集证据；因收集证据的需要，可以扣留事故车辆，但是应当妥善保管，以备核查。

对当事人的生理、精神状况等专业性较强的检验，公安机关交通管理部门应当委托专门机构进行鉴定。鉴定结论应当由鉴定人签名。

第七十三条　公安机关交通管理部门应当根据交通事故现场勘验、检查、调查情况和有关的检验、鉴定结论，及时制作交通事故认定书，作为处理交通事故的证据。

交通事故认定书应当载明交通事故的基本事实、成因和当事人的责任，并送达当事人。

第七十四条　对交通事故损害赔偿的争议，当事人可以请求公安机关交通管理部门调解，也可以直接向人民法院提起民事诉讼。

经公安机关交通管理部门调解，当事人未达成协议或者调解书生效后不履行的，当事人可以向人民法院提起民事诉讼。

第七十五条　医疗机构对交通事故中的受伤人员应当及时抢救，不得因抢救费用未及时支付而拖延救治。肇事车辆参加机动车第三者责任强制保险的，由保险公司在责任限额范围内支付抢救费用；抢救费用超过责任限额的，未参加机动车第三者责任强制保险或者肇事后逃逸的，由道路交通事故社会救助基金先行垫付部分或者全部抢救费用，道路交通事故社会救助基金管理机构有权向交通事故责任人追偿。

第七十六条　机动车发生交通事故造成人身伤亡、财产损失的，由保险公司在机动车第三者责任强制保险责任限额范围内予以赔偿；不足的部分，按照下列规定承担赔偿责任：

（一）机动车之间发生交通事故的，由有过错的一方承担赔偿责任；双方都有过错的，按照各自过错的比例分担责任。

（二）机动车与非机动车驾驶人、行人之间发生交通事故，非机动车驾驶人、行人没有过错的，由机动车一方承担赔偿责任；有证据证明非机动车驾驶人、行人有过错的，根据过错程度适当减轻机动车一方的赔偿责任；机动车一方没有过错的，承担不超过百分之十的赔偿责任。

交通事故的损失是由非机动车驾驶人、行人故意碰撞机动车造成的，机动车一方不承担赔偿责任。

第七十七条　车辆在道路以外通行时发生的事故，公安机关交通管理部门接到报案的，参照本法有关规定办理。

第六章　执 法 监 督

第七十八条　公安机关交通管理部门应当加强对交通警察的管理，提高交通警察的素质和管理道路交通的水平。

公安机关交通管理部门应当对交通警察进行法制和交通安全管理业务培训、考核。交通警察经考核不合格的，不得上岗执行职务。

第七十九条　公安机关交通管理部门及其交通警察实施道路交通安全管理，应当依据法定的职权和程序，简化办事手续，做到公正、严格、文明、高效。

第八十条　交通警察执行职务时，应当按照规定着装，佩带人民警察标志，持有人民警察证件，保持警容严整，举止端庄，指挥规范。

第八十一条　依照本法发放牌证等收取工本费，应当严格执行国务院价格主管部门核定的收费标准，并全部上缴国库。

第八十二条　公安机关交通管理部门依法实施罚款的行政处罚，应当依照有关法律、行政法规的规定，实施罚款决定与罚款收缴分离；收缴的罚款以及依法没收的违法所得，应当全部上缴国库。

第八十三条　交通警察调查处理道路交通安全违法行为和交通事故，有下列情形之一的，应当回避：

（一）是本案的当事人或者当事人的近亲属；

（二）本人或者其近亲属与本案有利害关系；

（三）与本案当事人有其他关系，可能影响案件的公正处理。

第八十四条　公安机关交通管理部门及其交通警察的行政执法活动，应当接受行政监察机关依法实施的监督。

公安机关督察部门应当对公安机关交通管理部门及其交通警察执行法律、法规和遵守纪律的情况依法进行监督。

上级公安机关交通管理部门应当对下级公安机关交通管理部门的执法活动进行监督。

第八十五条　公安机关交通管理部门及其交通警察执行职务，应当自觉接受社会和公民的监督。

任何单位和个人都有权对公安机关交通管理部门及其交通警察不严格执法以及违法违纪行为进行检举、控告。收到检举、控告的机关，应当依据职责及时查处。

第八十六条　任何单位不得给公安机关交通管理部门下达或者变相下达罚款指标；公安机关交通管理部门不得以罚款数额作为考核交通警察的标准。

公安机关交通管理部门及其交通警察对超越法律、法规规定的指令，有权拒绝执行，并同时向上级机关报告。

第七章　法　律　责　任

第八十七条　公安机关交通管理部门及其交通警察对道路交通安全违法行为，应当及时纠正。

公安机关交通管理部门及其交通警察应当依据事实和本法的有关规定对道路交通安全违法行为予以处罚。对于情节轻微，未影响道路通行的，指出违法行为，给予口头警告后放行。

第八十八条　对道路交通安全违法行为的处罚种类包括：警告、罚款、暂扣或者吊销机动车驾驶证、拘留。

第八十九条　行人、乘车人、非机动车驾驶人违反道路交通安全法律、法规关于道路通行规定的，处警告或者 5 元以上 50 元以下罚款；非机动车驾驶人拒绝接受罚款处罚的，可以扣留其非机动车。

第九十条　机动车驾驶人违反道路交通安全法律、法规关于道路通行规定的，处警告或者 20 元以上 200 元以下罚款。本法另有规定的，依照规定处罚。

第九十一条　饮酒后驾驶机动车的，处暂扣 6 个月机动车驾驶证，并处 1000 元以上 2000 元以下罚款。因饮酒后驾驶机动车被处罚，再次饮酒后驾驶机动车的，处 10 日以下拘留，并处 1000 元以上 2000 元以下罚款，吊销机动车驾驶证。醉酒驾驶机动车的，由公安机关交通管理部门约束至酒醒，吊销机动车驾驶证，依法追究刑事责任；5 年内不得重新取得机动车驾驶证。

饮酒后驾驶营运机动车的，处 15 日拘留，并处 5000 元罚款，吊销机动车驾驶证，5 年内不得重新取得机动车驾驶证。

醉酒驾驶营运机动车的，由公安机关交通管理部门约束至酒醒，吊销机动车驾驶证，依法追究刑事责任；10 年内不得重新取得机动车驾驶证，重新取得机动车驾驶证后，不得驾驶营运机动车。

饮酒后或者醉酒驾驶机动车发生重大交通事故，构成犯罪的，依法追究刑事责任，并由公安机关交通管理部门吊销机动车驾驶证，终生不得重新取得机动车驾驶证。

第九十二条　公路客运车辆载客超过额定乘员的，处 200 元以上 500 元以下罚款；超过额定乘员 20％ 或者违反规定载货的，处 500 元以上 2000 元以下罚款。

货运机动车超过核定载质量的，处 200 元以上 500 元以下罚款；超过核定载质量 30％ 或者违反规定载客的，处 500 元以上 2000 元以下罚款。

有前两款行为的，由公安机关交通管理部门扣留机动车至违法状态消除。

运输单位的车辆有本条第一款、第二款规定的情形，经处罚不改的，对直接负责的主管人员处 2000 元以上 5000 元以下罚款。

第九十三条　对违反道路交通安全法律、法规关于机动车停放、临时停车规定的，可以指出违法行为，并予以口头警告，令其立即驶离。

机动车驾驶人不在现场或者虽在现场但拒绝立即驶离，妨碍其他车辆、行人通行的，处 20 元以上 200 以下罚款，并可以将该机动车拖移至不妨碍交通的地点或者公安机关交通管理部门指定的地点停放。公安机关交通管理部门拖车不得向当事人收取费用，并应当及时告知当事人停放地点。

因采取不正确的方法拖车造成机动车损坏的，应当依法承担补偿责任。

第九十四条　机动车安全技术检验机构实施机动车安全技术检验超过国务院价格主管部门核定的收费标准收取费用的，退还多收取的费用，并由价格主管部门依照《中华人民共和国价格法》的有关规定给予处罚。

机动车安全技术检验机构不按照机动车国家安全技术标准进行检验，出具虚假检验结果的，由公安机关交通管理部门处所收检验费用5倍以上10倍以下罚款，并依法撤销其检验资格；构成犯罪的，依法追究刑事责任。

第九十五条　上道路行驶的机动车未悬挂机动车号牌，未放置检验合格标志、保险标志，或者未随车携带行驶证、驾驶证的，公安机关交通管理部门应当扣留机动车，通知当事人提供相应的牌证、标志或者补办相应手续，并可以依照本法第九十条的规定予以处罚。当事人提供相应的牌证、标志或者补办相应手续的，应当及时退还机动车。

故意遮挡、污损或者不按规定安装机动车号牌的，依照本法第九十条的规定予以处罚。

第九十六条　伪造、变造或者使用伪造、变造的机动车登记证书、号牌、行驶证、驾驶证的，由公安机关交通管理部门予以收缴，扣留该机动车，处15日以下拘留，并处2000元以上5000元以下罚款；构成犯罪的，依法追究刑事责任。

伪造、变造或者使用伪造、变造的检验合格标志、保险标志的，由公安机关交通管理部门予以收缴，扣留该机动车，处10日以下拘留，并处1000元以上3000元以下罚款；构成犯罪的，依法追究刑事责任。

使用其他车辆的机动车登记证书、号牌、行驶证、检验合格标志、保险标志的，由公安机关交通管理部门予以收缴，扣留该机动车，处2000元以上5000元以下罚款。

当事人提供相应的合法证明或者补办相应手续的，应当及时退还机动车。

第九十七条　非法安装警报器、标志灯具的，由公安机关交通管理部门强制拆除，予以收缴，并处200元以上2000元以下罚款。

第九十八条　机动车所有人、管理人未按照国家规定投保机动车第三者责任强制保险的，由公安机关交通管理部门扣留车辆至依照规定投保后，并处依照规定投保最低责任限额应缴纳的保险费的2倍罚款。

依照前款缴纳的罚款全部纳入道路交通事故社会救助基金。具体办法由国务院规定。

第九十九条　有下列行为之一的，由公安机关交通管理部门处200元以上2000元以下罚款：

（一）未取得机动车驾驶证、机动车驾驶证被吊销或者机动车驾驶证被暂扣期间驾驶机动车的；

（二）将机动车交由未取得机动车驾驶证或者机动车驾驶证被吊销、暂扣的人驾驶的；

（三）造成交通事故后逃逸，尚不构成犯罪的；

（四）机动车行驶超过规定时速50%的；

（五）强迫机动车驾驶人违反道路交通安全法律、法规和机动车安全驾驶要求驾驶机动车，造成交通事故，尚不构成犯罪的；

（六）违反交通管制的规定强行通行，不听劝阻的；

（七）故意损毁、移动、涂改交通设施，造成危害后果，尚不构成犯罪的；

（八）非法拦截、扣留机动车辆，不听劝阻，造成交通严重阻塞或者较大财产损失的。

行为人有前款第二项、第四项情形之一的，可以并处吊销机动车驾驶证；有第一项、第三项、第五项至第八项情形之一的，可以并处15日以下拘留。

第一百条　驾驶拼装的机动车或者已达到报废标准的机动车上道路行驶的，公安机关交通管理部门应当予以收缴，强制报废。

对驾驶前款所列机动车上道路行驶的驾驶人，处200元以上2000元以下罚款，并吊销机动车驾驶证。

出售已达到报废标准的机动车的，没收违法所得，处销售金额等额的罚款，对该机动车依照本条第一款的规定处理。

第一百零一条　违反道路交通安全法律、法规的规定，发生重大交通事故，构成犯罪的，依法追究刑事责任,并由公安机关交通管理部门吊销机动车驾驶证。

造成交通事故后逃逸的,由公安机关交通管理部门吊销机动车驾驶证,且终生不得重新取得机动车驾驶证。

第一百零二条 对六个月内发生二次以上特大交通事故负有主要责任或者全部责任的专业运输单位,由公安机关交通管理部门责令消除安全隐患,未消除安全隐患的机动车,禁止上道路行驶。

第一百零三条 国家机动车产品主管部门未按照机动车国家安全技术标准严格审查,许可不合格机动车型投入生产的,对负有责任的主管人员和其他直接责任人员给予降级或者撤职的行政处分。

机动车生产企业经国家机动车产品主管部门许可生产的机动车型,不执行机动车国家安全技术标准或者不严格进行机动车成品质量检验,致使质量不合格的机动车出厂销售的,由质量技术监督部门依照《中华人民共和国产品质量法》的有关规定给予处罚。

擅自生产、销售未经国家机动车产品主管部门许可生产的机动车型的,没收非法生产、销售的机动车成品及配件,可以并处非法产品价值3倍以上5倍以下罚款;有营业执照的,由工商行政管理部门吊销营业执照,没有营业执照的,予以查封。

生产、销售拼装的机动车或者生产、销售擅自改装的机动车的,依照本条第三款的规定处罚。

有本条第二款、第三款、第四款所列违法行为,生产或者销售不符合机动车国家安全技术标准的机动车,构成犯罪的,依法追究刑事责任。

第一百零四条 未经批准,擅自挖掘道路、占用道路施工或者从事其他影响道路交通安全活动的,由道路主管部门责令停止违法行为,并恢复原状,可以依法给予罚款;致使通行的人员、车辆及其他财产遭受损失的,依法承担赔偿责任。

有前款行为,影响道路交通安全活动的,公安机关交通管理部门可以责令停止违法行为,迅速恢复交通。

第一百零五条 道路施工作业或者道路出现损毁,未及时设置警示标志、未采取防护措施,或者应当设置交通信号灯、交通标志、交通标线而没有设置或者应当及时变更交通信号灯、交通标志、交通标线而没有及时变更,致使通行的人员、车辆及其他财产遭受损失的,负有相关职责的单位应当依法承担赔偿责任。

第一百零六条 在道路两侧及隔离带上种植树木、其他植物或者设置广告牌、管线等,遮挡路灯、交通信号灯、交通标志,妨碍安全视距的,由公安机关交通管理部门责令行为人排除妨碍;拒不执行的,处200元以上2000元以下罚款,并强制排除妨碍,所需费用由行为人负担。

第一百零七条 对道路交通违法行为人予以警告、200元以下罚款,交通警察可以当场作出行政处罚决定,并出具行政处罚决定书。

行政处罚决定书应当载明当事人的违法事实、行政处罚的依据、处罚内容、时间、地点以及处罚机关名称,并由执法人员签名或者盖章。

第一百零八条 当事人应当自收到罚款的行政处罚决定书之日起15日内,到指定的银行缴纳罚款。

对行人、乘车人和非机动车驾驶人的罚款,当事人无异议的,可以当场予以收缴罚款。

罚款应当开具省、自治区、直辖市财政部门统一制发的罚款收据;不出具财政部门统一制发的罚款收据的,当事人有权拒绝缴纳罚款。

第一百零九条 当事人逾期不履行行政处罚决定的,作出行政处罚决定的行政机关可以采取下列措施:

(一) 到期不缴纳罚款的,每日按罚款数额的3%加处罚款;

(二) 申请人民法院强制执行。

第一百一十条 执行职务的交通警察认为应当对道路交通违法行为人给予暂扣或者吊销机动车驾驶证处罚的,可以先予扣留机动车驾驶证,并在24小时内将案件移交公安机关交通管理部门处理。

道路交通违法行为人应当在15日内到公安机关交通管理部门接受处理。无正当理由逾期未接受处理的,吊销机动车驾驶证。

公安机关交通管理部门暂扣或者吊销机动车驾驶证的，应当出具行政处罚决定书。

第一百一十一条　对违反本法规定予以拘留的行政处罚，由县、市公安局、公安分局或者相当于县一级的公安机关裁决。

第一百一十二条　公安机关交通管理部门扣留机动车、非机动车，应当当场出具凭证，并告知当事人在规定期限内到公安机关交通管理部门接受处理。

公安机关交通管理部门对被扣留的车辆应当妥善保管，不得使用。

逾期不来接受处理，并且经公告 3 个月仍不来接受处理的，对扣留的车辆依法处理。

第一百一十三条　暂扣机动车驾驶证的期限从处罚决定生效之日起计算；处罚决定生效前先予扣留机动车驾驶证的，扣留 1 日折抵暂扣期限 1 日。

吊销机动车驾驶证后重新申请领取机动车驾驶证的期限，按照机动车驾驶证管理规定办理。

第一百一十四条　公安机关交通管理部门根据交通技术监控记录资料，可以对违法的机动车所有人或者管理人依法予以处罚。对能够确定驾驶人的，可以依照本法的规定依法予以处罚。

第一百一十五条　交通警察有下列行为之一的，依法给予行政处分：

（一）为不符合法定条件的机动车发放机动车登记证书、号牌、行驶证、检验合格标志的；

（二）批准不符合法定条件的机动车安装、使用警车、消防车、救护车、工程救险车的警报器、标志灯具，喷涂标志图案的；

（三）为不符合驾驶许可条件、未经考试或者考试不合格人员发放机动车驾驶证的；

（四）不执行罚款决定与罚款收缴分离制度或者不按规定将依法收取的费用、收缴的罚款及没收的违法所得全部上缴国库的；

（五）举办或者参与举办驾驶学校或者驾驶培训班、机动车修理厂或者收费停车场等经营活动的；

（六）利用职务上的便利收受他人财物或者谋取其他利益的；

（七）违法扣留车辆、机动车行驶证、驾驶证、车辆号牌的；

（八）使用依法扣留的车辆的；

（九）当场收取罚款不开具罚款收据或者不如实填写罚款额的；

（十）徇私舞弊，不公正处理交通事故的；

（十一）故意刁难，拖延办理机动车牌证的；

（十二）非执行紧急任务时使用警报器、标志灯具的；

（十三）违反规定拦截、检查正常行驶的车辆的；

（十四）非执行紧急公务时拦截搭乘机动车的；

（十五）不履行法定职责的。

公安机关交通管理部门有前款所列行为之一的，对直接负责的主管人员和其他直接责任人员给予相应的行政处分。

第一百一十六条　依照本法第一百一十五条的规定，给予交通警察行政处分的，在作出行政处分决定前，可以停止其执行职务；必要时，可以予以禁闭。

依照本法第一百一十五条的规定，交通警察受到降级或者撤职行政处分的，可以予以辞退。

交通警察受到开除处分或者被辞退的，应当取消警衔；受到撤职以下行政处分的交通警察，应当降低警衔。

第一百一十七条　交通警察利用职权非法占有公共财物，索取、收受贿赂，或者滥用职权、玩忽职守，构成犯罪的，依法追究刑事责任。

第一百一十八条　公安机关交通管理部门及其交通警察有本法第一百一十五条所列行为之一，给当事人造成损失的，应当依法承担赔偿责任。

第八章　附则

第一百一十九条　本法中下列用语的含义：

（一）"道路"，是指公路、城市道路和虽在单位管辖范围但允许社会机动车通行的地方，包括广场、公共停车场等用于公众通行的场所。

（二）"车辆"，是指机动车和非机动车。

（三）"机动车"，是指以动力装置驱动或者牵引，上道路行驶的供人员乘用或者用于运送物品以及进行工程专项作业的轮式车辆。

（四）"非机动车"，是指以人力或者畜力驱动，上道路行驶的交通工具，以及虽有动力装置驱动但设计最高时速、空车质量、外形尺寸符合有关国家标准的残疾人机动轮椅车、电动自行车等交通工具。

（五）"交通事故"，是指车辆在道路上因过错或者意外造成的人身伤亡或者财产损失的事件。

第一百二十条　中国人民解放军和中国人民武装警察部队在编机动车牌证、在编机动车检验以及机动车驾驶人考核工作，由中国人民解放军、中国人民武装警察部队有关部门负责。

第一百二十一条　对上道路行驶的拖拉机，由农业（农业机械）主管部门行使本法第八条、第九条、第十三条、第十九条、第二十三条规定的公安机关交通管理部门的管理职权。

农业（农业机械）主管部门依照前款规定行使职权，应当遵守本法有关规定，并接受公安机关交通管理部门的监督；对违反规定的，依照本法有关规定追究法律责任。

本法施行前由农业（农业机械）主管部门发放的机动车牌证，在本法施行后继续有效。

第一百二十二条　国家对入境的境外机动车的道路交通安全实施统一管理。

第一百二十三条　省、自治区、直辖市人民代表大会常务委员会可以根据本地区的实际情况，在本法规定的罚款幅度内，规定具体的执行标准。

第一百二十四条　本法自 2011 年 5 月 1 日起施行。

附件四　安　全　标　志

GB 2894—1996

（现行标准 GB 2894—2008《安全标志及其使用导则》对 GB 2894—1996《安全标志》、
GB 16179—1998《安全标志使用导则》和 GB 18217—2000《激光安全标志》
进行了合并、修订，请参照执行）

1. 范围

本标准规定了传递安全信息的标志。

本标准适用于工矿企业、建筑工地、厂内运输和其他有必要提醒人们注意安全的场所。

2. 引用标准

下列标准所含的条文，通过在本标准中引用而构成本标准的条文。本标准出版时，所示版本均为有效。所有标准都会被修订，使用本标准的各方应探讨使用下列标准最新版本的可能性。

GB 2893—1982　安全色

GB 10001—1994　公共信息标志用图形符号

GB 13495—1992　消防安全标志

GB/T 15565—1995　图形符号　术语

3. 定义

本标准采用 GB/T 15565 中的术语，还采用下列定义。

安全标志（safety signs）：是用以表达特定安全信息的标志，由图形符号、安全色、几何形状（边框）或文字构成。

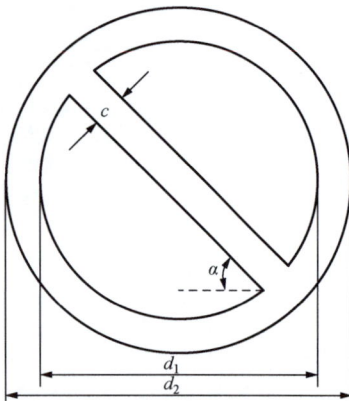

图 1　禁止标志的基本型式

4. 标志类型

安全标志分禁止标志、警告标志、指令标志和提示标志四大类型。

（1）禁止标志。

1）禁止标志的含义是禁止人们不安全行为的图形标志。

2）禁止标志的基本型式是带斜杠的圆边框，如图 1 所示。

3）禁止标志基本型式的参数。

外径 $d_1 = 0.025L$；

内径 $d_2 = 0.800d_1$；

斜杠宽 $c = 0.080d_1$；

斜杠与水平线的夹角 $\alpha = 45°$；

L 为观察距离。

4）禁止标志，见表 1。

表 1　禁　止　标　志

编　　号	图　形　标　志	名　　　称	说　　明
1-1		禁止吸烟 No smoking	ISO 3864：1984 No. B. 1. 1

编 号	图 形 标 志	名 称	说 明
1-2		禁止烟火 No buring	SO 3864：1984 No. B. 1. 2
1-3		禁止带火种 No kindling	
1-4		禁止用水灭火 No watering to put out the fire	ISO 3864：1984 No. B. 1. 4
1-5		禁止放易燃物 No laying inflammable thing	
1-6		禁止启动 No starting	
1-7		禁止合闸 No switching on	

编　　号	图 形 标 志	名　　称	说　　明
1-8		禁止转动 No turning	
1-9		禁止触摸 No touching	
1-10		禁止跨越 No striding	
1-11		禁止攀登 No climbing	
1-12		禁止跳下 No jumping down	
1-13		禁止入内 No entering	

续表

编　　号	图 形 标 志	名　　称	说　　明
1-14		禁止停留 No stopping	
1-15		禁止通行 No thoroughfare	
1-16		禁止靠近 No nearing	
1-17		禁止乘人 No riding	
1-18		禁止堆放 No stocking	
1-19		禁止抛物 No tossing	

编　　号	图 形 标 志	名　　称	说　　明
1-20		禁止戴手套 No putting on gloves	
1-21		禁止穿化纤服装 No putting on chemical fibre clothing	
1-22		禁止穿带钉鞋 No putting on spikes	
1-23		禁止饮用 No drinking	

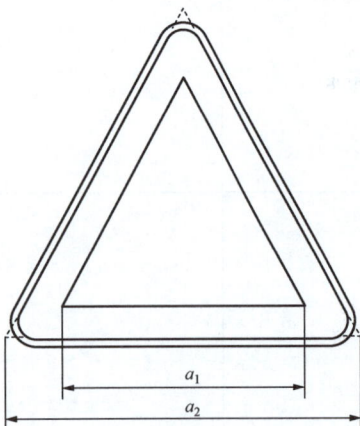

图 2　警告标志的基本型式

（2）警告标志。

1）警告标志的基本含义是提醒人们对周围环境引起注意，以避免可能发生危险的图形标志。

2）警告标志的基本型式是正三角形边框，如图 2 所示。

3）警告标志基本型式的参数。

外边 $a_1 = 0.034L$；

内边 $a_2 = 0.700a_1$；

边框外角圆弧半径 $r = 0.080a_2$；

L 为观察距离。

4）警告标志，见表 2。

（3）指令标志。

1）指令标志的含义是强制人们必须做出某种动作或采用防范措

施的图形标志。

表 2　　　　　　　　　　　　　**警 告 标 志**

编　号	图 形 标 志	名　称	说　明
2-1		注意安全 Caution，danger	ISO 3864：1984 No. B. 3. 1
2-2		当心火灾 Caution，fire	ISO 3864：1984 No. B. 3. 2
2-3		当心爆炸 Caution，explosion	ISO 3864：1984 No. B. 3. 3
2-4		当心腐蚀 Caution，corrosion	ISO 3864：1984 No. B. 3. 4
2-5		当心中毒 Caution，poisoning	ISO 3864：1984 No. B. 3. 5
2-6		当心感染 Caution，infection	

续表

编　　号	图 形 标 志	名　　称	说　　明
2-7		当心触电 Danger! electric shock	ISO 3864：1984 No. B. 3. 6
2-8		当心电缆 Caution，cable	
2-9		当心机械伤人 Caution，mechanical injury	
2-10		当心伤手 Caution，injure hand	
2-11		当心扎脚 Caution，splinter	
2-12		当心吊物 Caution，hanging	

编　　号	图　形　标　志	名　　称	说　　明
2-13		当心坠落 Caution，drop down	
2-14		当心落物 Caution，falling objects	
2-15		当心坑洞 Caution，hole	
2-16		当心烫伤 Caution，scald	
2-17		当心弧光 Caution，arc	
2-18		当心塌方 Caution，collapse	

续表

编　　号	图 形 标 志	名　　称	说　　明
2-19		当心冒顶 Caution，roof fall	
2-20		当心瓦斯 Caution，gas	
2-21		当心电离辐射 Caution，ionizing radiation	
2-22		当心裂变物质 Caution，fission matter	
2-23		当心激光 Caution，laser	
2-24		当心微波 Caution，microwave	

编 号	图 形 标 志	名 称	说 明
2-25		当心车辆 Caution，vehicle	
2-26		当心火车 Caution，train	
2-27		当心滑跌 Caution，slip	
2-28		当心绊倒 Caution，stumbling	

2）指令标志的基本型式是圆形边框，如图 3 所示。

3）指令标志基本型式的参数：

直径 $d = 0.025L$；

L 为观察距离。

4）指令标志，见表 3。

（4）提示标志。

1）提示标志的含义是向人们提供某种信息（如标明安全设施或场所等）的图形标志。

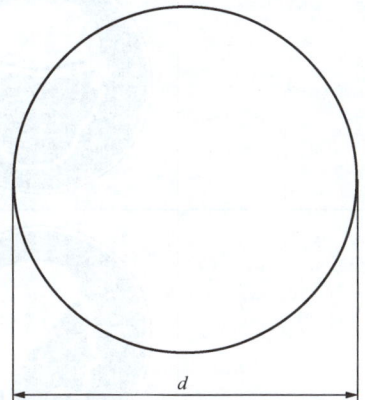

图 3 指令标志的基本型式

表3   指 令 标 志

编　　号	图 形 标 志	名　　称	说　　明
3-1		**必须戴防护眼镜** Must wear protective goggles	
3-2		**必须戴防毒面具** Must wear gas defence mask	
3-3		**必须戴防尘口罩** Must wear dustproof mask	
3-4		**必须戴护耳器** Must wear ear protector	
3-5		**必须戴安全帽** Must wear safety helmet	
3-6		**必须戴防护帽** Must wear protective cap	

编　号	图形标志	名　称	说　明
3-7		必须戴防护手套 Must wear protective gloves	
3-8		必须穿防护鞋 Must wear protective shoes	
3-9		必须系安全带 Must fastened safety belt	
3-10		必须穿救生衣 Must wear life jacket	
3-11		必须穿防护服 Must wear protective clothes	
3-12		必须加锁 Must be locked	

图 4　提示标志的基本型式

2）提示标志的基本型式是正方形边框，如图 4 所示。

3）提示标志基本型式的参数：

$$边长\ d=0.025L$$

其中，L 为观察距离。

4）提示标志，见表 4。

5）提示标志的方向辅助标志。

提示标志提示目标的位置时要加方向辅助标志。按实际需要指示左向或下向时，辅助标志应放在图形标志的左方，如指示右向时，则应放在图形标志的右方，如图 5 所示。

（5）文字辅助标志。

1）文字辅助标志的基本型式是矩形边框。

图 5　应用方向辅助标志示例

表 4　　　　　　　　　　　提 示 标 志

编　号	图 形 标 志		名　称	说　明
4-1			紧急出口 Emergent exit	GB 10001　No. 21
4-2			可动火区 Flare up region	
4-3			避险处 Haven	

2）文字辅助标志有横写和竖写两种形式。

① 横写时，文字辅助标志写在标志的下方，可以和标志连在一起，也可以分开。

禁止标志、指令标志为白色字；警告标志为黑色字。禁止标志、指令标志衬底色为标志的颜色，警告标志衬底色为白色，如图 6 所示。

图 6　横写的文字辅助标志

② 竖写时，文字辅助标志写在标志杆的上部。

禁止标志、警告标志、指令标志、提示标志均为白色衬底，黑色字。

标志杆下部色带的颜色应和标志的颜色相一致。如图 7 所示。

③ 文字字体均为黑体字。

5. 颜色

安全标志所用的颜色应符合 GB 2893 规定的颜色。

6. 安全标志牌的其他要求

（1）安全标志牌要有衬边。除警告标志边框用黄色勾边外，其余全部用白色将边框勾一窄边，即为安全标志的衬边，衬边宽度为标志边长或直径的 0.025 倍。

（2）标志牌的材质。

安全标志牌应采用坚固耐用的材料制作，一般不宜使用遇水变形、变质或易燃的材料。有触电危险的作业场所应使用绝缘材料。

（3）标志牌表面质量。

除上述要求外，标志牌应图形清楚，无毛刺、孔洞和影响使用的任何疵病。

7. 安全标志牌的使用

按 GB 16179 的规定执行。

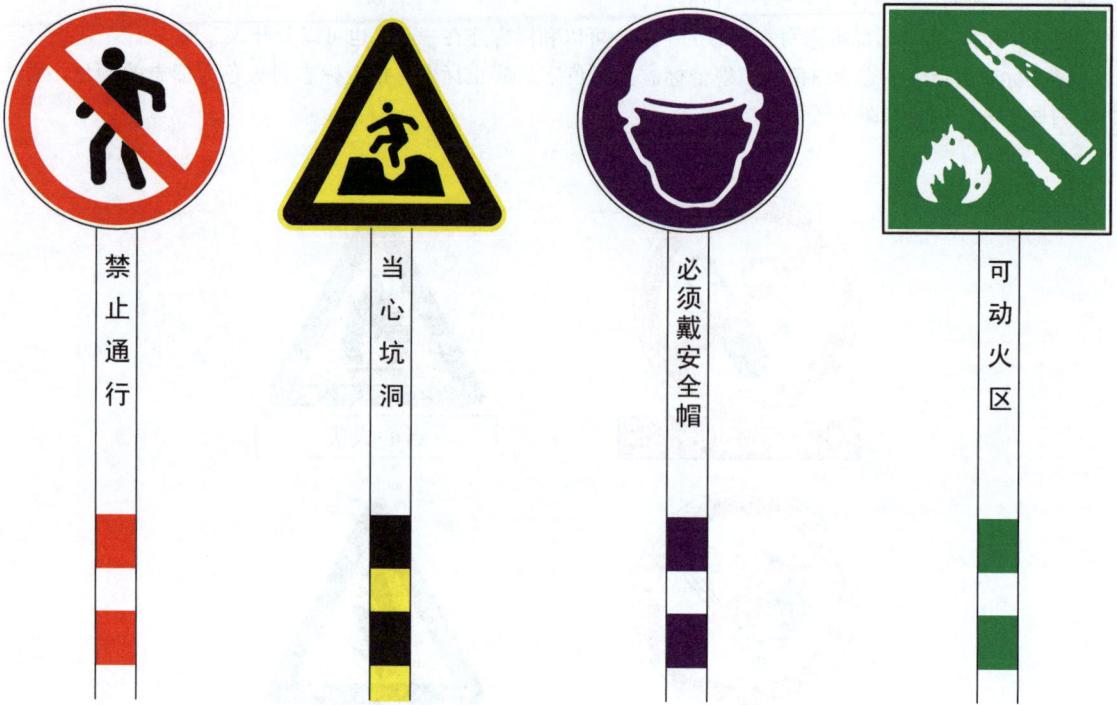

图 7 竖写在标志杆上部的文字辅助标志

附件五　常见交通标志

十字交叉	T形交叉	T形交叉	T形交叉
除了基本形十字路口外，还有部分变异的十字路口，如五路交叉路口、变形十字路口、变形五路交叉路口等。五路以上的路口均按十字路口对待。	丁字形标志原则上设在与交叉口形状相符的道路上。右侧丁字路口，此标志设在进入T字路口以前的适当位置。	丁字形标志原则上设在与交叉口形状相符的道路上。左侧丁字路口，此标志设在进入T字路口以前的适当位置。	丁字形标志原则上设在与交叉口形状相符的道路上。此标志设在进入T字路口以前的适当位置。
Y形交叉	环形交叉	向左急弯路	向右急弯路
此标志设在Y形路口以前的适当位置。	有的环形交叉路口，由于受线形限制或障碍物阻挡，此标志设在面对来车的路口的正面。	表示向左急弯路，此标志设在左急转弯的道路前方适当位置。	表示向右急弯路，此标志设在右急转弯的道路前方适当位置。
禁止非机动车通行	禁止畜力车通行	禁止人力货运三轮车通行	禁止人力客运三轮车通行
表示禁止非机动车通行。此标志设在禁止非机动车通行的路段入口处。	表示禁止畜力车通行。此标志设在禁止畜力车通行的路段入口处。	表示禁止人力货运三轮车通行。此标志设在禁止人力货运三轮车通行的路段入口处。	表示禁止人力客运三轮车通行。此标志设在禁止人力客运三轮车通行的路段入口处。

禁止人力车通行	禁止骑自行车下坡	禁止骑自行车上坡	禁止行人通行
表示禁止人力车通行。此标志设在禁止人力车通行的路段入口处。	表示禁止骑自行车下坡通行。此标志设在禁止骑自行车下坡通行的路段入口处。	表示禁止骑自行车上坡通行。此标志设在禁止骑自行车上坡通行的路段入口处。	表示禁止行人通行。此标志设在禁止行人通行的路段入口处。
禁止向左转弯	禁止向右转弯	禁止直行	禁止向左向右转弯
表示前方路口禁止一切车辆向左转弯。此标志设在禁止向左转弯的路口前适当位置。	表示前方路口禁止一切车辆向右转弯。此标志设在禁止向右转弯的路口前适当位置。	表示前方路口禁止一切车辆直行。此标志设在禁止直行的路口前适当位置。	表示前方路口禁止一切车辆向左向右转弯。此标志设在禁止向左向右转弯的路口前适当位置。
立交直行和左转弯行驶	立交直行和右转弯行驶	环岛行驶	步行
表示车辆在立交处可以直行和按图示路线左转弯行驶。此标志设在立交左转弯出口处适当位置。	表示车辆在立交处可以直行和按图示路线右转弯行驶。此标志设在立交右转弯出口处适当位置。	表示只准车辆靠右环行。此标志设在环岛面向路口来车方向适当位置。	表示该街道只供步行。此标志设在步行街的两端。

鸣喇叭	最低限速	单行路向左或向右	单行路直行
表示机动车行至该标志处必须鸣喇叭。此标志设在公路的急转弯处、陡坡等视线不良路段的起点。	表示机动车驶入前方道路之最低时速限制。此标志设在高速公路或其他道路限速路段的起点。	表示一切车辆向左或向右单向行驶。此标志设在单行路的路口和入口处的适当位置。	表示一切车辆单向行驶。此标志设在单行路的路口和入口处的适当位置。

参 考 文 献

［1］吕超．物业管理实务．北京：中国电力出版社，2008.

［2］刘雨，吴春兴．新型物业管理居住安全服务专论．住宅与房地产，2006.4

［3］宋光积．典型火灾案例选编．北京：中国劳动社会保障出版社，2005.

［4］刘万臣，于福海．消防安全培训必读．石家庄：河北科学技术出版社，1996.

［5］王一镗．现场急救常用技术．北京：中国医药科技出版社，2003.

［6］珠海市建设局办公室．珠海市物业管理小区突发事件应急处置导则．珠建房［2008］13 号．

［7］成都市物业管理协会．成都市物业管理中突发公共事件应急预案指引．2008.

［8］劳动和社会保障部．物业管理员．北京：中央广播电视大学出版社，2004.

［9］苏宝炜，李薇薇．物业安全管理服务工作手册．北京：人民邮电出版社，2007.

［10］卞咏梅．物业管理安防员培训教程．武汉：武汉大学出版社，2005.

［11］李啸，张新海．车辆管理教程．北京：中国人民公安大学出版社，2005.

［12］李春涛．物业管理基础教程．上海：上海三联书店，1998.

［13］林建山．《保安服务管理条例》贯彻实施与安全保卫管理运作模式创新及国家强制性条文．北京：中国人民公安大学出版社，2008.

［14］栗继祖．安全心理学．北京：中国劳动社会保障出版社，2007.

［15］建设部．电梯应急指南．建住房［2006］3 号．

［16］中国物业服务顾问网．物业安全管理手册．

［17］电力设备管理网．电气安全管理．

［18］中国物业服务顾问网．物业管理基础教程．

［19］安全资讯网．全管理技术．